权威·前沿·原创

皮书系列为
“十二五”国家重点图书出版规划项目

工业和信息化蓝皮书

BLUE BOOK OF INDUSTRY AND INFORMATIZATION

世界信息技术产业发展报告（2014~2015）

ANNUAL REPORT ON THE DEVELOPMENT OF WORLD INFORMATION TECHNOLOGY INDUSTRY (2014-2015)

融合、互联、智造

主　编／洪京一

工业和信息化部电子科学技术情报研究所

社会科学文献出版社
SOCIAL SCIENCES ACADEMIC PRESS (CHINA)

图书在版编目(CIP)数据

世界信息技术产业发展报告：融合、互联、智造：2014～2015/洪京一主编. —北京：社会科学文献出版社，2015.4
（工业和信息化蓝皮书）
ISBN 978-7-5097-7162-4

Ⅰ.①世… Ⅱ.①洪… Ⅲ.①信息产业-产业发展-研究报告-世界-2014～2015 Ⅳ.①F49

中国版本图书馆 CIP 数据核字（2015）第 037931 号

工业和信息化蓝皮书
世界信息技术产业发展报告（2014～2015）
——融合、互联、智造

主　　编／洪京一
工业和信息化部电子科学技术情报研究所

出 版 人／谢寿光
项目统筹／吴　敏
责任编辑／吴　敏

出　　版／社会科学文献出版社·皮书出版分社（010）59367127
地址：北京市北三环中路甲 29 号院华龙大厦　邮编：100029
网址：www.ssap.com.cn
发　　行／市场营销中心（010）59367081　59367090
读者服务中心（010）59367028
印　　装／北京季蜂印刷有限公司

规　　格／开 本：787mm×1092mm　1/16
印 张：20　字 数：301 千字
版　　次／2015 年 4 月第 1 版　2015 年 4 月第 1 次印刷
书　　号／ISBN 978-7-5097-7162-4
定　　价／79.00 元

皮书序列号／B-2015-419

《世界信息技术产业发展报告（2014～2015）》课题组

课题编写　工业和信息化部电子科学技术情报研究所
信息产业与技术研究部

指　　导　刁石京　陶少华　高素梅　彭红兵　安筱鹏
韦　俊

组　　长　李新社

副 组 长　夏万利　郝建青　杨志锋

编写人员　刘晓馨　闫　洪　李维娜　崔学民　梁冬晗
邓　卉　蒋　昕　龚巍巍　王慧娴　孟　拓
王志成　吕　祥　赵　杨　李宁宁　门俊男
马　琳

工业和信息化部
电子科学技术情报研究所

工业和信息化部电子科学技术情报研究所（以下简称“电子一所”）成立于1959年，是工业和信息化部直属事业单位。

围绕工业和信息化部等上级主管部门的重点工作和行业发展需求，电子一所重点开展国内外信息化、信息安全、信息技术、物联网、软件服务、工业经济政策、知识产权等领域的情报跟踪、分析研究与开发利用，为政府部门及特定用户编制战略规划、制定政策法规、进行宏观调控及相关决策提供软科学研究与支撑服务，形成了情报研究与决策咨询、知识产权研究与咨询、政府服务与管理支撑、信息资源与技术服务、媒体传播与信息服务五大业务体系。同时电子一所还是中国语音产业联盟、中国两化融合咨询服务联盟等多家社团组织的挂靠单位。

电子一所旨在通过不懈的探索创新，努力建设成为情报特色鲜明、服务体系完备、核心能力突出、体制机制健全、适合现代情报发展需求的新型科技情报研究机构，成为我国工业化、信息化、国防现代化进程中科学决策的思想库、自主创新的发动机、持续发展的助推器。

主编简介

洪京一　工业和信息化部电子科学技术情报研究所所长，高级工程师。主要从事工业经济、信息化、电子信息产业、软件服务业、信息安全等领域的战略规划和产业政策研究，主持完成工信部、发改委、科技部等部委及北京、天津、广东、河南等地方主管部门委托的数十项重点课题研究，主持编写《中国软件和信息服务业发展报告》《政府部门网络安全解决方案指引》《中国信息产业年鉴》等多部出版物。

兼任中国语音产业联盟副理事长，中国电子信息产业联合会常务理事，中国国防科学技术信息学会常务理事，国家物联网发展专家咨询委员会委员。

序　一

在信息技术的推动下，人类社会已经并正在加速进入新的历史时期。这个历史时期的主要特征是融合、智能、基于网络和大数据的资源配置平台。融合是全方位的，主要体现在信息技术和工业技术的融合、信息资源和材料能源的融合、人和机器的融合，在这样的融合洪流下，政治、经济、社会、文化、军事诸领域的发展模式和世界竞争格局发生重大变革；智能也是全方位的，产业、日常生活、教育和医疗、科研和设计、军事与战争、社会管理和公共服务正在并加速走向智能化，从局部的智能走向全局的智能；网络和信息结合在一起的大平台是这个新时代最关键的基础设施，这一大平台的拓展和影响也是全方位的，是融合和智能发生发展的基础，更是其效率和质量的关键要素。

这是全球性的历史变革。分析变革现状、梳理变革脉络、把握变革趋势是做出科学的、符合国情决策的基础，由工业和信息化部电子科学技术情报研究所组织编写、社会科学文献出版社出版的“工业和信息化蓝皮书”正是在这一方面做出的积极探索。这次出版的蓝皮书覆盖了制造业、信息技术产业、移动互联网、网络安全和信息化五大领域，既有全球动态，也注意立足国情；既有综合情况介绍，也有案例剖析，还有深入的重点问题专题研究，值得一读，更希望能持之以恒，越办越好。

是以为序。

2015 年 3 月 14 日

序　二

进入新世纪以来，信息革命和信息化有了别开生面的创新发展。信息产业已经成为影响国家核心竞争力的战略制高点，全球信息化正在朝着泛在化、宽带化和智能化的方向加快发展，网络空间建设和网络安全日益成为各国竞相关注的焦点。

在充满前所未有的创新活力的同时，全球信息化正在步入一个新的阶段，以更快的速度推进生产力的发展，促进生产关系的变革，重塑全球的政治、经济、社会、文化、科技和军事格局。世界主要国家和地区围绕移动互联、云计算、大数据、智能制造、网络空间、网络安全、信息经济等领域展开的新一轮博弈和竞争，再一次唤醒世人，信息化发展水平已经成为衡量国家、城市、企业，乃至个人的核心竞争力的一个不可或缺的重要方面。

过去十余年，中国的信息化取得了巨大的发展和进步，缩短了与主要发达国家在信息化领域的跨代差距。然而，迎面而来的新一轮信息化发展的大潮，犹如阵阵长鸣的汽笛，警示我们，信息化犹如逆水行舟，不进则退。如果我们不能紧追信息化的时代潮流，有效地利用和调度国内、国际的各种资源，我们与发达国家已经缩小的信息化差距，还有可能重新拉大。

2014 年 2 月 27 日，中央网络安全和信息化领导小组正式成立，由中共中央总书记、国家主席、中央军委主席习近平亲自担任组长，反映了党和国家领导人对我国网络安全和信息化发展的高度重视。习近平总书记指出，建设网络强国的战略部署要与“两个一百年”奋斗目标同步推进，向着网络基础设施基本普及、自主创新能力增强、信息经济全面发展、网络安全保障有力的目标不断前进。这标志着中国的网络空间和信息化发展进入了一个新的历史阶段，真正进入了一个“一把手工程”时代，一个中国信息技术和产业、网络安全和信息化建设大发展的时代。

信息革命和信息化在中国能否快速而健康的发展，还取决于两个重要因素。一是要准确地把握国外信息革命和信息化发展的趋势、方向和目标，认真地跟踪、研究和学习国外的经验和做法，广泛地开展国际合作和充分利用全球的人才和智慧。二是要清楚地认识到，中国信息产业和信息化建设的发展，必须从中国经济社会和信息化发展的实际情况出发，与中国经济、政治、社会、文化和科技发展的紧迫需求相结合，与维护中国国家安全的紧迫需求相结合，脚踏实地地前进。对于中国信息化的发展和进步，既不能妄自菲薄，也不能估计过高。中国信息化的大厦，不是空中楼阁，是要“一块砖、一块砖”扎扎实实地堆砌才能建立起来的，才能为中国的现代化发展奠定百年的根基。任何的浮躁和华而不实、盲目追风，以及不负责任的炒作，都可能为政府、企业的信息化努力带来灾难性的后果。这一点值得我们所有的信息化的推进者警惕。

工业和信息化部电子科学技术情报研究所是一个成立逾56年的资深研究所，拥有一支优秀的，训练有素、经验丰富、作风严谨的高端人才队伍，长期以来，为我国信息产业的发展做出了重要的贡献。近年来，在工业和信息化部的领导下，他们依托自身优势，密切跟踪全球工业和信息化领域的前沿动态，在广泛而深入研究、综合分析的基础上，连续多年推出相关领域的系列报告，颇有深度，不仅为政府决策和企业发展提供了重要的咨询和参考，也广受各有关方面的学者和读者的欢迎。2015年，他们的相关系列研究报告首次以“工业和信息化蓝皮书”的形式公开出版，主题覆盖宽广、内容翔实丰富、数据图表完备、前沿探索富有成效。可以相信，无论是政府、企业还是学术界的读者都会发现，本书不仅可读性很强，而且是一本较具参考价值的工具书。当然，随着他们研究分析工作的不断深入，这套系列研究报告和蓝皮书的价值也还会不断地有所发展、有所前进。

值此“工业和信息化蓝皮书”付诸出版之际，谨以此序表示祝贺，并衷心地期待在本系列蓝皮书的影响之下，我国的新型工业化和信息化的理论和实践，能够有一个更快、更健康的发展。

2015 年 2 月 28 日于北京

摘　要

2014年，世界经济缓慢复苏，金融危机遗留问题给全球经济带来的雾霾仍未完全消散，世界各国的复苏步伐越来越呈现出明显差异。发达国家经济增长依然温和且不均衡，新兴经济体仍是全球经济增长的主要力量，但增速低于危机前繁荣时期和危机后复苏时期的水平。据国际货币基金组织（IMF）的预测，2014年全球经济增速约为3.3%，其中发达国家为1.8%，新兴经济体为4.4%。美国、日本、欧盟等主要国家和地区都将信息技术产业作为加快经济复苏、重塑国家长期竞争力的先导产业，先后出台了一系列政策措施推动该产业发展。在各种积极因素的影响下，2014年世界电子信息产业产销值增长强劲，产业回升态势显著，转型升级步伐加快，新一轮产业革命蓄势待发。

2014年，尽管面临复杂的国际国内形势，中国电子信息产业总体运行平稳，产业规模持续扩大，固定资产投资平稳增长，进出口小幅下降。在国家一系列促进产业转型升级的政策措施推动下，电子信息产业布局逐步优化，区域间差异日益缩小，结构调整取得明显效果。通信设备、电子器件、家用视听行业表现突出，其中通信设备制造业更是成为带动行业增长的主要力量。未来，我国电子信息产业将继续呈现小幅震荡上扬态势。

为加强对世界电子信息产业的跟踪了解和全面把握，为我国电子信息产业发展提供强有力的信息支撑，工业和信息化部电子科学技术情报研究所长期对该产业的发展进行系统跟踪研究，并连续推出系列年度报告。这次推出的《世界信息技术产业发展报告（2014～2015）》分为总报告、国家和地区篇、行业篇、企业篇、政策法规篇、专题篇和热点篇。报告针对2014年主要国家和地区电子信息产业发展情况、重点行业发展态势与特点、典型企业业务进展、推动产业发展的政策措施以及未来三年产业发展趋势等作了较为全面、系统、深入的分析，并对技术和产业的发展热点、焦点问题作了专题研究论述，力求从多层面、多角度勾勒整个产业的发展全貌。

《世界信息技术产业发展报告（2014～2015）》的数据主要来源于 *The Yearbook of World Electronics Data 2014*、相关国家或地区的官方网站，以及国内外权威研究咨询机构，另有一些数据为研究人员调研、加工、整理所得。

在年度报告研究编写过程中，我们得到了政府部门及行业专家的大力支持，并获得许多指导性意见，在此表示最诚挚的谢意。由于我们能力和水平有限，错误和疏漏之处在所难免，恳请读者批评指正。

Abstract

In 2014, the world economy continues to recover, but the remaining issues of the financial crisis to the global economy has not fully recovered and the pace of recovery in the world is increasingly showing larger differences in rate of recovery between countries. Economic growth remains modest and uneven in developed countries, and the emerging ecomomies are still a major force in global economic growth, but the growth rate is lower than the level of recovery during the boom years before the crisis and after the crisis. According to the International Monetary Fund (IMF)'s predictions in 2014, the global economic growth is about 3. 3%, which is 1. 8% of developed countries and 4. 4% of emerging economies. The most countries and regions in the world such as United States, Japan and the European Union regard the IT industry as the leading industry of recovering economy and reshaping the national long-term competitiveness. These countries have introduced a series of policies and measures to promote industrial development. With these various positive influences, in 2014 the production value of the world's electronic information industry is becoming significantly stronger, and the transformation and upgrading of traditional industries have been quickened, the new industrial revolution is gaining momentum.

Despite the complicated international and domestic situation, the economy of China electronic information industry remains stable in 2014. The industry continues to expand, the scale of investment in fixed assets grew steadily, and imports and exports declined slightly. Under the impetus of the national's policy measures, the layout of the electronic information industry have been rationalized and the inter-regional differences have been shrinking. The structural adjustments have achieved remarkable results. Communications equipment, electronics and home audio-visual industry are having outstanding performance, especially the communications equipment manufacturing industry is becoming the main drivers of industry growth. In the future, China electronic information industry will continue to show a slight increase in trend.

To enhance understanding of the world's electronic information industry and comprehensive grasp of the information, the Electronic Technology Information Research Institute. MIIT continues to provide strong support for the development of China electronic information industry, and long-term development of the industry with systematic follow-up studies and continuous annual reports. *Annual Report on the Development of World Information Technology Industry in 2014 ~ 2015* includes the General section, National&Regional section, Industry section, Enterprise section, Policies&Regulations section, Featured topics section and Hot-Topic section. The report analysis the development of electronic information industry of the world's major countries and regions, the characteristics of typical enterprise business development, the policies and measures to promote industrial development and future industry trends of the next three years. The report focuses on development hot-spot of the industry and technology, seeking to outline the development of the industry in multi-level and multiple angles.

The data of *Annual Report on the Development of World Information Technology Industry in 2014 ~ 2015* are mainly from *The Yearbook of World Electronics Data 2014*, the official websites of the relevant countries or regions, as well as domestic and foreign authoritative researches and consulting organizations while some data are being investigated by our researchers.

In the preparation of the report we received strong support from the government departments and industry experts, and gained a lot of guiding opinions, in which we express our most sincere appreciation and grateful. Due to our limited capacity, errors and omissions are inevitable, and we earnestly request the readers to give criticism.

目录

BLUE BOOK

𝔹Ⅰ 总报告

𝔹Ⅱ 国家和地区篇

BⅢ 行业篇

BⅣ 企业篇

BⅤ 政策法规篇

BⅥ 专题篇

BⅦ 热点篇

BⅧ 附录

皮书数据库阅读使用指南

CONTENTS

BLUE BOOK

B I General Reports

B II National & Regional Reports

B III Industry Reports

BIV Enterprise Reports

BV Policies & Regulations

BVI Featured Topics

BⅦ Hot-spot Reports

BⅧ Appendix

总 报 告

General Reports

B.1

2014年世界电子信息产业发展态势与特点

刘晓馨*

摘 要： 2014年世界经济持续复苏，不均衡性成为全球经济复苏的显著特点，美国、日本、欧盟等主要国家和地区都将信息技术产业作为加快经济复苏、重塑国家长期竞争力的先导产业，并先后出台了一系列政策措施以推动该产业发展。在一系列积极因素影响下，2014年世界电子信息产业回升态势显著，产销值增长强劲；发达国家带动力度不断增强，新兴经济体仍是产业复苏的主导力量；创新浪潮不断涌现，产业转型升级步伐加快，新一轮产业革命蓄势待发；并购重组热

* 刘晓馨，工业和信息化部电子科学技术情报研究所高级工程师，研究方向：电子信息产业、信息通信、经济运行。

潮持续火热，IT 巨头加快产业链整合；贸易保护越演越烈，涉华贸易摩擦密集爆发。

关键词：世界电子信息产业　电子产品　产业革命

2014 年，世界经济持续复苏，金融危机遗留问题给全球经济带来的雾霾仍未完全消散，不均衡性成为全球经济复苏的显著特点。根据国际货币基金组织（IMF）2014 年 10 月发布的《世界经济展望》预测，2014 年全球经济增长率约为 3.3%，较 2014 年 4 月的预测下调了 0.4 个百分点。世界各国的复苏步伐越来越呈现出明显的差异，发达经济体，尽管经济复苏的障碍正在逐渐消除，但受危机遗留因素的影响，经济增长依然温和且不均衡，预计全年经济增长率为 1.8%。新兴经济体仍是全球经济增长的主要力量，但受人口老龄化、地缘政治紧张局势及外部环境等因素影响，经济增长率仍低于危机前繁荣时期和危机后复苏时期的水平，预计全年经济增长率为 4.4%。IMF 预计 2015 年世界经济持续恢复，经济增长率将达到 3.8%。

一直以来，信息技术产业以广泛的影响力、巨大的生命力引领全球发展，成为带动全球经济走出金融危机的“火车头”。2014 年以来，美国、日本、欧盟等主要国家和地区都将信息技术产业作为加快经济复苏、重塑国家长期竞争力的先导产业，并先后出台了一系列政策措施推动该产业发展。在世界各国的共同努力下，集成电路、电子元器件、视听、通信、计算机及网络、物联网等重点产业发展迅速，企业布局持续推进，技术创新不断深入。

受全球经济复苏和新兴市场快速增长等积极因素影响，2014 年世界电子信息产品市场依然延续上年的增长态势，产销值增长强劲，产业回升态势显著；发达国家电子信息产品产销全面恢复增长，带动力度不断增强，新兴经济体仍是产业复苏的主导力量；创新浪潮不断涌现，产业转型升级步伐加快，新一轮产业革命蓄势待发；并购重组热潮持续火热，IT 巨头加快产业链整合；贸易保护越演越烈，涉华贸易摩擦密集爆发。

一　世界电子产品制造业增长强劲，产业回升态势显著

2014年，尽管世界经济存在不确定因素，但经济复苏态势明显，以美国为代表的部分发达国家经济增长势头强劲，外部经济环境的不断改善和市场需求的持续上升为世界电子信息产品制造业带来积极影响。2014年，世界电子产品制造业继续延续上年的增长态势，产销值增速显著。根据《世界电子数据年鉴2014》（*The Yearbook of World Electronics Data 2014*）的测算，2014年世界电子产品产值为18206亿美元，同比增长3.67%，销售额为18466亿美元，同比增长3.21%，电子产品产销规模回升态势显著。

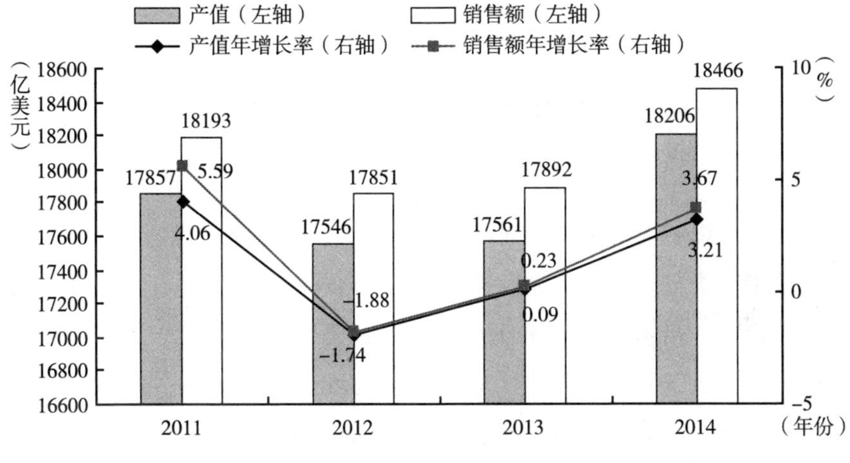

图1　2011～2014年世界电子产品产销值及增长率

注：2014年为预测值。

资料来源：*The Yearbook of World Electronics Data 2014*。

在各类电子产品中，市场份额最大的是电子元器件，其次是电子数据处理设备、无线通信设备以及控制与仪器设备，这四大类产品的市场份额分别为30.93%、26.95%、17.71%、8.07%。与2013年相比，各类产品所占市场份额基本相同，其中增幅最大的是电子元器件，其市场份额比上年增加了

0.53 个百分点；降幅最大的是消费电子产品，其市场份额比上年减少了0.36 个百分点。

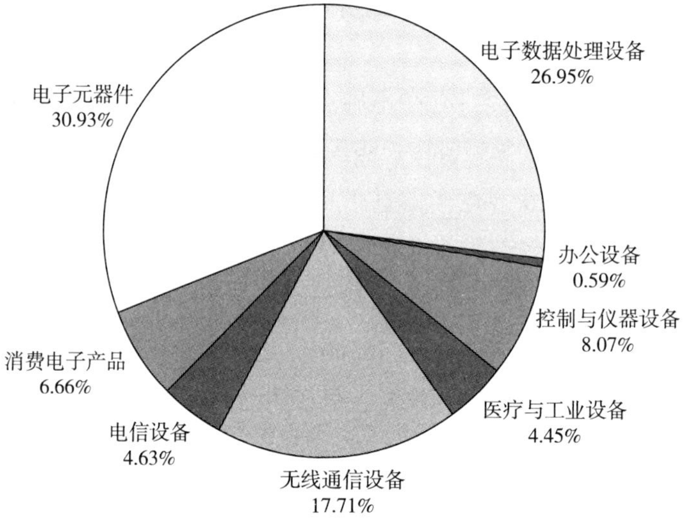

图 2　2014 年各类电子产品市场份额

资料来源：*The Yearbook of World Electronics Data 2014*。

近年来，以智能终端、物联网、云计算为代表的下一代新兴产业迅猛发展，直接带动了与之相关的无线通信设备、电子元器件等电子产品制造业的发展。2014 年，除办公设备和消费电子产品外，其他电子产品产销值均实现增长，其中电子元器件、无线通信设备的增长最为突出，产值分别增长5.13% 和 5.94%，销售额分别增长 5.00% 和 4.48%。

表 1　2011～2014 年世界电子产品产销值统计

单位：百万美元，%

项　目		2011 年	2012 年	2013 年	2014 年	2014 年增长率
电子数据处理设备	产　值	478997	481788	468752	481236	2.66
	销售额	498216	491644	487223	497608	2.13
办公设备	产　值	9539	8721	7721	7371	-4.53
	销售额	13416	12368	11398	10928	-4.12

续表

项　目		2011 年	2012 年	2013 年	2014 年	2014 年增长率
控制与仪器设备	产　值	138230	138415	140097	145494	3.85
	销售额	140296	142231	144374	149049	3.24
医疗与工业设备	产　值	86254	85965	86552	89412	3.30
	销售额	79963	80325	79860	82236	2.98
无线通信设备	产　值	318326	329186	343449	363836	5.94
	销售额	292727	302707	313008	327035	4.48
电信设备	产　值	72600	71582	70585	71496	1.29
	销售额	85949	84492	83694	85544	2.21
消费电子产品	产　值	158450	139878	132163	128988	-2.40
	销售额	149883	135067	125674	123014	-2.12
电子元器件	产　值	523352	499034	506789	532786	5.13
	销售额	558861	536259	544003	571177	5.00
总　计	产　值	1785749	1754569	1756109	1820619	3.67
	销售额	1819311	1785093	1789235	1846591	3.21

注：2014 年为预测值。

资料来源：*The Yearbook of World Electronics Data 2014*。

二　发达国家带动力度不断增强，新兴经济体仍是产业复苏的主导力量

随着全球经济的逐步好转和各国经济振兴政策的持续推进，2014 年世界大多数国家和地区电子产品产销增长态势显著。除新加坡外，以美国、日本、西欧为代表的发达国家和地区的电子信息产品产销全面恢复增长，对全球电子信息产业的带动力度不断增强。新兴国家电子信息产品产销继续保持强劲的增长态势，成为推动产业复苏的主导力量。

在电子产品产值方面，除新加坡外，2014 年世界主要国家和地区电子产品产值普遍恢复增长。中国依然位列产值规模的榜首，2014 年电子产品产值达到 6474.49 亿美元，同比增长 5.50%，继续保持世界第一大电子产

品制造国的地位。巴西成为排名前十的国家和地区中产值增长最快的国家，2014年电子产品产值增长率达到6.08%，韩国紧随其后，增长6.06%，中国位居第三，增长5.50%。美国、日本结束了近两年的负增长局面，产值恢复增长，对全球电子产品产业的复苏发挥了重要的拉动作用。

表2　2014年世界电子产品产值排名前十的国家和地区

单位：百万美元，%

国家和地区	2011年	2012年		2013年		2014年	
	产值	产值	增长率	产值	增长率	产值	增长率
中　　国	552140	584485	5.86	613700	5.00	647449	5.50
美　　国	245651	237512	-3.31	232956	-1.92	235591	1.13
日　　本	189138	170276	-9.97	134358	-21.09	139443	3.78
韩　　国	105761	102134	-3.43	111214	8.89	117952	6.06
中国台湾	67030	64756	-3.39	68732	6.14	72149	4.97
德　　国	71299	62496	-12.35	63019	0.84	63981	1.53
马来西亚	61717	59004	-4.40	59357	0.60	61402	3.45
新 加 坡	60769	58173	-4.27	56775	-2.40	56769	-0.01
墨 西 哥	51710	51976	0.51	51153	-1.58	53306	4.21
巴　　西	42328	37624	-11.11	37499	-0.33	39778	6.08

注：2014年为预测值。

资料来源：*The Yearbook of World Electronics Data 2014*。

在电子产品市场规模方面，2014年世界电子产品市场规模全面恢复增长。世界排名前十的国家均保持增长态势，除法国增速与2013年相同外，其他国家增速均超过2013年同期水平。美国仍是全球最大的电子产品市场，2014年电子产品市场规模为4180.16亿美元，增速为2.02%，增速较上年同期提高了1.48个百分点，美国市场的恢复对全球电子产品产业的复苏起到了重要的拉动作用。欧盟经济体电子产品市场复苏态势依旧平缓，德国、英国、法国分别增长1.80%、1.41%、0.88%。新兴经济体电子产品市场增长最快，成为引领电子产品市场稳步复苏的主导力量。其中，中国成为2014年电子产品市场增长的“领头羊”，增长率为6.55%，增速位居第一；印度为5.79%，位居第二；墨西哥为5.78%，位居第三。

表3　2014年世界电子产品市场规模排名前十的国家

单位：百万美元，%

国家和地区	2011年	2012年		2013年		2014年	
	市场规模	市场规模	增长率	市场规模	增长率	市场规模	增长率
美　国	407098	407501	0.10	409721	0.54	418016	2.02
中　国	350003	369697	5.63	391007	5.76	416611	6.55
日　本	177200	170690	-3.67	148094	-13.24	150522	1.64
德　国	89550	75859	-15.29	75402	-0.60	76758	1.80
巴　西	58803	54226	-7.78	54104	-0.22	54420	0.58
韩　国	51634	50590	-2.02	52346	3.47	54286	3.71
英　国	46695	43813	-6.17	42941	-1.99	43545	1.41
墨西哥	39966	40627	1.65	42540	4.71	44997	5.78
印　度	38284	37339	-2.47	36891	-1.20	39028	5.79
法　国	45169	38208	-15.41	38544	0.88	38882	0.88

注：2014年为预测值。

资料来源：*The Yearbook of World Electronics Data 2014*。

三　创新浪潮不断涌现，新一轮产业革命蓄势待发

当前，全球正在出现以信息网络、智能制造、新能源和新材料为代表的新一轮技术创新浪潮，人类处于技术群体性重大突破的前夜。2014年，以云计算、物联网、大数据为代表的新一代信息技术继续发挥其在新一轮技术创新中的基础性作用和重要推动力，为知识的快速扩散以及商业模式创新提供了载体和手段，不断催生出O2O、互联网金融等新业态。2014年，O2O和互联网金融发展迅猛，众多互联网企业在上述领域展开激烈竞争：阿里巴巴通过支付宝钱包构建生态系统，实现线下商户网上支付；腾讯通过微信构建微信公众账号平台生态圈，实现会员管理、微信支付以及理财等功能；百度通过百度地图进一步强化本地化服务应用。此外，电子信息产业重点领域技术创新不断推进，集成电路加工工业全面进入20纳米时代，新产业、新

技术对PC产业的拉动力有所增强，电子元器件技术进步显著，视听行业新产品持续推出。

同时，随着电子信息技术转型升级步伐加快，尤其是数字化、网络化、平板化、融合化、服务化趋势的逐步深入，信息产业和行业边界逐渐模糊，新技术与传统产业的融合化发展也为信息产业培育了新的增长点。智能电视、智能手机、平板电脑等产品不断推陈出新，新技术、新产品不断涌现。在2014年美国CES消费电子展上，可穿戴设备、3D打印以及超高清电视成为众多厂商的共同选择。包括三星、索尼和LG在内的彩电行业龙头企业都推出了各自的超高清4K电视机，4K电视、曲面超高清电视成为日益饱和的彩电行业的新亮点。在可穿戴设备方面，三星和高通率先推出了智能手表产品，中兴、索尼、东芝等也先后推出了智能手表和智能手环产品。3D打印技术近几年被看做是全球最热门的科技之一，2014年CES消费电子展为3D打印技术企业及其所推出的产品提供的展览面积达7000平方英尺，据估计，2014年全球著名3D打印技术研发企业的营收将上升至上年水平的15～20倍。电子信息产业正在焕发出新的生机，新一轮产业革命蓄势待发。

四　并购重组热潮持续火热，产业链整合加速进行

2014年以来，全球并购市场呈现出金融危机以来未曾有过的火热局面。据美国彭博（Bloomberg）发布的数据，截至2014年6月，全球并购交易总额达到1.5万亿美元，较2013年同期接近翻番，创下2007年以来的最高位。值得注意的是，仅科技行业相关的并购交易额就超过1000亿美元，并购交易量比2013年增长了55%，呈现井喷态势，成为自2000年以来的最高水平。在IT领域，仅联想收购IBM X86服务器业务、联想收购摩托罗拉移动、微软收购诺基亚三项并购案总金额就达124亿美元，占科技行业并购总额的10%左右。随着互联网的普及和科技的不断创新，行业巨头加快产业链整合步伐，兼并重组成为2014年IT业界的一大主旋律。

当前的市场并购重组主要集中在大型的、资本充足的行业巨头之间，涵盖运营商、互联网公司、PC制造商、软件公司等各方巨头，交易价格屡创新高。综合分析，2014年的市场并购重组可归结为三大方向：一是寻求突破，瞄准行业热点，拓展新的业务领域，云计算、车联网、大数据、智能家居等行业热点成为IT巨头开展并购的新领域，如IBM、AT&T、英特尔、微软等巨头纷纷针对上述领域开展并购，塑造新的商业体系，抢占移动互联先机；二是深耕核心业务，进一步巩固传统行业优势，如联想公司收购IBM PC、IBM服务器等产业，进一步稳固产品核心价值，微软完成对诺基亚的收购，加强Windows Phone平台研发；三是加强内部架构业务整合，推动企业转型升级，如索尼公司出售传统PC业务，并将常年亏损的电视机业务拆分为独立子公司，惠普公司拆分为“惠普公司”和“惠普企业”两家独立上市公司，IBM剥离其半导体业务，三星集团加速开展全集团范围内的重组等。

五　贸易保护愈演愈烈，涉华贸易摩擦密集爆发

2014年以来，全球经济呈现复苏态势，但一些国家仍执行金融危机以来实施的限制贸易措施，导致全球范围贸易保护愈演愈烈的态势依然没有改变。根据世界贸易组织（WTO）、经济合作与发展组织及联合国贸易和发展会议于2014年6月联合发布的监督报告，自2008年以来，20国集团成员国已实施1185项限制性贸易措施，截至2014年5月，只有251项措施被取消，近1000项措施仍在实施，约占79%。其中，2014年以来，20国集团成员国实施了116项贸易保护主义措施，贸易保护主义呈上升趋势。制造业是近年来贸易摩擦频发的主要领域，其中尤以光伏电池、太阳能光伏组件、通信设备等产品最为突出，充分体现了各国保护国内产业、重振经济的主要意图。

2014年我国依然面临严峻的贸易摩擦形势，一方面，发达国家提出

“再工业化”，在高端制造领域与我国的竞争日渐激烈；另一方面，新兴市场出现严重的货币贬值，为了保护本国产业和企业进一步出台和采取贸易限制措施。我国已经成为全球贸易摩擦的第一目标国之一，根据商务部数据，2014 年上半年，我国共遭受 18 个国家（地区）发起的贸易救济调查 53 起，涉案金额 52.9 亿美元，分别较 2013 年同期增长 20.4% 和 136%。在电子信息领域，以光伏行业最为突出：2014 年，美国对我国光伏产品发起二次“双反”调查，涉案金额高达 21 亿美元；印度首次做出反倾销终裁，澳大利亚做出立案调查决定；而欧盟认为我国违反了 2013 年达成的协议，已有欧盟企业提出了反规避调查申请，产业发展面临严峻的国际环境和贸易风险。

B.2
未来三年世界电子信息产业发展展望

刘晓馨*

摘 要： 受国际经济整体复苏的影响，预计未来三年，全球电子信息产品市场规模将持续扩大，产业增速稳中有升，维持在3.5%左右；产业格局进一步调整，新兴经济体的地位不断提升；电子产品结构稳中有变，新技术、新产品快速增加；后智能时代全面开启，电子制造走向“智造”；互联网化持续深入，催生全新商业模式。

关键词： 电子信息产品 “智造” 互联网化

2014年以来，全球经济复苏态势进一步显现，美国、欧洲、日本等发达国家和地区出现了不同程度的复苏，对世界经济增长贡献度不断提升，新兴经济体保持较快的增长速度，仍是全球经济增长主力。预计未来三年，随着美国经济持续复苏，欧债危机影响不断减弱，复苏依然是全球经济发展的主旋律，但发达经济体危机遗留问题尚未完全解决，地缘政治风险对全球经济的威胁不断增加，欧元区经济复苏持续疲软、新兴经济体通货膨胀等因素依然影响世界经济的发展方向，世界经济复苏的不确定性依然存在。受国际经济整体复苏的影响，预计未来三年，全球电子信息产品

* 刘晓馨，工业和信息化部电子科学技术情报研究所高级工程师，研究方向：电子信息产业、信息通信、经济运行。

市场规模将持续扩大，产业增速稳中有升，维持在3.5%左右；产业格局将进一步调整，新兴经济体在全球电子信息产品市场中的地位不断提升；世界产品市场结构将出现局部微调，新技术、新产品快速增加；后智能时代将全面开启，电子制造走向"智造"；互联网化仍将持续深入，催生全新商业模式。

一 市场规模持续扩大，产业增速稳中有升

随着全球经济持续好转，发达国家市场的逐步回升以及新兴经济体市场的快速增长，2013年以来，世界电子信息产业触底反弹，呈现快速回升态势，2014年世界电子信息产品市场增速达到3.21%，增速比2013年提高近3个百分点。预计未来三年，随着全球经济的持续复苏，世界电子信息产品市场规模将会持续扩大，产业增速维持在3.5%左右，整个产业进入平稳增长期。根据《世界电子数据年鉴2014》（*The Yearbook of World Electronics Data 2014*）的测算，2014年全球电子产品市场规模为18465.91亿美元，较2013年（17892.35亿美元）增长3.21%。预计未来三年（2015～2017年），

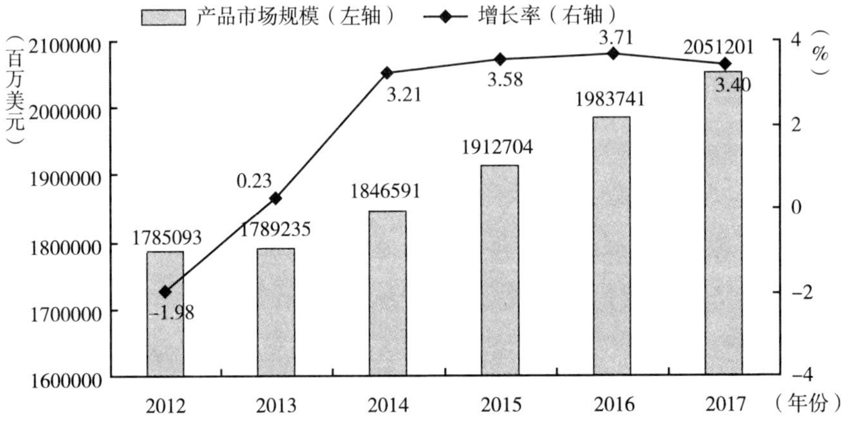

图1 2012～2017年世界电子信息产品市场情况及未来发展预测

资料来源：*The Yearbook of World Electronics Data 2014*。

电子信息产品市场规模将持续扩大，2017 年将达到 20512.01 亿美元，增速回升至 3.4% 左右。

二 产业格局进一步调整，新兴经济体地位不断提升

未来三年，全球电子信息产业格局面临小幅调整。美国、西欧和日本等发达经济体依然是电子信息产业的主导，在技术研发和产品设计等方面拥有极大的优势。中国、印度、马来西亚等新兴经济体依托于电子信息产业生产能力和工艺的提升，在世界电子信息产业中的地位不断提升。

从市场份额来看，美国、日本和西欧等发达经济体，受宏观经济回升缓慢以及市场逐渐饱和等多重因素的影响，电子信息产业市场份额仍将处于持续下滑态势。其中，美国市场份额将由 2014 年的 22.64% 下降到 2017 年的 21.86%，下降 0.78 个百分点；日本将由 2014 年的 8.15% 下降到 2017 年的 8.03%，下降 0.12 个百分点；西欧将由 2014 年的 16.01% 下降到 2017 年的 15.23%，下降 0.78 个百分点。虽然国际市场份额有所下降，美国、日本和西欧仍然控制着世界电子信息产业价值链的高端，占世界总体份额的 50% 左右。以中国、印度、巴西、南非以及东南亚国家和地区为代表的新兴经济体逐渐成为产业发展的重要力量，成为引领产业复苏的主导，在世界电子信息市场中的份额不断上升。其中，中国在电子信息产业市场中所占份额将由 2014 年的 22.56% 上升到 2017 年的 23.65%，上升幅度为 1.09 个百分点，预计自 2015 年起，中国在电子信息产品市场中所占份额将首次超越美国，成为全球最大的电子产品市场。总体来看，世界电子信息产业格局进一步调整，新兴经济体在产业中的作用稳步增大。

从国家层面看，美国、中国和日本仍将占据世界电子产品市场的主导地位。从产值来看，中国仍居于榜首，继续保持第一电子产品制造大国的位置，美国排在次席，日本仍居于第三位。从市场规模来看，美国和日本所占的比

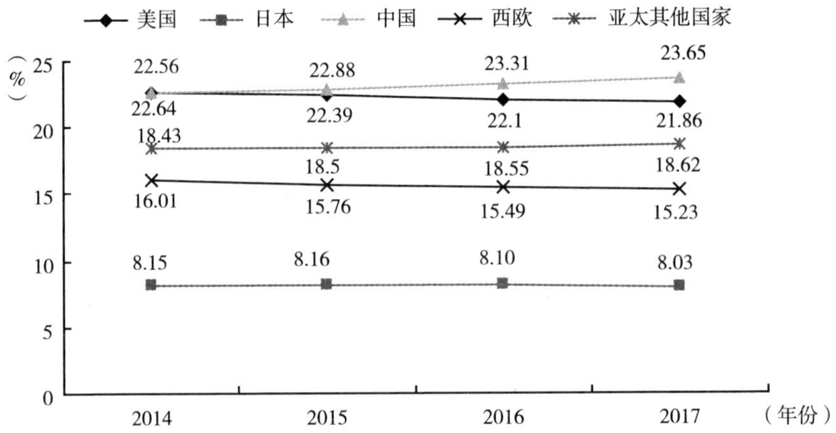

图2　2014～2017年世界主要国家和地区电子信息产品市场份额

注：此处亚太其他国家不包括中国、日本和北美的亚太地区。

资料来源：*The Yearbook of World Electronics Data 2014*。

重小幅下降，中国所占的份额持续上升，预计将超越美国成为全球第一电子产品市场，总体上仍保持中、美、日前三位的格局。包括印度、韩国、中国台湾在内的亚太其他国家或地区以及巴西、俄罗斯等新兴国家的电子产品市场发展前景良好，在全球产业布局进一步调整的大背景下，开始逐步向电子信息产业价值链的高端环节升级，未来对全球电子信息产业的影响将逐步扩大。

表1　2014～2017年世界主要国家及地区市场规模预测

单位：百万美元

年　份	2014	2015	2016	2017
美　国	418016	428189	438453	448464
日　本	150522	156080	160643	164749
中　国	416611	437630	462313	485082
西　欧	295698	301469	307282	312320
亚太其他国家	340414	353790	367959	381890
世　界	1846591	1912704	1983741	2051201

注：此处亚太其他国家不包括中国、日本和北美的亚太地区。

资料来源：*The Yearbook of World Electronics Data 2014*。

三　电子产品结构稳中有变，新技术、新产品快速增加

随着全球经济持续好转，发达国家市场不断复苏，在移动智能终端、移动互联网以及云计算、物联网等下一代信息技术快速发展的带动下，电子元器件、无线通信设备以及控制与仪器设备将继续保持较快增长速度，所占份额将有所上升，世界产品市场结构局部微调。

在产品结构方面，未来三年，电子元器件、电子数据处理设备、无线通信设备仍将占据世界电子产品份额的前三位。2014 年上述三种电子产品所占比例分别为 30.9%、26.9%、17.7%。未来三年，在移动智能终端、移动互联网以及云计算、物联网等下一代信息技术快速发展的带动下，电子元器件、无线通信设备以及控制与仪器设备将继续保持较快增长速度，所占份额将有所上升，电子数据处理设备和消费类电子产品所占市场份额将略微下降，但世界主要电子产品份额的比重将基本保持稳定，变化幅度不大。

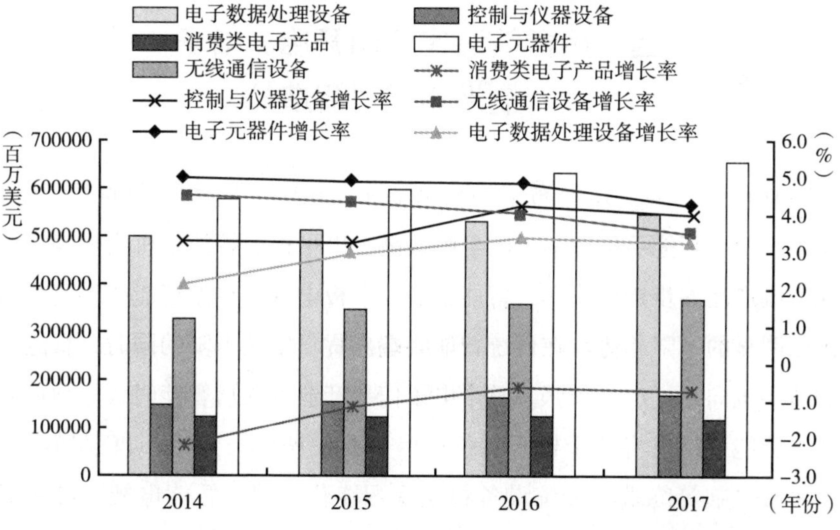

图 3　2014～2017 年世界主要电子产品市场规模及增长率预测

资料来源：*The Yearbook of World Electronics Data 2014*。

未来三年，市场规模处于前五位的电子产品增长率为2% ~5%，无线通信设备和电子元器件增长率较高，消费类电子产品出现小幅负增长。随着全球经济逐渐复苏，发达国家市场逐步回暖，2014年，电子元器件产品市场规模快速扩大，增速达到5.0%，居于各产品之首；无线通信设备位居第二，增速为4.48%；控制与仪器设备增速位居第三，增速为3.24%。未来三年，随着移动智能终端市场逐渐饱和，预计电子元器件和无线通信设备市场规模增速将有所下滑，但仍将维持在4%左右。

未来三年，虽然电子产品整体市场发展较为平稳，但一些新产品、新技术将保持快速增加态势，电子信息技术创新步伐将不断加快，电子信息产品会更加丰富，体现出多样化、集成化、移动化的特点。以平板电视、智能手机等为代表的适应市场需求的热点产品的发展速度将进一步加快，数字化、网络化、融合化、智能化仍是电子信息技术发展的大方向。随着云计算、大数据及物联网等融合式发展的不断深入，移动应用将更加可靠和便捷，用户体验愈加丰富多彩，数字资源将与现实世界深度融合，整个产业将迎来新的发展契机。

四 后智能时代全面开启，电子制造走向“智造”

2007年，苹果公司发布第一代iPhone，开启了移动终端的智能时代。近年来，随着智能手机渗透率的不断提高，以平板、智能手机为代表的移动智能终端产品逐步走向成熟，智能手机、平板电脑等典型智能终端产品增速呈现较明显的下降趋势。在传统智能终端出货量增速下降的同时，智能化将由智能手机向外延产品扩张，整个电子信息产业进入后智能时代。预计未来三年，智能手机仍将处于核心地位，但产业发展增长点将不仅仅局限于手机、平板电脑等终端，传统设备将呈现智能化趋势，智能电视、可穿戴设备、智能家居将成为产业发展热点。谷歌、三星、高通等厂商均已推出智能眼镜、智能手表等可穿戴产品，带来新的用户体验，未来规模化应用值得期待。同时，路由器等设备也已经启动了智能化步伐，智能路由器成为各大厂商争夺智能家居入口的关键点。此外，随着智能化的不断扩散和延伸，智慧城市也将不断深化，成为未来发展的主旋律。

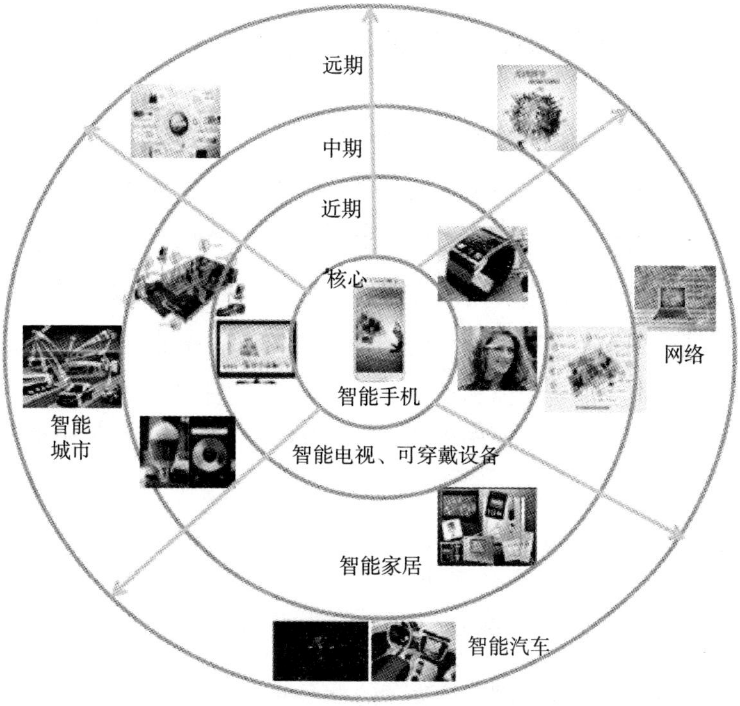

图4　后智能时代的产业逻辑

资料来源：www. askci. com 中商情报网。

全球电子信息产业正迎来继计算机、互联网之后的第三次浪潮，与全球智能化对应的是电子制造向“智造”的不断演进。智慧制造是信息化与工业化高度融合的产物，在信息技术领域，云计算、大数据、移动互联、社交网络等改变了信息化的传统思维模式，将信息技术应用到更加广阔的空间；在工业领域，从工业机器人到智慧工厂，自动化技术融合更多的信息技术，大大提升了智能化水平，3D打印技术更是带来了制造业的新一轮革命，无论是信息技术领域还是工业领域，都正在迎来一场深刻的变革。当前，世界多个发达国家和地区已经开始大力发展智慧制造，如欧盟的新工业革命和美国的再工业化，全球电子信息制造业已经处于新工业的前夜，智慧制造作为新工业模式将改变传统的制造和管理模式，开启一个崭新的制造新时代。

五　互联网化持续深入，催生全新商业模式

互联网经济正在快速颠覆现有的产业格局、边界与传统的行业模式，一场由信息技术引发的商业和社会变革即将到来。随着互联网技术的逐步发展，互联网将不仅仅是解决沟通、社交、信息获取等需求的日常工具，而且是进一步发展成为跨越各种终端设备的互联网化平台。在这个互联网化平台中，互联网不再是一种渠道，而是一种企业的生态环境，将对产品、销售、市场、服务乃至企业价值链和整个行业商业模式进行重构，催生全新的商业模式。这种全新的模式主要体现在：一是以用户为中心，线上销售与线下用户体验深度融合；二是创新思维，加强与用户的互动，让用户成为产品的一部分，从而激发用户的创造性；三是开放生态，打造一个多主体共赢互利的生态系统。

在互联网时代，行业界限变得模糊，跨界、跨行成为企业创新的大趋势。当前互联网已经渗透到企业运营的整个链条中，并不断冲击传统行业原有的商业模式。互联网企业深入手机、彩电等传统制造业，给传统手机、彩电生产企业带来了巨大的竞争压力。预计未来三年，电子信息产业互联网化将持续深入，积极谋求转型升级成为传统电子信息制造企业必须面对的课题。

国家和地区篇

National & Regional Reports

BLUE BOOK

B.3
2014年美国电子信息产业发展情况

李维娜*

摘 要：2014 年，美国电子信息产业整体企稳回升，发展态势良好，细分行业发展格局稳定，无线通信与雷达设备规模居美国电子产品规模的首位。从总体上看，美国电子信息产业创新持续推进，新技术发展步伐加快，苹果、微软、英特尔等大企业加快融合创新，积极布局新业务。

关键词：美国 电子信息产业 市场规模 大企业

* 李维娜，工业和信息化部电子科学技术情报研究所工程师，研究方向：产业经济。

美国经济近几年来保持了平稳增长的态势，2010～2014年GDP增速在1.8%～2.6%波动，2014年美国经济持续增长，实际GDP增长达到2.6%。对美国电子信息产业来说，2014年电子产品产值快速增长，产业整体企稳回升，发展态势良好；细分行业发展格局稳定，无线通信与雷达设备产值及规模较大；产业创新不断发展，新技术处于孕育突破中；各大跨国企业积极布局新业务，融合创新快速发展。

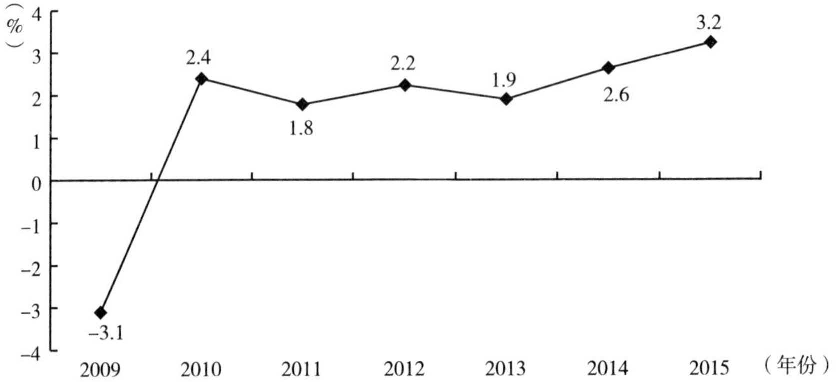

图1　2009～2015年美国GDP增长情况

注：2014年和2015年为预测值。

资料来源：国际货币基金组织2014年8月发布。

一　电子产品市场平稳增长，产业回升态势显著

根据《世界电子数据年鉴2014》(*The Yearbook of World Electronics Data 2014*)统计，2014年，美国电子产品产值为2355.91亿美元，增速达到1.1%，增加3个百分点，相较于前几年的负增长，2014年美国电子产品产值增长率上升幅度较大。2014年美国电子产品市场总额为4180.16亿美元，较2013年增速为2%，增加1.5个百分点，增幅较大。

2014年，在美国和欧盟一些国家经济复苏的驱动下，美国电子产品市

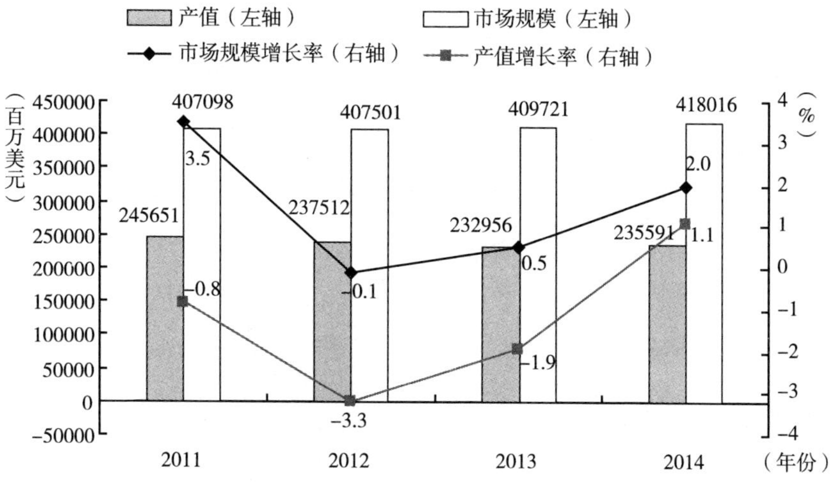

图2　2011～2014年美国电子产品产值与市场规模情况

注：2014年为预测值。

资料来源：*The Yearbook of World Electronics Data 2014*。

场复苏态势明显，国内外市场的大幅好转带来了旺盛的市场需求，拉动美国电子产品市场规模和产值的大幅增长，随着财政紧缩状况逐渐好转，产业未来发展趋势向好。

二　细分行业发展格局稳定，无线通信与雷达设备规模居首

2014年，从美国电子产品细分行业产值来看，无线通信与雷达设备产值占电子产品总产值的比例仍居首位，产值为735亿美元，占产值总额的33.2%，占比较上年增加了3.2个百分点；第二是电子元器件，产值为446.29亿美元，占产值总额的20.2%，比上年略有下降；第三是控制与仪器设备，产值为416.45亿美元，占产值总额的18.8%，较2013年的17.4%增长了1.4个百分点。电子数据处理设备产值持续下降，由2012年的319亿美元降至2013年的257.5亿美元，2014年为236.9亿美元，占产值总额的10.7%，占比较2013年降低了1.9%。电信设备和办公设备有0.2个百分点的上下浮动，而医疗与工业设备和

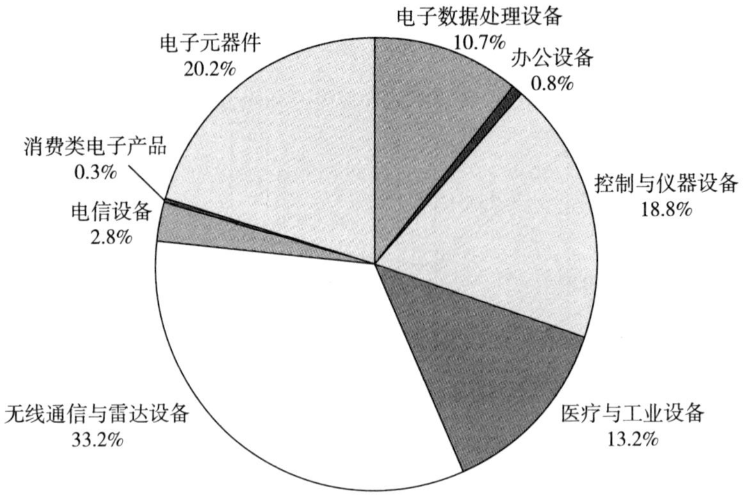

图3　2014年美国各类电子产品产值份额情况

注：2014年为预测值。

资料来源：*The Yearbook of World Electronics Data 2014*。

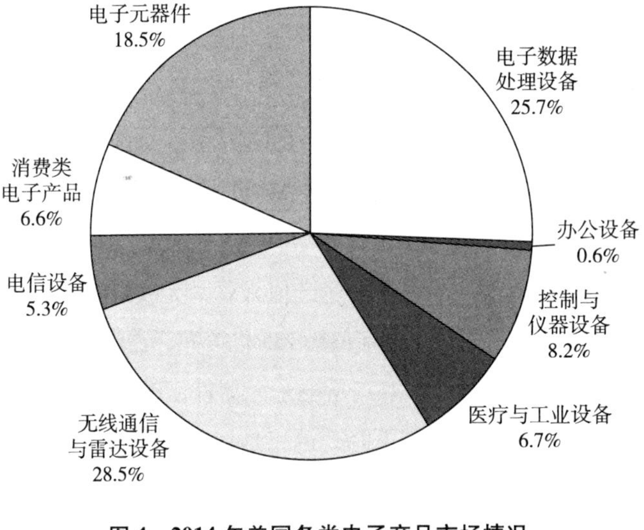

图4　2014年美国各类电子产品市场情况

注：2014年为预测值。

资料来源：*The Yearbook of World Electronics Data 2014*。

消费类电子产品产值所占比例则保持稳定，分别占13.2%和0.3%。

2014年，从美国电子产品细分行业市场规模来看，除消费类电子产品市场规模较2013年有小幅下滑，由7.4%降至6.6%，其他细分行业市场规模均实现了增长。其中，无线通信与雷达设备市场规模所占电子产品市场规模总额的比重居于首位，市场规模为1191.6亿美元，占市场总额的28.5%，较上年增长0.8个百分点；第二是电子数据处理设备，市场规模为1072.27亿美元，市场份额由24.8%上升至25.7%；第三是电子元器件，市场规模为771.6亿美元，占市场总额的18.5%，较上年同期增长了1.2个百分点，是各行业中增长幅度最大的。

三　产业创新持续推进，新技术发展步伐加快

美国是当今电子信息产业第一强国，2014年美国政府积极推进电子信息产业发展，致力于完善21世纪创新所需的信息科技生态系统。从产业规模看，美国电子信息产业经受2009年急速下滑和2011年小幅回落后，发展逐渐趋稳，2014年产业规模和产值均达到近年来最高水平。从产品创新来看，2014年美国消费电子产业新兴产品类别，如3D打印机、智能手表、超高清电视、保健电子设备等销售收入超过60亿美元，同比增长约107%，产业的收入重头依然是智能手机和平板电脑。

2014年美国电子信息产业五大技术发展较快：一是物联网，2014年美国传感器在电子设备中得到更大的规模应用；二是无人驾驶汽车，包括以传感器和摄像机为基础的两类智能系统；三是数字医疗保健，美国致力于实现更加无线化的连接；四是未来机器人，美国电子工业专注于精准的工程设计和疑难问题的解决；五是新视频技术，美国致力于开创视频内容时代，用新设备接收经过新渠道发送的新内容。这些技术发展将影响美国甚至世界未来电子信息产业的发展。但从总体上看，美国电子信息产业各领域技术演进方向明确，途径未发生根本性变化，无论是处理技术、传输技术、存储技术、传感技术、软件技术、显示技术还是原材料、元器件，

近年内都难以产生革命性的突破。电子信息技术的主要领域将继续向高性能、高分辨率、低能耗、高可靠性、小型化、嵌入式、节能、集成、泛在等方向发展。

四 大企业加快融合创新，积极布局新业务

2014 年美国电子信息产业的主题是转型发展，各大跨国企业积极谋求突破和创新发展，信息技术集成化、融合化、多样化演进趋势日益突出，产业发展呈现融合特性，产业内部子行业间、电子信息产业与其他产业间的融合、渗透、深化促使美国电子信息产业正进入一个领域更为宽广、增长更为迅速、竞争程度更为激烈的新战略发展阶段。2014 年惠普、微软、IBM、英特尔等电子信息产业巨擘的发展有喜有悲，但是其发展战略显示出一个共性特征，即维持核心优势的同时注重软硬件的融合创新，并积极布局云计算、新能源等新型业务板块。

2014 年微软的营收较 2012 ~2013 年保持稳定增长，但是销售毛利率和净利率呈现小幅下滑。2014 年微软一直坚守的 Windows 发展面临危机，在市场份额停滞的桌面系统上面临苹果 OS 操作系统的争夺，且 SaaS 和移动办公（iPad 等）的发展进一步削弱了其影响力，为此微软探索互联网发展策略，打破坚守 Windows 领域优先开发的战略思路，软硬件齐发力。软件方面，微软力争统一多屏设备操作系统，在操作系统方面进行频繁的创新布局。

2014 年 IBM 发展遭遇瓶颈，在连续七个季度营收同比下滑后，1 月 23 日 IBM 将 X86 服务器业务以 23 亿美元的价格出售给联想集团。此外，2014 年 IBM 剥离半导体业务，同意向 GlobalFoundries 支付 15 亿美元，让后者收购其处于亏损的芯片厂。为扭转颓势，2014 年 IBM 努力转变发展重点，从原先赖以生存的硬件服务转型为云计算和数据分析，但在市场向云计算转移的过程，IBM 的转型发展仍将面临较大的挑战。

苹果公司 2014 年第三财季营收为 374.32 亿美元，比上年同期的 353.23 亿美元增长 6%；净利润为 77.48 亿美元，比上年同期的 69.00 亿美元增长

12%。苹果依靠其独特的产品优势维持着良好的发展势头，为赢得持续发展，苹果布局商用市场，并不断加强产品创新和硬件、软件整合。

2014 年英特尔开始扭转 2012 ~2013 年的营收颓势，2014 年前三个季度营收均保持增长，但英特尔面临严峻的芯片困境，移动和通讯集团第三财季营业亏损 10 亿美元，营收从上年同期的 3.53 亿美元骤降至 100 万美元。为了突破移动芯片领域的困境，英特尔合并了移动部门与 PC 部门，全力开发融合型产品。同时，英特尔扩大创新触角，切入能源物联网，发布“智慧能源”战略，并与中国“智慧能源产业技术创新战略联盟”签订了战略合作协议。此外，英特尔加强对中国的技术投资，2014 年 12 月宣布将投资 16 亿美元，全面升级英特尔成都工厂的晶圆预处理、封装及测试业务。

综上所述，美国 2014 年电子信息大企业依然技术创新不断，以服务为核心的发展趋势明显。一是综合化的、以用户体验为中心的服务已经成为企业的核心竞争优势。企业通过技术创新、管理升级、品牌升级和商业模式创新，加速形成全面的竞争优势。二是企业业务整合加速。通过业务整合提高规模效益，使产品线之间进行互补，为客户提供一站式服务，这将是未来几年电子信息产业发展的重要内容，企业并购的目的不仅仅是为了扩大业务规模，而且是利用专利打击竞争对手或反制竞争对手。三是竞争向生态竞争等深层次发展。企业之间的竞争已不仅限于产品和服务的竞争，而是延伸到整个产业链和商业模式的竞争，形成一个完整的产业链，为企业提供从产品立项到产品营销与服务的全方位支持。生产性服务业贯穿于生产、流通、分配、消费环节，提高了不同生产阶段的产出价值和运行效率，发挥出强大的市场资源调配作用。

B.4
2014年日本电子信息产业发展情况

崔学民*

摘　要：日本继续保持全球第三大电子信息产业国的地位，但日本电子产品在全球的比重自2010年以来不断下降，其全球信息产业大国的国际竞争力持续下降，2014年产值约占全球的7.66%，同比下滑2.63%。受企业业务整合、出售不盈利业务以及日本量化宽松与提高消费税等因素影响，日本电子产品产值保持小幅增长态势，电子信息制造企业的业绩也在持续改善。电子元器件仍是日本电子产品中所占比例最大的产品，并且继续保持增长态势，消费电子继续大幅下滑，降幅有所减小。2014年，日本电子信息产业进口持续增长，出口触底反弹，扭转了前两年大幅下滑的态势，其中电子元器件仍是出口额最大的门类。

关键词：日本　电子信息产业　电子元器件

电子信息产业是日本重要的产业之一，尽管2014年产值有所下滑，但巨额产值仍使得日本保持了全球第三大电子信息产业国的地位。受政策及企业业务调整等因素影响，2014年日本电子信息产业进口持续增长，出口初现回暖迹象，主要电子信息制造企业的业绩持续改善，但整个电子信息制造业压力依然较大。随着“无限期量化宽松”的货币政策、增加财政支出政策及旨在刺激民间投资的“经济增长战略”刺激效应的逐步减弱，日本GDP小幅下滑的可能性加大，日本电子信息产业整体下行的态势仍将持续，未来2~3年内未见明显改善迹象。

* 崔学民，工业和信息化部电子科学技术情报研究所工程师，研究方向：计算机与网络。

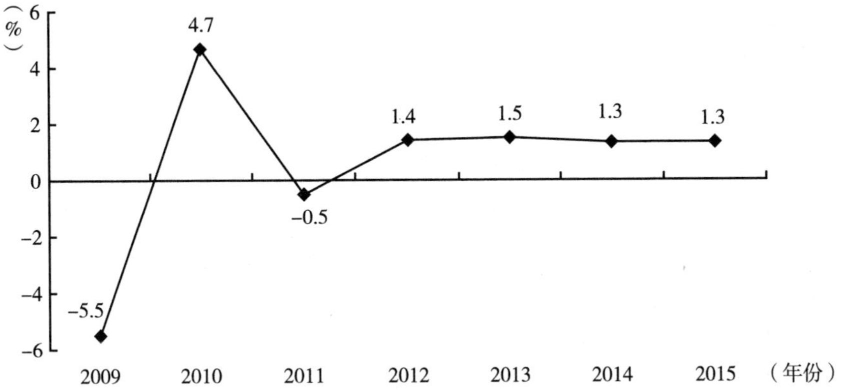

图 1　2009～2015 年日本 GDP 变化情况

注：2014 年和 2015 年为预测值。

资料来源：世界银行集团，2014 年 12 月。

一　实力依然较强，产值下滑趋势得到缓解

2014 年，日本继续保持全球第三大电子信息产业国的地位，电子产品产值在全球仅次于中国和美国，排在第三位。但日本电子产品产值在全球的

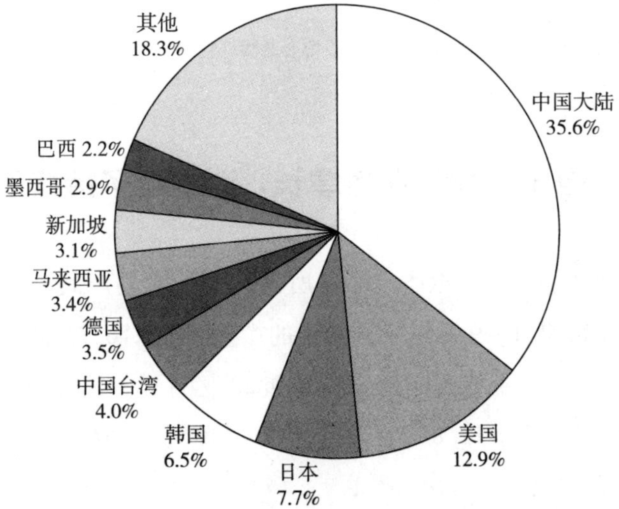

图 2　2014 年世界主要国家和地区电子产品产值占全球比重

资料来源：*The Yearbook of World Electronics Data 2014*。

比重自2010年以来不断下降，2014年产值约占全球的7.7%，日本作为全球信息产业大国的国际竞争力有所下降。

日本电子产品产值自2011年以来持续大幅下滑，2010～2013年分别为153317亿日元、130385亿日元、118163亿日元和113541亿日元，2013年下半年日本电子产品产值受政策等因素影响，产值下滑趋势得到缓解，2014年保持小幅增长态势，预计全年的产值为116152亿日元。

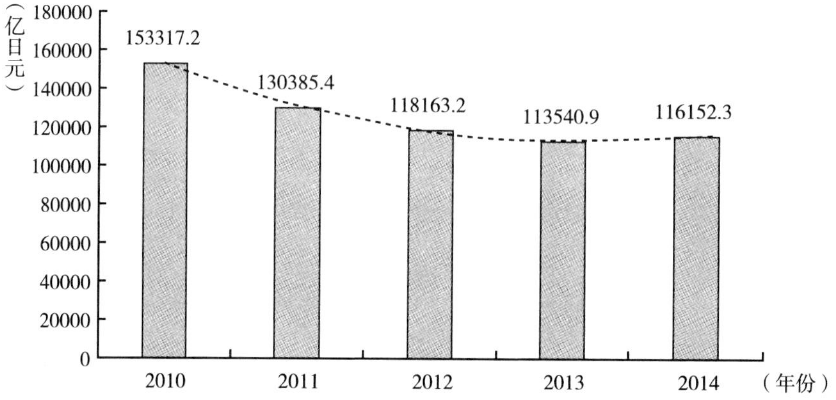

图3　2010～2014年日本电子信息产业产值

注：2014年为预测值。

资料来源：根据日本电子信息技术产业协会的数据整理。

二　电子元器件保持增长，消费电子持续下滑

电子元器件仍是日本电子产品中所占比例最大的产品，并且继续保持增长态势，2014年1～9月电子元器件的产值为54216.72亿日元，同比增长了5.7%；工业电子装备产值为27630.22亿日元，同比下滑0.6%；消费电子继续大幅下滑12.8%至5146.83亿日元，降幅比上年同期有所减小。

从产值所占的比例来看，排名前四位的产品分别是集成电路、电子元件、

表1　2013年和2014年1～9月日本电子产品产值情况

单位：亿日元，%

类　别	2013年1～9月	2014年1～9月	同比增长
消费电子	5902.33	5146.83	－12.80
工业电子装备	27797.00	27630.22	－0.60
电子元器件	51293.02	54216.72	5.70
合　计	84992.35	86993.77	2.30

资料来源：日本电子信息技术产业协会，2014年12月。

计算机及相关设备与通信设备，分别占全国电子产品总产值的41.72%、20.61%、10.62%和10.24%。消费电子继续下滑，由上年同期的7.25%下降到5.92%，主要原因是以韩国和中国台湾为代表的新兴国家和地区迅速崛起，而日本国内的企业未能及时做出应对，减弱了日本企业的竞争力。

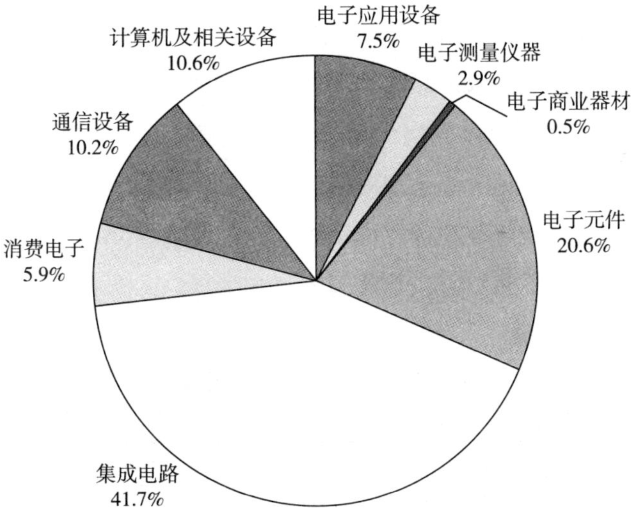

图4　2014年1～9月日本电子产品产值所占比重

资料来源：日本电子信息技术产业协会，2014年12月。

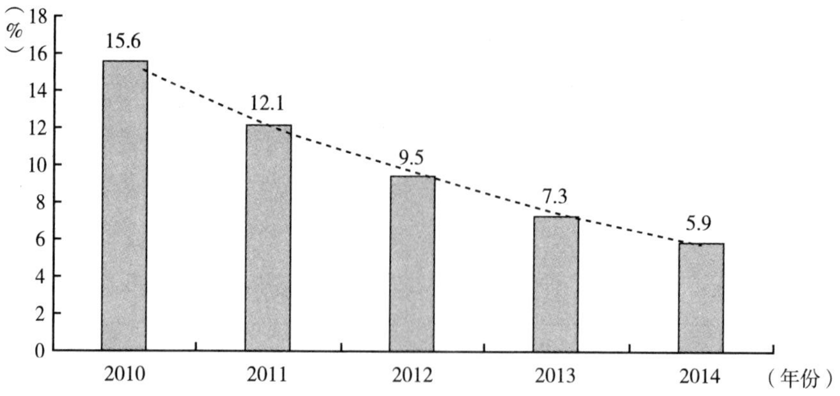

图5　2010～2014年日本消费电子产值在电子信息产业中的比重

注：2014年数据为预测值。
资料来源：根据日本电子信息技术产业协会数据整理。

三　进口持续增长，出口触底初现回暖迹象

2014年以来，日本电子信息产业进口持续增长。日本电子信息技术产业协会的统计数据显示，2014年1～9月，日本电子产品进口总额为77619.11亿日元，比上年同期的70627.03亿日元增长9.9%，其中消费电子、工业电子装备和电子元器件分别增长7.5%、6.2%和14.5%。从进口产品类别来看，集成电路、计算机及相关设备、通信设备、电子零配件是进口数量最多的产品，占据进口总额的81.9%。

表2　2013年和2014年1～9月日本电子产品进口情况

单位：亿日元，%

类　别	2013年1～9月	2014年1～9月	同比增长
消费电子	4685.94	5037.39	7.50
工业电子装备	35326.62	37516.87	6.20
电子元器件	30621.70	35061.85	14.50
合　计	70634.26	77616.11	9.90

资料来源：日本电子信息技术产业协会，2014年12月。

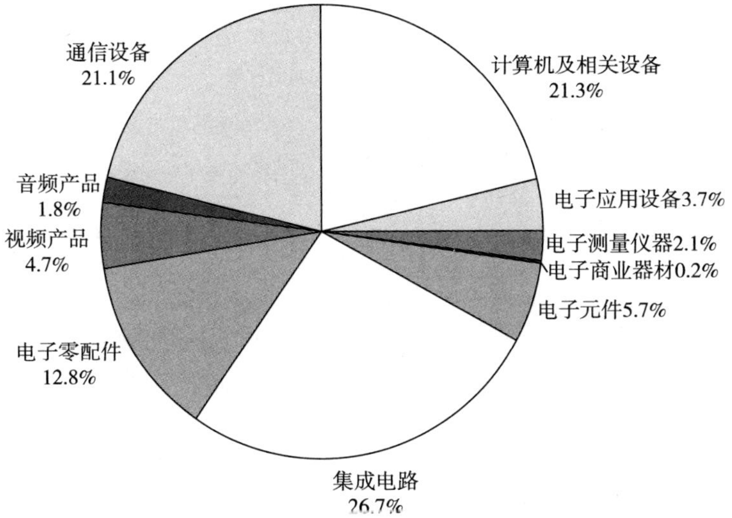

图6　2014年1~9月日本电子产品进口分类比重

数据来源：日本电子信息技术产业协会。

日本电子信息产业出口触底反弹。日本电子信息技术产业协会的统计数据显示，2014年1~9月，日本电子产品出口总额为67601亿日元，比上年同期增长了0.4%，扭转了前两年大幅下滑的态势，其中电子元器件仍是出口额最大的门类，占整个出口额的78.6%，但增速只有0.8%；工业电子装备占整个出口额的15.4%，同比增长5.7%；消费电子的下滑幅度仍然较大，同比下降14.6%。从出口产品类别来看，集成电路、电子零配件、电子元件是出口数量最多的产品，占出口总额的78.6%。

表3　2013年和2014年1~9月日本电子产品出口情况

单位：亿日元，%

类　别	2013年1~9月	2014年1~9月	同比增长
消费电子	4724.02	4034.31	-14.60
工业电子装备	9873.20	10435.97	5.70
电子元器件	52709.31	53130.98	0.80
合　计	67306.53	67601.26	0.40

资料来源：日本电子信息技术产业协会，2014年12月。

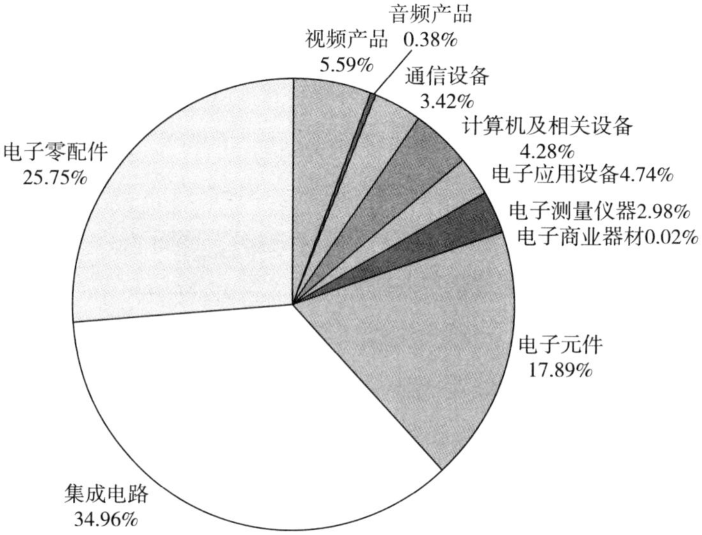

图7　2014 年 1～9 月日本电子产品出口分类比重

资料来源：日本电子信息技术产业协会，2014 年 12 月。

四　企业业绩有所改善，核心零部件优势依然明显

2014 年，受企业业务整合、出售不盈利业务以及日本量化宽松与提高消费税等因素影响，日本电子信息企业业绩得到一定程度的改善。从日本各大企业公布的财务报告来看，日元贬值帮助日本企业在未增加较大研发投入的情况下，快速实现了收益的增加；同时，出售不盈利业务、调整产品组合等措施也促进了企业业绩的增长。松下、索尼、夏普等企业的营业收入均出现不同程度的改善。松下自开年以来，销售额同比增长超过 100 个百分点，净利润同比增长超过 30 个百分点；索尼得益于电视游戏机 Play Station 4 的热销以及影视业务，净利润更是成倍增长；夏普、东芝等企业的亏损程度不断缩小。然而，日本电子信息企业在消费电子等领域仍然处于亏损状态，业绩并没有得到有效改观。索尼公司的情况较有代表性，该公司第二财季

（2014 年 7 ~9 月）的数据显示，移动通信业务的亏损足以抵消电视游戏机业务的利润，业务调整的压力进一步加大，因此索尼在年初宣布放弃 PC 业务后，下半年又准备调整智能手机等业务。日立、东芝等公司将业务重心继续向智能电网、电梯等基础设备领域转移。松下的汽车电子、住宅相关业务成长迅速，但家电业务的收入已经大幅缩减至 20% 左右。

日本在核心零部件等方面的优势依然明显。目前，夏普、JDI 的液晶面板，松下的锂离子电池，索尼的摄像头，旭硝子的玻璃面板，索尼的光学配件等众多零配件已经占据了全球智能手机、超大屏幕电视、平板电脑、电动汽车等领域的大部分市场份额，成为拉动日本电子信息产业的有生力量。

B.5
2014年欧盟电子信息产业发展情况

王慧娴*

摘　要：2014年欧盟地区电子产品产值较上年小幅缩水，为2319.87亿美元，销售规模较上年稳步增长，达到3307.77亿美元。细分领域方面，各细分领域的产值占比和市场份额占比情况与上年相比均变化不大，电子数据处理设备仍为市场热点。以德国、英国为代表的欧盟核心成员国经济持续复苏，带动产业发展呈现回暖态势。与此同时，欧盟地区新兴领域的发展成效显著，部分项目建设已初具规模。

关键词：欧盟　电子数据处理设备　电子信息产业

2014年，欧盟国家经济复苏依然略显乏力，据欧盟委员会2014年11月发布的数据，2014年欧盟的GDP增速预计将仅为0.8%。受此带动，其电子信息产业呈现微幅回暖态势，根据《世界电子数据年鉴2014》（*The Yearbook of World Electronics Data 2014*）的统计数据，2014年，除塞浦路斯、拉脱维亚、卢森堡、马耳他四国外的欧盟24国（以下简称“欧盟24国”）电子产品产值为2319.87亿美元。2012～2015年，欧盟GDP增长情况如图1所示。

* 王慧娴，工业和信息化部电子科学技术情报研究所助理工程师，研究方向：通信技术与产业研究。

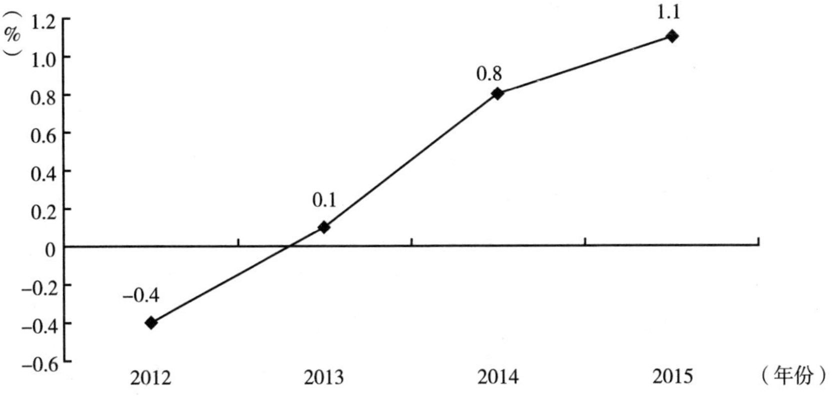

图1　2012～2015年欧盟GDP增长情况

注：2014年和2015年为预测值。

资料来源：欧盟委员会。

一　电子产品产值小幅缩水，销售规模稳步增长

根据《世界电子数据年鉴2014》的统计数据，2014年，欧盟24国电子产品产值为2319.87亿美元，较上年的2323.89亿美元减少0.17%。其中，芬兰、法国、匈牙利、爱尔兰、斯洛伐克5国的电子产品产值均有不同幅度的下降，尤其是斯洛伐克的电子产品产值较上年大幅减少28.5%，而欧盟其他19国电子产品的产值均有所增长。

在市场规模方面，2014年欧盟24国电子产品销售值达到3307.77亿美元，较上年的3264.16亿美元增长1.34%。其中，除罗马尼亚、斯洛伐克的市场规模的增长率为负外，其他国家电子产品销售值均有所增长。市场规模增长最快的国家是保加利亚，其电子产品销售值为19.55亿美元，较上年增长了4.49%。

从各个国家电子产品产值具体情况来看，2014年，德国产值达到639.81亿美元，居首位，较上年增长1.53%，占欧盟24国总产值的27.58%；法国产值为286.62亿美元，居第二位，占欧盟24国总产值的

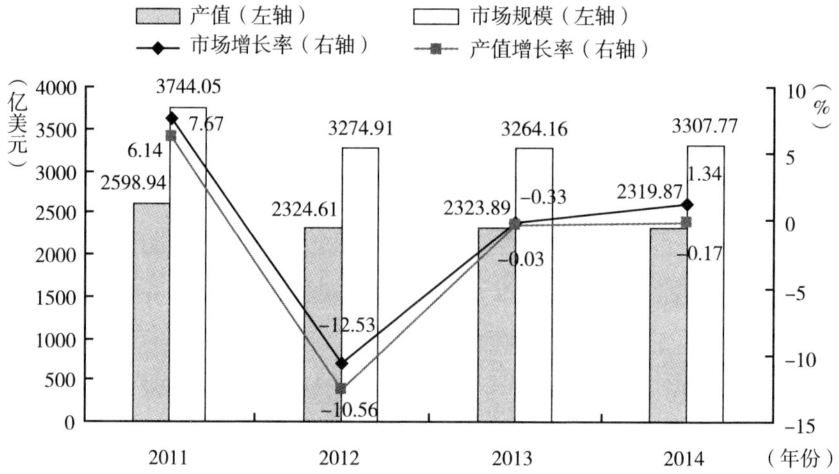

图2　2011～2014年欧盟24国电子产品产值和市场规模情况

注：2014年为预测值。
资料来源：*The Yearbook of World Electronics Data 2014*。

12.36%；英国产值为235.11亿美元，占欧盟24国总产值的10.13%，仅次于德国、法国居第三位；意大利位列第四；匈牙利、捷克、波兰、瑞典、荷兰、爱尔兰分别列第五到第十位。

表1　2014年欧盟主要国家电子产品产值排名

单位：亿美元，%

2014年产值排名	国　家	2014年电子产品产值	同比增长	占欧盟24国总产值的比重
1	德　国	639.81	1.53	27.58
2	法　国	286.62	-0.12	12.36
3	英　国	235.11	1.91	10.13
4	意大利	166.03	1.55	7.16
5	匈牙利	130.11	-2.03	5.61
6	捷　克	127.38	1.73	5.49
7	波　兰	100.01	1.81	4.31
8	瑞　典	97.44	0.20	4.20
9	荷　兰	94.16	0.73	4.06
10	爱尔兰	81.87	-0.41	3.53

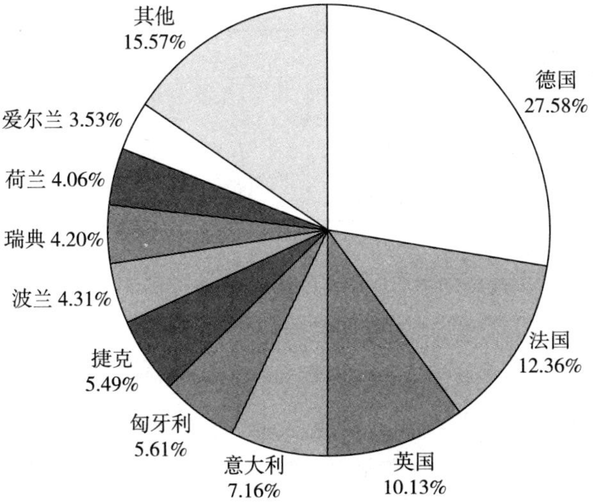

图3　2014 年欧盟主要国家电子产品产值占比情况

注：2014 年为预测值。

资料来源：*The Yearbook of World Electronics Data 2014*。

二　细分领域产销值保持稳定，电子数据处理设备仍为市场热点

欧盟 24 国电子产品细分领域产销值情况如表 2 所示。与 2013 年相比，各细分领域的产值占比和市场份额占比情况均变化不大。

表2　2014 年欧盟 24 国各类电子产品产值和市场情况

单位：亿美元，%

电子产品分类	产值	占比	销售值	占比
电子数据处理设备	287.44	12.39	986.76	29.83
办公设备	5.95	0.26	32.71	0.99
控制与仪器设备	547.95	23.62	357.79	10.82
医疗与工业设备	254.94	10.99	181.75	5.49
无线通信与雷达设备	384.21	16.56	497.60	15.04

续表

电子产品分类	产值	占比	销售值	占比
电信设备	154. 05	6. 64	190. 38	5. 76
消费类电子产品	170. 88	7. 37	319. 00	9. 64
电子元器件	514. 53	22. 18	741. 85	22. 43

注：2014 年为预测值。
资料来源：*The Yearbook of World Electronics Data 2014*。

从电子产品产值来看，2014 年控制与仪器设备、电子元器件及无线通信与雷达设备共占比 62. 36%。其中，控制与仪器设备产值达到 547. 95 亿美元，占整个电子信息产业产值的 23. 62%；电子元器件产值达到 514. 53 亿美元，占比 22. 18%；无线通信与雷达设备产值为 384. 21 亿美元，占比 16. 56%。

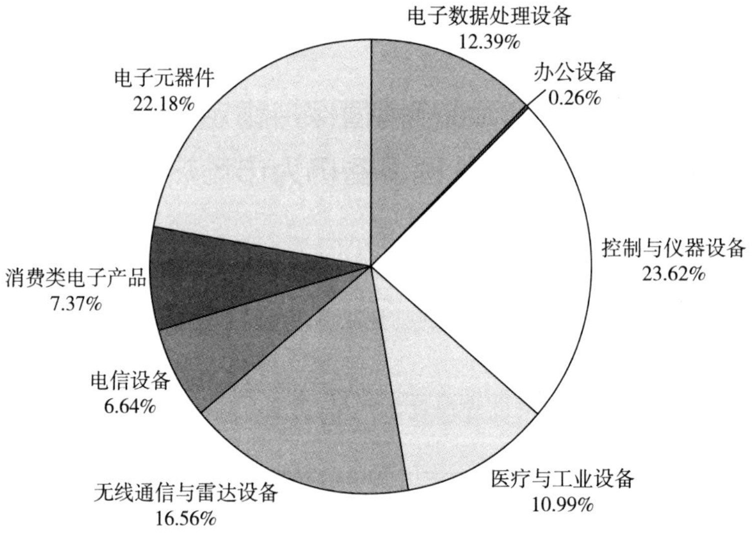

图 4　2014 年欧盟 24 国各类电子产品产值份额

注：2014 年为预测值。
资料来源：*The Yearbook of World Electronics Data 2014*。

从电子产品的市场份额来看，2014 年电子数据处理设备、电子元器件及无线通信与雷达设备共占比 67.3%。其中，电子数据处理设备市场销售额达 986.76 亿美元，占整个电子产品销售额的 29.83%；电子元器件销售额为 741.85 亿美元，占比 22.43%；无线通信与雷达设备销售额为 497.60 亿美元，占比 15.04%。

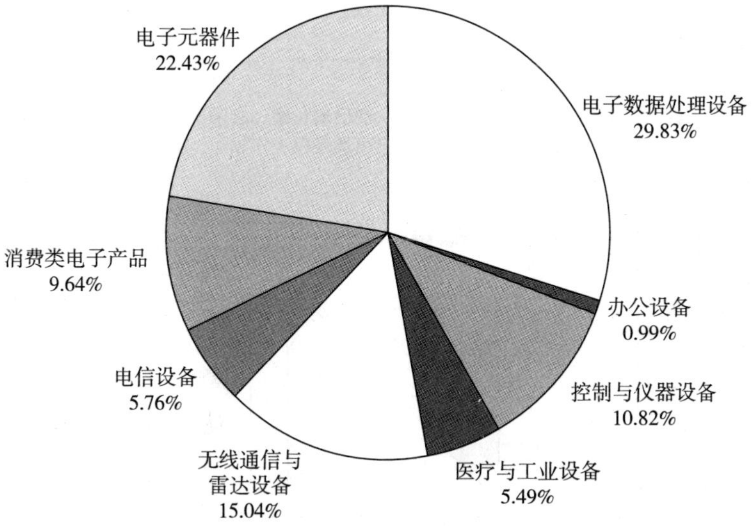

图 5　2014 年欧盟 24 国各类电子产品市场份额

注：2014 年为预测值。
资料来源：*The Yearbook of World Electronics Data 2014*。

三　主要成员国经济持续复苏，带动产业发展呈回暖态势

从国家来看，以德国、英国为代表的欧盟核心成员国经济持续复苏，电子产品产值及市场规模较上年都有一定程度的提升；虽然法国经济回暖步伐相对于德国和英国仍显得缓慢，但是其电子信息产业的市场规模较上年也有所增加。

在经历2013年的经济低速运行之后，2014年德国经济在世界经济趋暖、国内消费需求增强和出口持续复苏的拉动下开始上行。作为欧盟经济的龙头，德国为整个欧盟经济的恢复发挥了良好的带动作用。2014年11月欧盟委员会发布数据预计，2014年德国GDP增幅将为1.3%。《世界电子数据年鉴2014》的统计数据显示，2014年德国电子产品产值将达639.81亿美元，较上年增长1.53%；市场销售值为767.58亿美元，较上年增长1.8%。

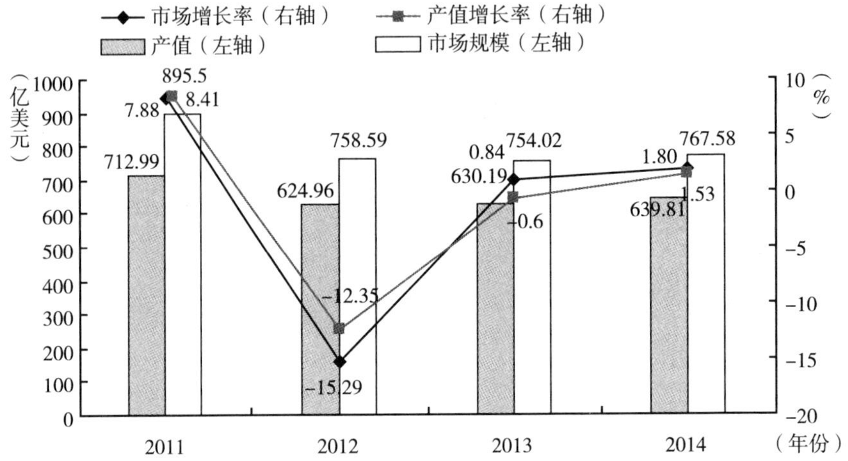

图6 2011~2014年德国电子产品产值与市场规模情况

注：2014年为预测值。

资料来源：*The Yearbook of World Electronics Data 2014*。

德国作为全球领先的工业制造强国，2014年紧跟数字革命潮流，高度重视前沿信息技术发展，并积极推动其应用于工业制造领域，以抢占未来工业制造的发展先机。2014年8月，德国联邦政府内阁通过了《数字议程2014~2017》，旨在通过加强数字技术设施建设，助推经济增长，并以此为工业4.0体系建设提供动力。德国政府计划推动工业数字化发展，支持云计算和大数据等技术研发，并实施资助新兴企业等措施。与此同时，为建设必不可少的数字化基础设施，德国政府计划于2018年前在全国普及高速宽带。

此外，为确保数据安全，德国政府还将加强数据保护，提高政府机构对网络攻击的防御能力。

2014 年英国经济回暖势头稳定，根据 2014 年 11 月英国央行发布的数据预计，2014 年英国 GDP 增速将为 3.5%，其增长主要来源于房地产价格上涨及消费信贷大量涌入。《世界电子数据年鉴 2014》的统计数据显示，2014 年英国电子产品产值将达 235.11 亿美元，较上年增长 1.91%；市场销售值为 435.45 亿美元，较上年增加 1.41%。

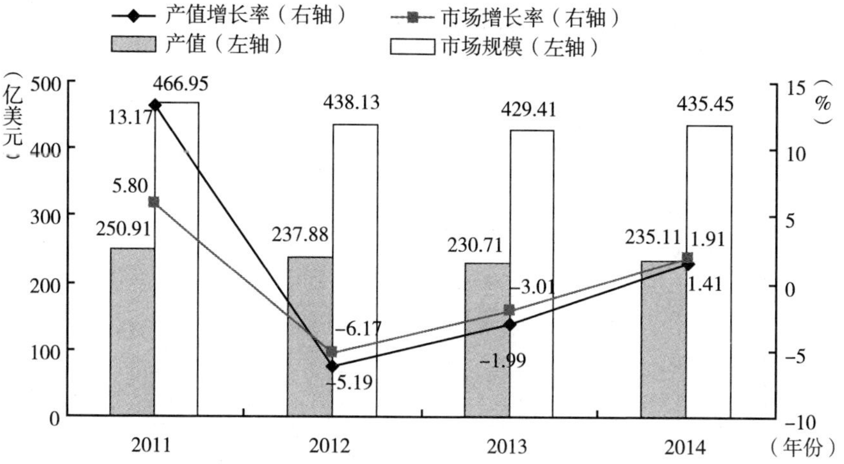

图7　2011～2014 年英国电子产品产值与市场规模情况

注：2014 年为预测值。

资料来源：*The Yearbook of World Electronics Data 2014*。

2014 年，英国在超高速宽带建设及 5G 研究方面发展迅猛。根据英国电信监管机构 Ofcom 于 2014 年 3 月发布的数据显示，目前已有四分之三的英国家庭可以接入超高速宽带服务，预计到 2017 年这一比例将达到 95%；在移动宽带覆盖方面，英国四大移动运营商竞相推出 4G 服务，预计 2015 年将覆盖 98% 的英国人口。5G 研究方面，2014 年 11 月，英国萨里大学 5G 创新中心（5GIC）启动了全球首个 5G 通信技术测试床，第一阶段的测试床将聚焦于建设并验证在超密集网络（UDN）环境下的云化无线接入网络，向用户展示前所未有的网络容量，随着测试床的不断完善，各种5G备选波形包括稀疏码多址技术（SCMA）将在5GIC测试床得到验证。

2014年法国经济缓慢复苏，根据法国统计及经济研究所的分析，主要原因在于：欧元升值导致出口减少、工作岗位的增加只消化了就业人口的增长、工资上涨缓慢不足以拉动消费。2014年11月欧盟委员会发布的数据预计，2014年法国GDP增速将为0.3%。《世界电子数据年鉴2014》的统计数据显示，2014年法国电子产品产值将达286.62亿美元，较上年降低0.12%；市场销售值为388.82亿美元，较上年增加0.88%。

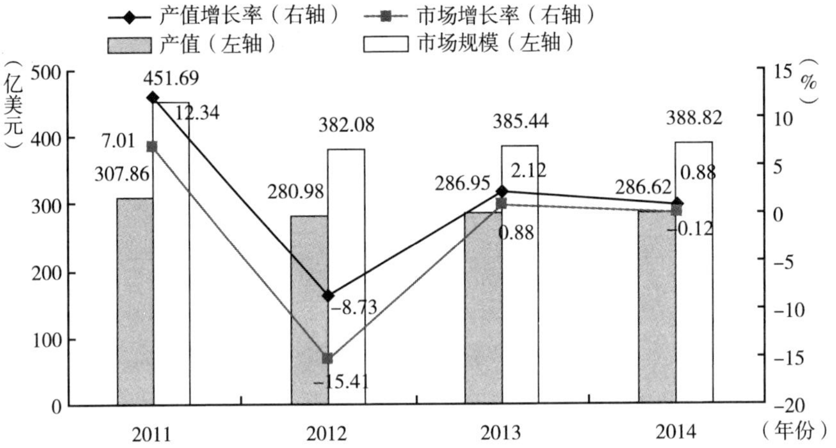

图8　2011～2014年法国电子产品产值和市场情况

注：2014年为预测值。

资料来源：*The Yearbook of World Electronics Data 2014*。

2014年，法国快速推广NFC支付，目前法国市场上已推出了48款带有NFC功能的智能手机。法国手机移动支付协会的数据显示，截至2014年10月，法国已有22万户商家支持NFC手机支付功能，预计到2015年第一季度，法国境内将有33%的POS机能够支持手机支付功能。2014年，法国还从国家层面重点加强网络防御建设，2月，法国政府公布了10亿欧元的投资计划，用于加强网络攻击防御，通过推广保密电话、加密技术和网络监控等措施，提升法国应对日益增加的网络攻击的防御能力并加强监控能力。

四　新兴领域发展成效显著，部分项目建设初具规模

2014年，欧盟在新兴领域全面发力，在5G、智能电网、大数据、民用机器人等诸多领域加快部署，部分建设取得了初步成效。

在5G领域，2014年欧盟委员会与“5G公私合作”（5G PPP）联盟积极开展合作，目前研发项目预算高达42亿欧元。5G PPP联盟由爱立信、阿尔卡特朗讯、诺基亚通信、Orange及卫星运营商SES创立，汇聚了电信业、IT业及科研院所等多方参与者。2014年6月，欧盟还与韩国达成协议，联手开发5G网络，双方将成立联合项目组，共同开发5G网络系统、制定标准并为适应新技术做好无线电频率的准备工作。

在智能电网领域，欧盟委员会的统计数据显示，截至2014年11月，欧盟用于智能电网建设的资金总额已达到60亿欧元，投资涵盖281个研发项目和90个智能电表试点项目。其中，智能网络管理占到最大份额，约为26%；集成分布式能源、电网应用以及聚合、智能消费者与智能家庭等领域也成为关注重点。预计到2020年，欧盟有望部署约2.5亿块智能电表，总投资额将达到500亿欧元。

在大数据领域，2014年10月欧盟宣布将从2015年正式启动公私合作发展大数据。欧盟委员会将利用“地平线2020”科研规划向此项合作进行超过5亿欧元的投资，私营行业合作伙伴的投资将超过20亿欧元。发展大数据有望帮助欧洲供应商在全球数据市场占据多达30%的份额，在2020年前在欧洲创造约10万个与数据相关的工作岗位，并帮助欧洲减少约10%的能源消耗。

在民用机器人领域，2014 年 6 月，欧盟委员会与欧洲机器人协会宣布启动“火花”计划：到 2020 年，将投入 28 亿欧元用于研发民用机器人。根据合作协议，欧盟委员会和欧洲机器人协会将为“火花”计划分别出资 7 亿欧元和 21 亿欧元，约有 200 余家公司、1.2 万名研发人员参与该计划。“火花”计划的研发内容非常广泛，机器人在制造业、农业、医疗、交通运输、安全等领域的应用都被纳入其中。

B.6

2014年韩国电子信息产业发展情况

梁冬晗*

摘　要：韩国是世界上第四大电子产品制造国，在半导体、移动通信和消费电子产品领域居于领先地位，三星电子、LG、SK海力士等公司拥有半导体、显示等关键技术。韩国电子技术水平优势突出，DRAM和5G技术发展全球领先。韩国为摆脱核心技术受制于人的局面，不断加大研发力度，鼓励产学研用各方在基础技术上的投入。

关键词：韩国　DRAM　5G　电子信息产业

2014年，韩国电子信息产业稳步增长，但规模增速继续放缓。多类电子产品产值和市场规模实现增长，电子元器件依旧是韩国电子信息产业发展的中坚力量。韩国在半导体、移动通信和消费电子产品领域居于领先地位，拥有半导体、显示等领域的关键技术。韩国不断加大信息技术领域的研发投入力度，并制定了七项推动系统芯片发展的计划。

一　产业规模增速放缓，电子元器件成为产业发展的中坚力量

随着全球经济缓慢复苏，韩国电子产品产值和市场规模均实现增长。

---

* 梁冬晗，工业和信息化部电子科学技术情报研究所工程师，研究方向：产业经济运行。

根据《世界电子数据年鉴2014》（*The Yearbook of World Electronics Data 2014*）的数据，2014年，韩国电子产品产值为1179.52亿美元，较上年增长6.06%；韩国电子产品的销售额为542.86亿美元，较上年增长3.71%。

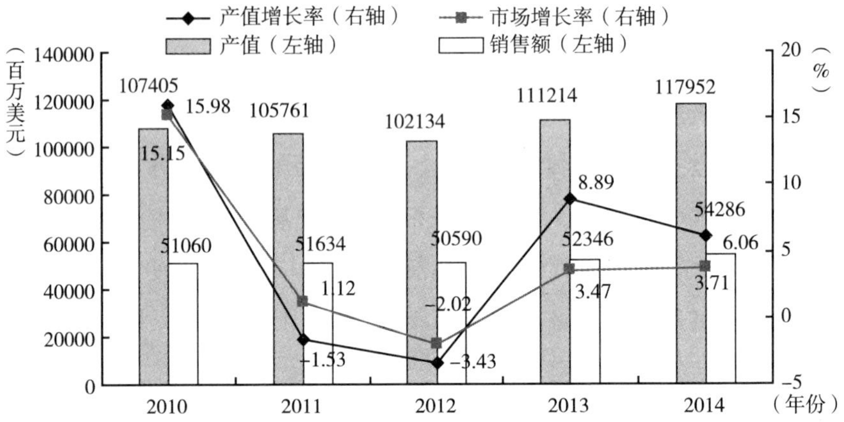

图1　2010～2014年韩国电子产品产值与销售情况

注：2014年为预测值。

资料来源：*The Yearbook of World Electronics Data 2014*。

2014年，多类电子产品产值实现增长，控制与仪器设备增长12%；由于智能手机出口强劲，带动无线通信设备增长7.00%；随着全球半导体市

表1　2014年韩国各类电子产品产值、增长率及其全球占比

单位：百万美元，%

产　品	计算机	办公设备	控制与仪器设备	医疗与工业设备	无线通信设备	电信设备	消费电子产品	电子元器件
2014年产值	14348	265	784	2622	25434	916	3897	69685
2013年产值	14150	265	700	2445	23770	935	3958	64991
增长率	1.40	0.00	12.00	7.24	7.00	-2.03	-1.54	7.22
占全球比重	2.98	3.60	0.54	2.93	6.99	1.28	3.02	13.08

注：2014年为预测值。

资料来源：*The Yearbook of World Electronics Data 2014*。

场的复苏，韩国电子元器件产值实现了 7.22% 的增长；计算机产值微增 1.4%；办公设备产值与上年持平；电信设备和消费电子产品产值较上年有所下滑。

电子元器件和无线通信设备产值共占韩国电子产品产值的 80.64%，是韩国电子信息产业的中坚力量。

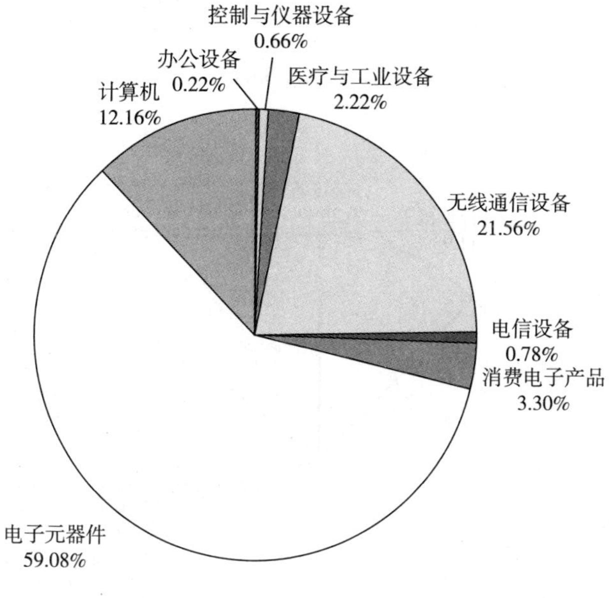

图 2　2014 年韩国各类电子产品产值份额

注：2014 年为预测值。

资料来源：*The Yearbook of World Electronics Data 2014*。

2014 年，韩国电子产品销售额达到 542 亿美元，同比增长 3.71%。除办公设备和消费电子产品销售额同比下降外，其余产品销售额均有不同程度的增长，其中，计算机、无线通信设备和电子元器件销售额增长相对较快，分别增长 2.31%、3.91% 和 4.83%。

电子元器件依旧占据了韩国电子产品市场规模的半壁江山，占韩国市场份额的 54.53%。

表 2　2014 年韩国各类电子产品市场销售额、增长率及其全球占比

单位：百万美元，%

年　份	计算机	办公设备	控制与仪器设备	医疗与工业设备	无线通信设备	电信设备	消费电子产品	电子元器件
2014 年销售额	6476	136	5069	2633	6329	1729	2314	29600
2013 年销售额	6330	143	4912	2577	6091	1698	2360	28235
增长率	2.31	-4.90	3.20	2.17	3.91	1.83	-1.95	4.83
全球占比	1.30	1.24	3.40	3.20	1.94	2.02	1.88	5.18

注：2014 年为预测值。
资料来源：*The Yearbook of World Electronics Data 2014*。

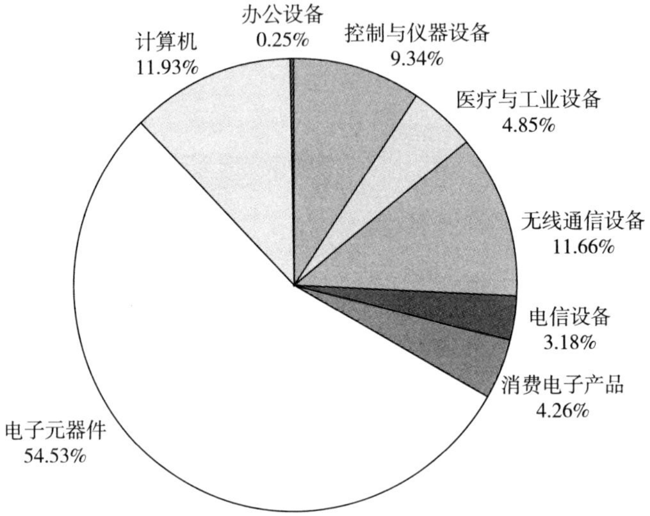

图 3　2014 年韩国各类电子产品的市场份额

注：2014 年为预测值。
资料来源：*The Yearbook of World Electronics Data 2014*。

二　韩国是全球第四大电子产品制造国，半导体、电视和手机销量位居全球前列

韩国是世界上第四大电子产品制造国，在半导体、移动通信和消费电子

产品领域居于领先地位，三星电子、LG、SK海力士等公司拥有半导体、显示等关键技术。

在半导体领域，韩国三星电子和SK海力士营业收入分别位居第二和第六。据IC Insight的数据预测，2014年，三星电子半导体市场营收372.59亿美元，同比增长8%；SK海力士半导体市场营收158.38亿美元，同比增长22%。其中，在存储芯片领域，据DRAMexchange的数据，2014年前三个季度，三星电子实现销售收入127.84亿美元，占全球市场份额的38.97%；SK海力士实现销售收入89.65亿美元，占全球市场份额的27.33%。两家合计占比66.30%，主导了全球DRAM市场。

在电视领域，三星和LG电子的全球市场份额位居前两名。2014年上半年，三星电视全球市场份额达30.7%，创历史新高。排名第二的LG电子的全球市场占有率为16.7%，三星电子和LG电子在全球市场中的份额之和达47.4%，占据全球电视市场的近半壁江山。DisplaySearch公布的数据显示，2014年第三季度全球4K电视的出货量超过300万台，2014年的总出货量达到640万台，其中，三星的市场份额占到36%，LG的市场份额占到15%，两家合计超过全球4K电视市场份额的50%。三星电子在平板电视、LCD电视、LED电视、超高清电视市场的份额均位居全球第一，这主要归功于三星曲面超高清电视和60英寸电视等高端产品的热销。三星电子在售价1500美元以上的高端电视产品市场中的份额已经超过50%。

在智能手机领域，韩国厂商三星的全球市场份额长期位居第一，尽管2014年第三季度出货量大幅下滑，但三星依然稳居榜首。IDC的数据显示，2014年前三个季度，三星智能手机出货量为2.37亿部，较上年同期增长2.27%，全球市场份额为26.2%；LG智能手机出货量为4360万部，较上年同期增长21.1%，全球市场份额为4.82%。

三 DRAM技术优势突出，积极推动5G技术研发

韩国厂商DRAM产品技术工艺水平一直领跑全球，是目前全球产量最

高、技术最先进的国家。据 DRAMexchange 的数据显示，三星、SK 海力士两家韩国厂商的 DRAM 全球市占率接近 70%，影响力不容低估。在 25nm DRAM 领域，由于工微缩逼近物理极限，各大厂商均在寻求技术突破。三星经过一年多的努力，终于在 2014 年下半年使良品率迈入成熟阶段，预计年末产出量高达 70%。2015 年三星将正式进入 20nm 时代，是开发进度最快的 DRAM 厂商。SK 海力士位居其后，2013 年末正式导入量产 25nm，生产初期也面临良品率不高的问题，但经过半年的努力终于获得突破性改善，SK 海力士从 2014 年第四季度至 2015 年第一季度将产能大幅转进 25nm 制程，21nm 工艺预计 2015 年年中导入量产行列。两大韩国厂商在 25nm DRAM 的良品率渐趋稳定，技术研发能力位居世界领先行列。

韩国力推 5G 技术应用。韩国相关部门与企业合作，在 5G 研发与技术标准上投资近 1.6 万亿韩元，政府还鼓励中小企业参与 5G 的研发和制定以及与 5G 相关的发展蓝图。在国际上，韩国与欧盟合作，共同开发下一代超高速移动宽带 5G，两家已宣布了合作研发 5G 的协议，双方同意：到 2015 年制定出 5G 建设的时间表；确保可用于支持新网络的无线频率；开发相关的标准，保证移动互联网用户可实现更好的互联，将鼓励私人部门参与标准化的制定；促进可用于物联网的可连接装置的发展。欧盟 5G 基础设施协会成员阿尔卡特-朗讯、德国电信、Telefonica 和 Orange 将与韩国 5G 论坛合作。政府在 5G 标准化方面，力推与美国、中国、欧洲和其他国家的合作，希望在标准制定中避免出现过度的专利争端。

四　加大科学技术基础研发力度，启动应用处理器核心架构自制计划

韩国政府加大了科学技术基础研发力度，鼓励产学研用各方在基础技术上的投入。韩国政府部门称，2015 年将投入 1.04 亿韩元用于科学技术基础研发，同比增长 4.2%，规模首次突破 1 亿韩元。另外，韩国政府还将在未来发展动力创造、软件、信息及服务业、物联网及 3D 打印技术、创业及中

小中坚企业领域分别投入 1.7 亿韩元、2974 亿韩元、2354 亿韩元、453 亿韩元和 1.3 亿韩元的预算。韩国政府还公布了“第三个中小企业技术革新五年计划”，计划到 2018 年将中小企业技术提升至世界顶级水平的 90%，并将出口规模提升至 1400 亿美元。2014 年初，韩国政府发布了《2014 信息通信、放送技术振兴实施规划》，拟投入 11.764 亿美元促进全息照片、数字内容 2.0、智能型软件、物联网平台、大数据云服务、第五代移动通信、智能网络、感性终端技术、智能型 ICT 融合模块和应对网络攻击技术十大技术的发展，规划内容包括：ICT 领域的战略技术开发、标准化、人才培养和基础环境建设等方面，具体投入情况是：战略技术开发将投入 7.499 亿美元、推进先导型标准化将投入 0.278 亿美元、创意融合及人才培养将投入 1.004 亿美元、ICT 研究基础环境建设将投入 2.983 亿美元等。

韩国为摆脱核心技术受制于人的局面，实现 2025 年居全球系统 IC 产业第二位的目标，已订立自制应用处理器（Application Processor，AP）核心架构、开发电源管理 IC（Power Management IC，PMIC），以及整合研发软体与系统单晶片（SystemonChip；SoC）等七大方针。目前，已经由官方机构产业通商资源部主导开展 AP 核心架构自制计划。截至 2014 年第一季度，韩国已有研究机构实际开发出处理器核心架构，但存在性能不足、难以商用化等问题。韩国已制定了系统的应用处理器核心架构自制计划，在短期策略方面，计划先挑选出较适合的已开发 AP 核心架构，于 2014 年年中至 2019 年年中投入 350 亿韩元，推动既有 AP 核心架构商用化，主要锁定中端市场的入门机种；在中长期策略方面，计划在 2017 ~ 2022 年将既有 AP 核心架构的性能提升至接近高端的水平，如果进展顺利，将于 2020 ~ 2025 年开发出特有高性能处理器核心架构。

B.7
2014年印度电子信息产业发展情况

蒋 昕*

摘　要：印度作为世界电子信息产业后发国家，经过多年的快速发展，已经形成了一定规模。印度软件外包产业独具特色，已经成为印度民族经济的一面旗帜，在世界软件外包市场中占据很重要的位置。2014 年，印度政府出台了一系列促进本国电子信息产业发展的政策措施，目的是稳定和促进电子信息产业的发展，包括加大对电子信息基础设施的投入、打造产业集群、扶持本土企业等政策措施，其产业全年增长 7.4%，较上年增速提高了 0.7 个百分点，产值预计达到 65098 亿卢比。2014 年，印度政府为进一步巩固其软件外包产业的世界领导者地位，加大了对软件外包企业的扶持力度，产业继续保持快速增长势头，对印度国民经济的贡献率超过 50%。

关键词：印度　电子信息产业　软件外包

随着 2012 年印度一系列促进本国电子信息制造业发展的政策措施的实施，印度电子信息产业增速达到 14.3%，然而，随着刺激经济的政策效用减弱，2013 年印度电子信息产业增速降至 6.7%。2014 年，印度政府着重

* 蒋昕，工业和信息化部电子科学技术情报研究所工程师，研究方向：信息产业。

在集成电路、关键元器件、平板电视生产线等基础设施建设领域加大投资力度，加之国内市场需求的释放以及欧美市场逐步回暖对印度出口的刺激，2014 年印度电子信息产业发展势头良好，预计增长 7.4%，较上年增速提高了 0.7 个百分点，电子信息产业产值预计达到 65098 亿卢比。

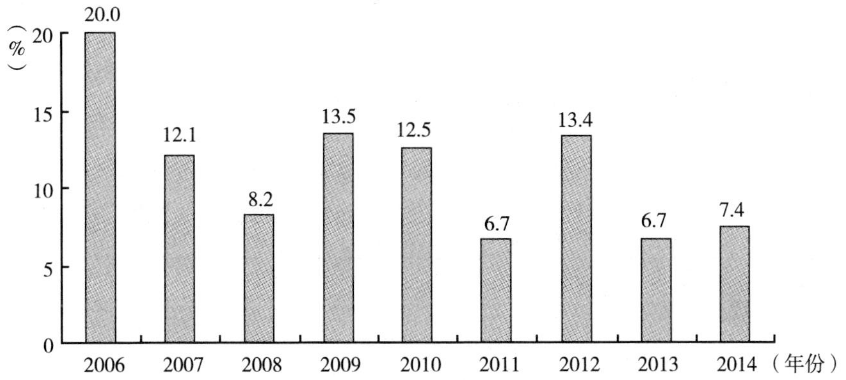

图 1　2006～2014 年印度电子信息产业增速变化情况

注：2014 年为预测值。

资料来源：*The Yearbook of World Electronics Data 2014*。

一　产业发展概述

2014 年，印度政府为了确保电子信息产业能够平稳较快发展，颁布了一系列促进本国电子信息产业发展的政策措施，包括降低市场准入门槛、调整产业激励方案、打造电子信息产业集群、鼓励产业链向高端延伸，同时进一步维持印度在世界软件服务业出口外包领域的领先地位，加大对软件企业的政策扶持力度。

除了软件外包市场外，印度电子信息产业中无线通信领域引领了产业增长。由于印度地区手持终端的价格不断下降、一系列无线通信解决方案的提出、无线网络在边远地区的全覆盖，以及无线通信运营商加大了市场进入力度，印度无线通信终端的持有量逐步提高，加之印度人口数量庞大，终端的年增长量非常大。表1为除软件外包外，印度电子信息产业各细分行业产值情况。

表1 2009~2014年印度电子信息产业各细分行业产值情况

单位：百万卢比

年　份	2009	2010	2011	2012	2013	2014
计 算 机	151200	155400	166410	214520	243622	264895
工业电子	93000	107300	116780	129565	145750	159325
通信设备	315000	379000	426000	512000	549000	588292
消费电子	162000	171400	168150	166000	151200	158359
电子元件	85900	92100	94850	89460	96020	102057
总　计	807100	905200	972190	1111545	1185592	1272928

资料来源：*The Yearbook of World Electronics Data 2014*。

二　国内消费电子市场需求强劲，成为拉动电子信息产业发展的主要动力

作为新兴经济体，印度具有资源丰富、人力成本低等优势，经济发展快速，人们生活水平逐年提高，消费者有了更高的可支配收入和更强的消费承受能力，加之近些年智能设备的兴起，相关设计更加美观，软件应用更贴近日常生活，如中国的华为、中兴、小米等公司都将印度作为很重要的市场，因此，消费电子在印度市场的需求量逐年提高，这在很大程度上推动了印度消费电子市场的发展。

到2014年，传统的阴极射线管（CRT）电视已经退出家电市场，各电视机生产厂商已经基本停产CRT电视，CRT电视的仅有库存主要集中销往边远山区。根据印度的《信息技术年度报告（2013~2014）》，由于液晶电视的价格不断下降和普及率的提高，液晶电视市场发展得最为迅速，成为消费电子中贡献率最高的领域，2013年市场规模突破1400万台，同比增长8%。其中，采用最新技术的LED背光源液晶电视从2012年的550万台增

加至2014年的700万台。

随着人们对生活品质的不断追求，印度家庭影院市场继续保持快速增长势头，2011年至今年复合增长率达到20%，从2011年的40万台增长至2014年的80万台。与此相关的是，数字机顶盒产业不断扩大，印度加大了数字电视网络的建设力度，促进了数字电视市场的发展，印度各大厂商纷纷扩大产能，以满足市场需求。到2014年，印度有线电视机基础用户预计超过180万户，整个数字电视的市场规模（包括数字电视制造以及运营）预计超过4900亿卢比，同比增长20%。

三 平板电脑产业快速增长，成为拉动计算机产业发展的新引擎

2014年，印度政府继续加大采购力度，包含教育、医疗、电信、电子政务等多个领域，拉动了印度相关硬件产业的发展。2014年，印度个人计算机、平板电脑、打印机、复印机等多项硬件产品实现了快速增长。平板电脑占印度个人计算机销售市场的60%左右，成为计算机市场新的增长动力。随着技术进步，硬件价格将逐年下降，台式机、笔记本和平板电脑的平均价格将持续下降。

在整个计算机产业方面，预计2014年计算机产量突破1300万台，产值超过2649亿卢比，同比增长8.7%。平板电脑的便携性和实用性使其自2010年11月在印度首发以来，就受到消费者的一致认可，市场份额增长迅速，年均增速超过20%。

四 电子元器件产业自主能力弱，制约产业发展

近些年，在印度计算机及通信产业快速发展的有力带动下，电子元器件的需求量出现爆发式增长，印度的电子元器件主要包括显示器件、二极管、电阻器、电容器、开关、继电器、连接器等。在细分市场方面，印度的机电

元器件占据了26%的市场份额，被动元器件约占20%的市场份额。随着印度国内照明、汽车电子、新能源等产业的快速发展，这些领域的产品推动了电子元器件制造业的发展，2014年，LED领域的元器件市场产值大约为2亿美元，同比增长50%。印度政府将国防、航空航天、核电作为战略性产业来发展，推动了一些核心元器件的发展，这些器件主要用于卫星通信、雷达、红外探测、灾难管理、火控系统等，提升了印度的国防能力。

印度电子元器件的主要进口地区包括中国大陆、中国台湾、韩国、日本和一些欧洲国家，进口产品中所占份额较高的是技术含量较高、精密度较高的产品，如集成电路、片式元器件、印刷电路板等。印度显示产业虽然发展迅速，但几乎没有自己的液晶面板元器件和面板生产线，只有小尺寸终端组装线，液晶显示器件、面板几乎全部是从中国大陆、中国台湾和韩国进口。

与此同时，印度政府为了刺激本国元器件产业的发展，出台了有关政策措施，如加大LED节能照明领域的投资、完善元器件专利转让制度和技术创新鼓励政策，力争经过3~5年的努力，使得印度生产的电子元器件能够满足60%的国内市场需求。

五　软件服务外包产业继续强势发展，依然保持着全球服务外包领导者地位

2014年，印度软件服务外包业继续保持快速增长的势头，对印度国民经济贡献率超过50%。印度一直保持着世界软件服务外包采购首选地的地位，世界上已经有超过100个国家或地区采购过印度的软件服务，印度在全球75个金融中心都已开展业务。

印度服务外包产业发展是全球经济化深入发展、信息技术进步与对外开放的结果。从主要发展历程来看，印度软件服务外包业起步于20世纪70年代中期的软件开发，当时主要采取海外派驻员工现场交付的服务模式，当前发展的主要特征为：完全出口导向、创始人具有美国教育背景、几乎没有外国资本、政府和国有企业参与，服务内容以系统维护和应用编程等低附加值

业务为主。截至2014年3月，印度服务外包产业拥有企业16000多家，其中软件公司3000多家，总收入46014亿卢比，占GDP的比重达到8.1%，约占全国出口的25%，直接带动就业310万人，间接创造的就业岗位则高达1000万个。这不仅带动了以班加罗尔等一线城市为中心的区域经济增长，还不断向二、三线城市，以及小城镇和农村地区扩散，其发展成果将逐步惠及更广泛的人群。

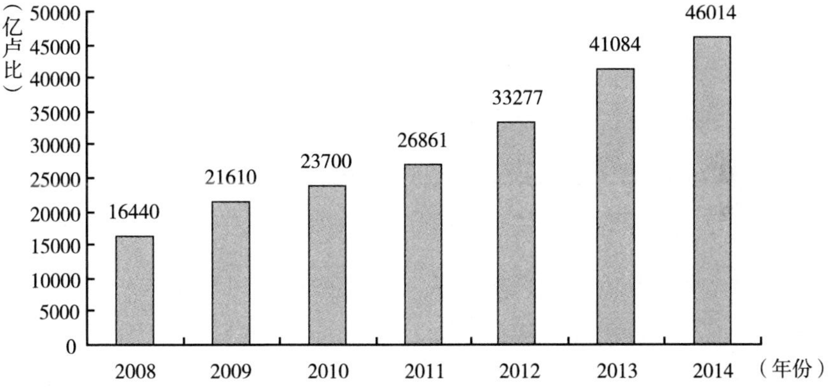

图2　2008～2014年印度软件产品出口情况

资料来源：印度《信息技术年度报告（2013～2014）》。

据印度软件和服务业企业行业协会的统计，到2014年，印度软件服务外包高技能从业人员超过百万人，其中，研究生超过50%，博士达到6%，其他专业人才结构也很丰富。此外，印度国内交通运输、房地产、餐饮、家政等领域将信息服务直接外包，增加的就业岗位超过20万个。

B.8
2014年中国电子信息产业发展情况

邓 卉*

摘 要： 2014年，中国电子信息产业总体保持平稳增长，通信设备制造业是拉动行业增长的主要力量；受国际市场需求仍处于恢复期、国际贸易保护主义抬头等因素影响，中国进出口同比下降，但逐月回暖；全行业经营成本逐步下降，利润率小幅回暖，企业亏损面收窄；固定资产投资平稳增长，增速趋缓，电子器件和通信设备行业投资增速较快；中西部地区产业增长迅速，区域发展趋于平衡；内销比重进一步提高，产业结构逐步优化。

关键词： 中国 电子信息制造业 通信设备 集成电路

2014年，全球经济温和复苏，金融动荡趋于平稳，双边贸易和多边自由贸易进程加快，使外需市场持续回暖，这在一定程度上缓解了中国内需小幅下滑对行业的下行压力。随着国家一系列“稳增长”政策的出台和持续推进，国内经济发展的内生动力也逐渐增强。但财政金融潜在风险、产业投资增速下滑等矛盾和问题造成经济运行压力较大，经济整体增长稳中趋缓。在这些国内外形势下，2014年，中国电子信息产业整体保持良好运行，进出口逐月回暖，经营状况进一步改善，投资平稳增长。

---

* 邓卉，工业和信息化部电子科学技术情报研究所高级工程师，研究方向：物联网、信息通信产业与技术。

一　产业整体保持良好运行，主要行业分化发展

根据工业和信息化部运行监测协调局的统计数据，2014 年 1 ~ 10 月，规模以上电子信息制造业增加值同比增长 11.9%，增速比 2013 年同期增加 0.7 个百分点，高出工业平均水平 3.5 个百分点，全行业实现销售产值 83412 亿元，同比增长 10.1%，比 2013 年同期回落 1.1 个百分点。

2014 年以来，受 4G 网络建设及商用全面铺开等积极因素影响，通信设备行业一直保持较快增长速度，1 ~ 10 月，销售产值占全行业的比重为 18.9%，位居第二，仅次于计算机行业，销售产值同比增长 16.3%，高于全行业平均水平 6.2 个百分点，其中，出口交货值增长 16.6%，内销产值增长 16.0%，高出全行业平均水平 1 个百分点。1 ~ 10 月生产移动通信基站 29309 万信道，增长 127%；手机 14.22 亿部，增长 8.4%；程控交换机 2519 万线，增长 17.6%。

计算机产品经过多年的发展，进入了相对的市场饱和期，移动智能终端挤占了部分低端计算机的市场需求。计算机行业对全行业增长的贡献率持续下降，1 ~ 10 月，销售产值和出口交货值分别为 18415 亿元和 13864 亿元，增长 3.5% 和 0.6%。截至 10 月底，计算机行业占全行业的比重为 22.1%，对全行业增长的贡献率为 8.1%，比上年同期下降 4.9 个百分点。1 ~ 10 月生产微型计算机 27698.1 万台，增长 1.7%，其中，笔记本电脑 21974.7 万台，增长 2.6%，占比 79.3%；数码相机 2047.6 万台，下降 49.9%。

1 ~ 10 月，电子器件行业实现销售产值 12305 亿元，同比增长 9.6%，实现出口交货值 7532 亿元，同比增长 4.8%。电子元件行业实现销售产值 13744 亿元，增长 10.3%；实现出口交货值 5890 亿元，增长 4.1%。1 ~ 10 月，生产集成电路 842.3 亿块，增长 9.5%；半导体分立器件 4413.2 亿只，增长 8.7%；电子元件 31418.4 亿只，增长 5.8%。

受巴西世界杯以及欧美市场恢复等积极因素影响，家用视听行业的出口回暖。1 ~ 10 月，家用视听行业实现销售产值 6222 亿元，增长 4.8%，其

中，实现内销产值3279亿元，同比增长1.7%；实现出口交货值2943亿元，同比增长8.4%，高于上年同期18个百分点。1～10月生产彩色电视机12670.1万台，增长9%，其中，液晶电视11791.4万台，增长17.4%，占比93.1%；CRT电视下降43.4%；PDP电视下降69%。

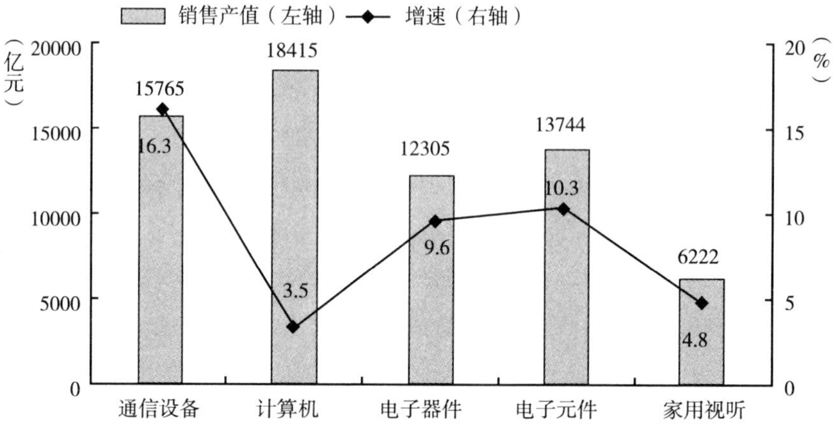

图1　2014年1～10月中国电子信息制造业主要行业销售产值及增速

资料来源：根据工业和信息化部数据整理。

二　进出口同比下降，电子器件行业出口降幅较大

受美国量化宽松政策退出、国际贸易保护主义抬头等因素影响，中国进出口小幅下降。根据工业和信息化部运行监测协调局的统计数据，1～10月，我国电子信息产品进出口总额10676亿美元，同比下降1.9%，但降幅逐月收窄，1～10月降幅比1～9月收窄1.4个百分点，其中，出口6326亿美元，同比下降0.3%；进口4350亿美元，同比下降4.2%。

出口方面，电子器件降幅较大，出口额1095亿美元，同比下降20.0%；计算机出口1812亿美元，小幅下降1.3%。其余类别均呈增长态势：通信设备出口1503亿美元，同比增长7.4%；家用电子电器出口879亿美元，同比增长4.2%；电子元件出口637亿美元，同比增长8.6%；电子仪器设备出口271亿美元，同比增长8.7%；广播电视设备出口71亿美元，同比增长21.8%；电子材料出口57亿美元，同比增长20.2%。出口额前五位的产品依次是：手机（出口额848亿美元，同比增长15.3%）、笔记本电脑（出口额617亿美元，同比增长-28.5%）、集成电路（出口额509亿美元，同比增长-33.0%）、液晶显示板（出口额266亿美元，同比增长-11.8%）和手持式无线电话用零件（出口额245亿美元，同比增长-14.4%）。

进口方面，电子器件进口额2393亿美元，同比下降7.64%；计算机进口496亿美元，小幅下降0.97%；通信设备进口367亿美元，同比下降7.6%；电子元件进口419亿美元，同比下降3.04%；家用电子电器进口169亿美元，同比下降5.4%。其余类别保持增长：电子仪器设备进口402亿美元，同比增长13.9%；电子材料进口67亿美元，同比增长6.2%；广播电视设备进口38亿美元，同比增长7.45%。主要产品进口呈下降态势，进口额排前五位的分别是：集成电路（出口额1772亿美元，同比增长-8.3%）、液晶显示板（出口额364亿美元，同比增长-11.5%）、手持式无线电话用零件（出口额242亿美元，同比增长-11.6%）、硬盘驱动器（出口额131亿美元，同比增长-1.6%）和印刷电路（出口额108亿美元，同比增长-3.7%）。

三　全行业利润率小幅回暖，企业亏损面收窄

电子信息行业经营成本逐步下降，经营状况进一步改善。根据工业和信息化部运行监测协调局的数据，2014年1~9月，电子信息制造业主营业务收入72896亿元，同比增长10.1%；主营业务成本增长9.5%，每百元主营业务收入中的成本为89.2元，比2013年同期下降1.7元。电子信息制造业利润率小幅回暖，但价格战和产品附加值低仍导致利润率处于较低水平，全行业实现利润2989亿元，同比增长30.1%，实现利润率4.1%，高于2013年同期0.8个百分点。其中，通信系统设备、电力电子元器件和集成电路行业分别实现利润率9%、6%和5.6%，分别高出行业平均水平4.9个、1.9

个和1.5个百分点。1～9月，电子信息制造业企业亏损面21.2%，延续收窄态势，比上年同期下降2.9个百分点。

四　固定资产投资增速趋缓，电子器件和通信设备行业增速突出

2014年，电子信息产业固定资产投资平稳增长，根据工业和信息化部运行监测协调局的统计数据，1～10月，电子信息产业500万元以上项目完成固定资产投资额9753亿元，同比增长11%，增速比2013年同期低1.5个百分点。电子信息产业新增固定资产4741亿元，同比增长10.3%。

从细分行业来看，1～10月，电子器件行业完成投资2324亿元，同比增长15.7%，其中，集成电路领域受益于三星、英特尔、IBM等国际先进企业在中国的投入，完成投资536亿元，增长15.6%；光电子器件国内厂商加快产能扩充步伐，完成投资1612亿元，增长19.5%；半导体分立器件投资出现负增长，完成投资86亿元，同比下降7%。受益于通信终端产品的旺盛需求及4G、宽带网络建设的推动，通信设备行业完成投资827亿元，同比增长14.6%。电子元件、电子计算机和家用视听行业分别完成投资1994亿元、679亿元和166亿元，同比增长9.4%、5.3%和1.5%。信息材料行业投资增速由负转正，同比增长6%，增速比2013年同期上升44个百分点。光伏相关行业的投资增速持续回升，1～10月增长9.4%，增速高于2013年同期25.4个百分点。

五　区域间发展趋于平衡，产业结构进一步优化

地区发展逐渐趋于平衡。根据工业和信息化部运行监测协调局的统计数据，1～10月，东部地区电子信息制造业实现销售产值65280亿元，增长6.7%，低于全国平均水平3.4个百分点。1～10月，中部地区电子信息制造业实现销售产值9573亿元，增长24.5%，高出全国平均水平14.4个百分

点；西部地区电子信息制造业实现销售产值7336亿元，增长28.4%，高出全国平均水平18.3个百分点；中、西部地区电子信息制造业销售产值合计对全国增长的贡献率达45.6%。东北地区电子信息制造业低速增长，1～10月，实现销售产值1224亿元，增长4.3%，低于全国平均水平5.8个百分点。

在产业结构调整的影响下，内销比重进一步提高，但内销增速趋缓。受世界经济缓慢复苏影响，外销增速呈现小幅回暖。根据工业和信息化部运行监测协调局的统计数据，1～10月，规模以上电子信息制造业实现出口交货值41980亿元，同比增长5.8%，增速比2013年底和2013年同期分别高0.9个和0.2个百分点；内销产值41432亿元，同比增长15.0%，增速比2013年底和2013年同期分别低3.4个和2.8个百分点。1～10月，内销比重为49.7%，内外销比重相差0.6个百分点，比2013年同期收窄3.4个百分点。

B.9

2014年中国台湾电子信息产业发展情况

孟 拓*

摘 要： 随着国际市场的复苏，2014 年中国台湾电子信息产业继续保持强劲的发展势头，电子产品产值达 721.49 亿美元，同比增长 4.97%。其中，IC 产业作为中国台湾电子信息产业的核心，继续保持回暖态势，年产值预计达到 693.56 亿美元（约合新台币 21983 亿元）；LED 产业得益于政策扶持，产值有望突破 50 亿美元，预计居全球第一。从其他细分行业来看，代工产业快速增长，需求拉动作用明显；大尺寸面板产值稳定，小尺寸面板产值占比逐步提高。

关键词： 中国台湾 IC 产业 电子信息产业

2013 年以来，随着半导体领域强势回暖，国际市场景气复苏，以出口导向为主的中国台湾电子信息产业发展势头强劲，产值逐年攀升，电子元器件依旧是中国台湾电子信息产业发展的关键，其产值约占到中国台湾电子产品产值的 3/4；IC 产业继续保持回暖态势，年产值增长率均达到 15% 以上的水平；代工企业受益于需求拉动，营业收入同比上升；LED 产业得益于地区政策的利好，保持强劲增长势头；平板显示产业发展趋稳。

---

* 孟拓，工业和信息化部电子科学技术情报研究所助理工程师，研究方向：产业经济运行。

一　电子产品产值增加，市场规模略有下降

据《世界电子数据年鉴 2014》（*The Yearbook of World Electronics Data 2014*）的统计，2014 年，中国台湾电子产品产值为 721. 49 亿美元，同比增长 4. 97%，增速较上年下降 1. 17 个百分点。其中，电子元器件居于首位，产值为 540. 86 亿美元，占产值总额的 74. 96%；第二是无线通信与雷达设备，产值为 72. 37 亿美元，占产值总额的 10. 03%；第三是医疗与工业设备，产值为 41. 62 亿美元，占产值总额的 5. 77%。2014 年中国台湾各类电子产品产值情况如图 2 所示。

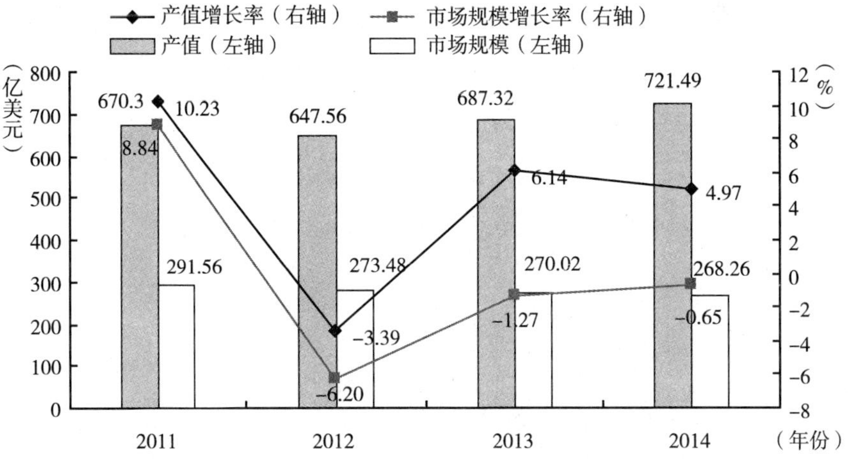

图 1　2011～2014 年中国台湾电子产品产值及市场规模情况

注：2014 年为预测值。

资料来源：*The Yearbook of World Electronics Data 2014*。

2014 年，中国台湾电子产品市场总额为 268. 26 亿美元，同比增长 −0. 65%，较上年的下降幅度回升了 0. 62 个百分点。其中，电子元器件居于首位，市场额为 143. 70 亿美元，占市场总额的 53. 57%；第二是电子数据处理设备，市场额为 52. 02 亿美元，占市场总额的 19. 39%；第三是控制与仪器设备，市场额为 27. 95 亿美元，占市场总额的 10. 42%。

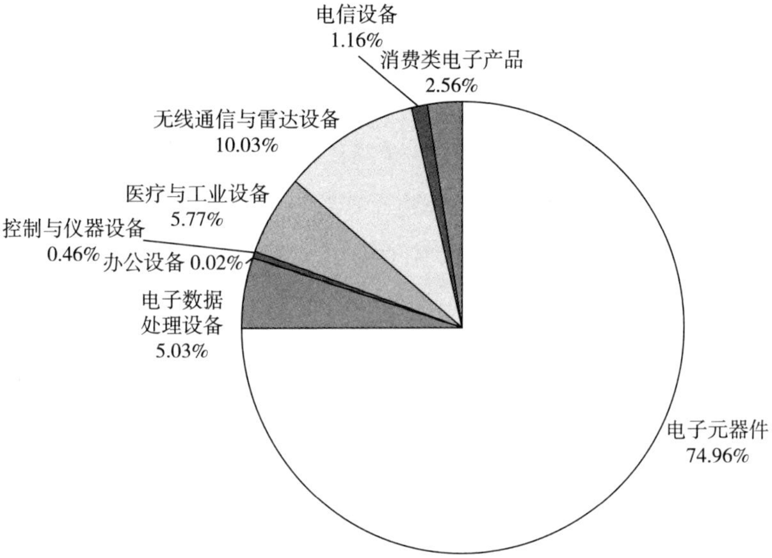

图 2　2014 年中国台湾各类电子产品产值份额情况

注：2014 年为预测值。

资料来源：*The Yearbook of World Electronics Data 2014*。

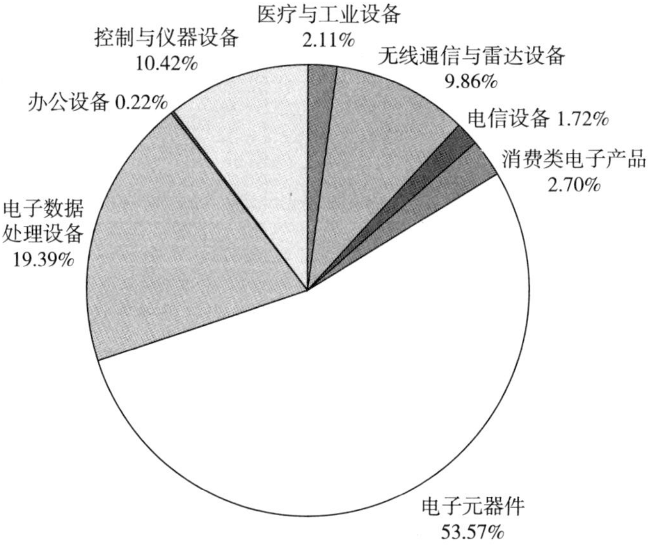

图 3　2014 年中国台湾各类电子产品市场份额情况

注：2014 年为预测值。

资料来源：*The Yearbook of World Electronics Data 2014*。

二　IC 产业保持回暖态势，年产值不断攀升

中国台湾的 IC 产业受国际形势的影响颇大。自 2011 年以来，受日本大地震的影响，日本很多科技企业面临停产危机，直接影响全球电子产品产业链的供应，中国台湾的 IC 产业受到严重波及，2011 年 IC 产业产值增长率直接下降到 -11.70%。2012～2013 年，随着日本震后经济复苏，智能手机及平板电脑产品热销，国际金价走跌、新台币表现强劲，中国台湾的 IC 产业发展大幅回暖，产值增长率分别为 4.6% 和 15.6%。2014 年，中国台湾的 IC 产业发展继续保持回暖态势，预计全年产值将突破新台币 2 万亿元大关，达到新台币 21983 亿元，较上年增长 16.4%。

2010～2014 年中国台湾 IC 产业产值（含设计、制造、封装、测试）及增长情况如图 4 所示。

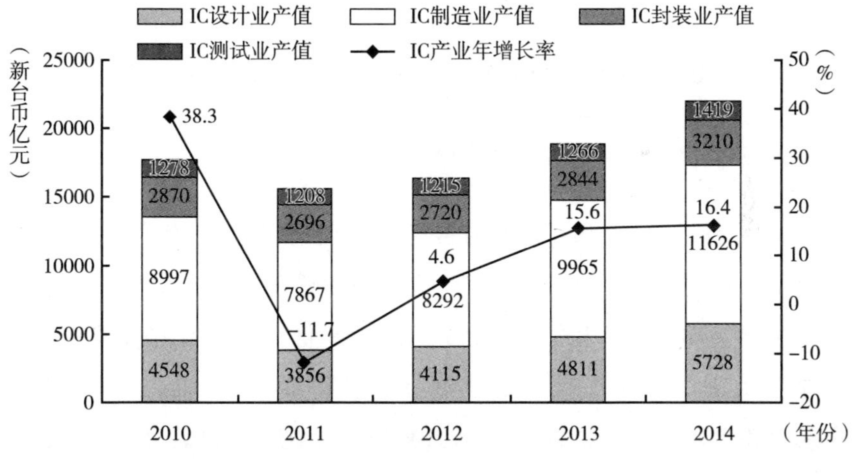

图 4　2010～2014 年中国台湾 IC 产业产值情况

注：2014 年第四季度为预测值。

资料来源：中国台湾工业技术研究院 IEK。

从分季度的产业发展情况来看，2014 年中国台湾 IC 产业呈现出第一季度触底、第二季度达高峰、第三季度继续攀升的大好局面。根据中国台湾工

业技术研究院 IEK 的统计，2014 年前三个季度中国台湾 IC 产业产值（含设计、制造、封装、测试）分别为新台币 4736 亿元、5512 亿元、5883 亿元，前三个季度总产值达新台币 16131 亿元，同比增长 15.77%。预计 2014 年第四季度中国台湾 IC 产业产值为新台币 5852 亿元。

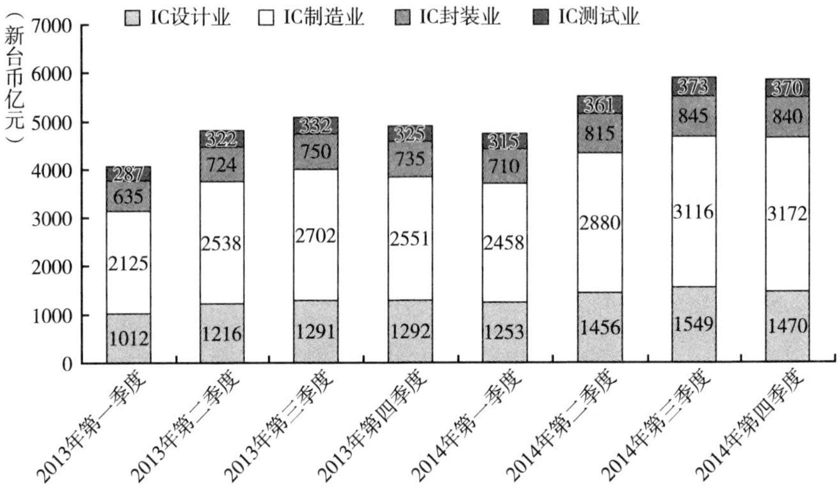

图 5　2013～2014 年各季度中国台湾 IC 产业产值情况

注：2014 年第四季度为预测值。

资料来源：中国台湾工业技术研究院 IEK。

在 IC 设计业方面，随着中国台湾电源管理芯片、传感器企业对智能手机的大幅进军以及对可穿戴产品市场的逐步渗透，2014 年前三个季度中国台湾 IC 设计业产值为新台币 4258 亿元，同比增长 21%；在 IC 制造业方面，得益于代工需求旺盛，使得 2014 年前三个季度的产值为新台币 8454 亿元，同比增长 14.79%；在 IC 封装业和测试业方面，随着全球 PC 市场的下跌幅度逐渐缩小，智能手机和平板电脑的市场需求从高价位向中低价位转变，使得出货量不断增加，从而拉动封测业的发展。2014 年前三个季度封装业和测试业营业收入与 2011 年相比继续有所增长，产值分别为新台币 2370 亿元和 1049 亿元，同比增长 12.38% 和 11.48%。

三　代工产业快速增长，需求拉动作用明显

2014 年以来，中国台湾芯片代工产业经历了第一季度传统淡季、第二季度迅速反弹、第三季度芯片代工产业产值再创新高，实现了快速增长。根据 DIGITIMES Research 提供的数据显示，中国台湾前三大代工厂（即台湾积体电路制造股份有限公司、联华电子股份有限公司和世界先进积体电路股份有限公司，分别简称为“台积电”“联华电子”和“世界先进”）2014 年前三个季度营业收入分别为 57.6 亿美元、61.2 亿美元和 74.7 亿美元，环比增长 6.25% 和 22.06%。

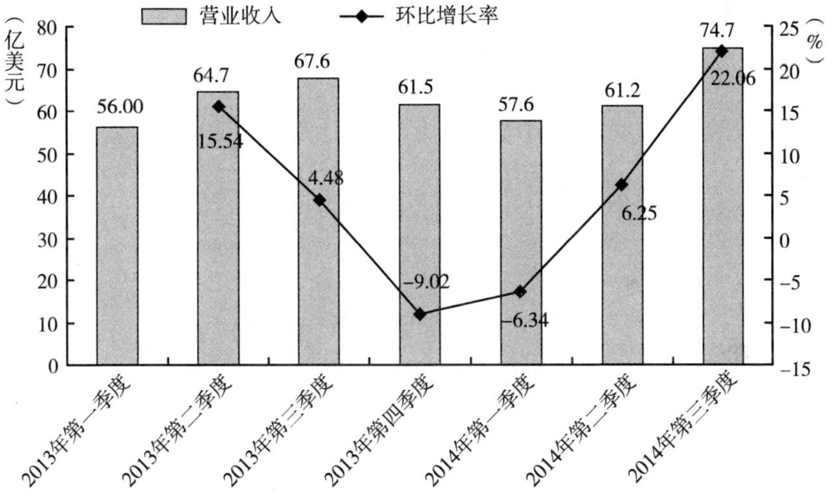

图 6　2013 ~ 2014 年各季度中国台湾前三大代工厂合计营业收入情况

资料来源：DIGITIMES Research。

中国台湾芯片代工产业的大幅增长主要得益于全球主要芯片供应商——英特尔（Intel）、德州仪器（TI）、超微（AMD）等——回补库存的需求不断升温；智能手机等终端市场需求强劲，出货量不断增加，这一形势不仅拉动了 28 纳米及其以下的先进制程的强劲需求，还带动了电源管理芯片与先

进封装的 LCD 驱动芯片等半导体元件需求的增长；芯片代工企业的产能也持续扩充。

四　LED 产业保持强劲增长，政策扶持效果显著

根据中国台湾光电科技工业协进会（PIDA）提供的数据显示，2014 年全球主要 LED 生产国家和地区的产值都将较上年有所增长，其中中国台湾将是全球 LED 产值最高的地区，有望突破 50 亿美元大关，达到 53 亿美元；韩国则以 47.99 亿美元位居第二；日本以 46.25 亿美元列第三位。中国台湾地区 LED 产业保持强劲增长的原因主要受益于 LED 照明市场渗透率的提升。

2014 年，中国台湾当局对 LED 产业的扶持力度逐步加大，截至 2014 年 9 月，中国台湾有 51 万盏路灯进行了淘汰置换或者正在更换成 LED 产品，占总路灯数的三成，每年可节省 2.3 亿度电。此外，中国台湾当局还计划对民众购买 LED 灯泡进行相应的补贴。这些政策极大地促进了中国台湾 LED 产业的发展，效果显著。

五　大尺寸面板产值稳定，小尺寸面板产值占比逐步提高

近年来，随着中国大陆在平板显示领域的不断发展，自给自足的能力不断增强，尤其是 8.5 代线、10 代线的建设速度较快，其对中国台湾方面的大尺寸面板采购数量逐步减少。2014 年上半年，受益于美国、英国等发达国家经济复苏带动终端需求的增加，大尺寸面板产值止跌反升，中国台湾厂商的接单能力及利润率也趋于稳定。DIGITIMES Research 发布的报告表示，2014 年下半年，中国台湾厂商大尺寸面板出货量预计达 1.347 亿片，面板产值将有较为明显的回升，较上半年增长 3.8%。预计全年大尺寸面板产值将会与上年持平或微幅衰退。

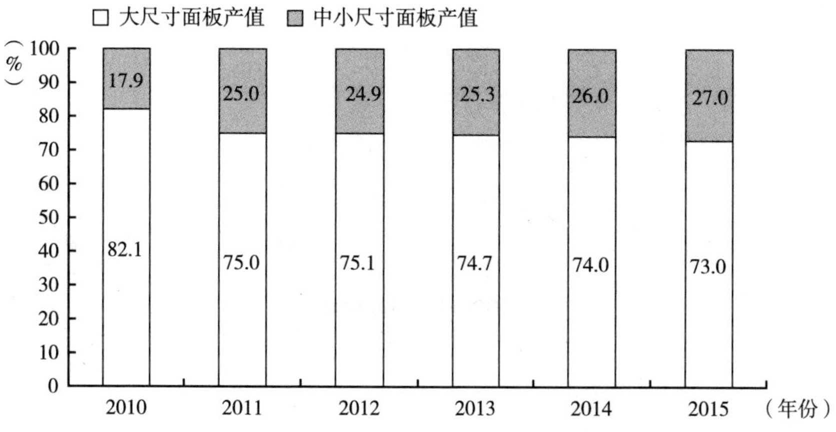

图7　2010～2015年中国台湾大中小尺寸面板产值比重分析

注：2014年和2015年为预测值。

资料来源：中国台湾光电科技工业协进会PIDA。

在中小尺寸面板领域，由于市场对于小尺寸、高分辨率的需求不断提高，中国台湾的技术优势显现，中小尺寸面板的出货量不断增加，占全年面板行业总产值的比重也呈现出上升趋势。根据中国台湾光电科技工业协进会PIDA的数据，2010年中国台湾中小尺寸面板出货量为13.96亿片，全年产值为新台币2040.76亿元，占中国台湾整体面板业产值的比重约为17.9%。2013年，中国台湾中小尺寸面板出货量为16.66亿片，产值比重则上升至25.3%。预计2014～2015年中国台湾中小尺寸面板产值占比仍将持续上升，达26%～27%。

行 业 篇

Industry Reports

B.10

2014年世界集成电路产业发展回顾与展望

闫 洪*

摘 要： 2014年，全球集成电路市场继续高速增长，年度市场增长率高达9%。在产业发展的同时，技术不断进步。年内，集成电路加工工艺已经全面进入20纳米时代，并正在向20纳米以下的16/14纳米阶段进发。各类芯片产品在新工艺的支持下，性能不断提高、功耗再度下降。市场方面，全球集成电路市场增长强劲且仍将保持增长态势；产业方面，领先企业稳定发展，代工与存储器企业收益激增，产业投资继续加大，企业并购频繁；工艺方面，先进工艺缓慢发展，新技术向实用化迈进，FinFET技术竞争激烈，立体封装进入规模

* 闫洪，工业和信息化部电子科学技术情报研究所高级工程师，研究方向：半导体。

化应用。未来数年，全球集成电路市场将继续保持波动式增长，同时产业格局将发生微妙变化，集成电路工艺技术的发展将面临极大的挑战，集成电路产品仍将不断推陈出新。

关键词：集成电路　半导体工艺　纳米　EUV 光刻　FinFET

2014 年，全球电子整机产品市场依旧保持了增长的态势，尤其是移动互联网、新一代移动通信、物联网等领域的发展为电子整机产品提供了巨大的市场。电子整机市场的兴旺，为全球集成电路产业的发展提供了强有力的需求。2014 年，全球集成电路市场在上年 5% 增长的基础上继续稳步增长，预计年度市场总额将达到 3330 亿美元，年度增长幅度为 9%。[①] 中长期预测显示，全球集成电路市场在 2015 年将继续保持增长态势但增速将会回落，2～3 年后全球市场将出现持平甚至负增长的现象。

在产业发展的同时，技术不断进步。2014 年，集成电路加工工艺已经全面进入 20 纳米时代，并正在向 20 纳米以下的 16/14 纳米阶段进发。无论是处理器还是存储器与系统芯片，各类芯片产品在新工艺的支持下性能不断提高、功耗再度下降，从而更充分地满足了当前以移动终端为主流的整机市场需求，带动了市场规模继续扩大。

一　2014年集成电路产业发展态势

（一）全球集成电路市场增长强劲，未来仍将保持增长态势

受益于移动终端与新一代移动通信等领域强劲的需求，2014 年全球集成电路市场在 2013 年较高增速的基础上继续保持高速增长。

① WSTS，2014 年 12 月 2 日。

自开年以来，全球半导体市场步步攀升，截至2014年第三季度，每个季度均处于增长状态。根据WSTS统计，2014年第一季度全球半导体销售额为785亿美元，刷新了第一季度销售额的历史纪录；第二季度全球半导体销售额为827亿美元，较第一季度增长5.4%；第三季度全球半导体销售额高达870亿美元，较上季度增长5.2%。连续三个季度全球半导体市场情况良好并以较高的速度增长。据预算，第四季度全球半导体的市场销售额继续保持增长，但增速趋缓。

据WSTS 2014年12月初发布的报告预测，2014年全球半导体产业的市场规模将达到3330亿美元，年度增长率为9%。从产品门类角度来看，存储器产品的增长最为迅猛，其次为分立器件与模拟器件。从区域角度来看，美国半导体市场一直处于平缓增长态势，日本半导体市场处于下滑状态，欧洲半导体市场小幅增长，而亚太地区半导体市场仍旧一直保持高速增长态势。

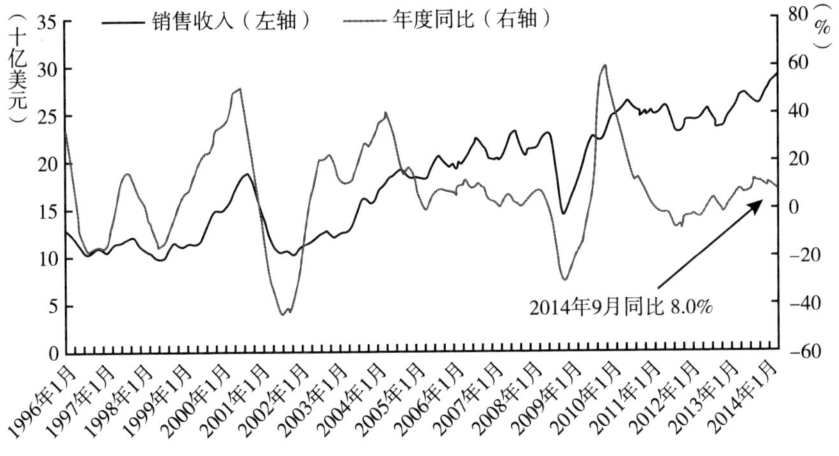

图1　全球半导体产业销售规模增长情况

资料来源：WSTS，2014年11月。

（二）全球领先企业排名稳定，代工厂与存储器企业营收大增

2014年，全球半导体领先企业营业收入仍保持高速增长，据IC Insights

2014年11月下旬的预估，2014年全球前20大半导体厂总营收将达2596亿美元，较上一年度增长9%（见表1）。

表1 2014年全球半导体产业排名前20强

单位：百万美元，%

2014年预计排名	2013年排名	企业名称	2013年收入	2014年预计收入	预计增长率
1	1	英特尔	48321	51368	6
2	2	三星	34378	37259	8
3	3	台积电	19935	25088	26
4	4	高通	17211	19100	11
5	5	美光+尔必达	14294	16614	16
6	6	SK海力士	12970	15838	22
7	8	德仪	11474	12179	6
8	7	东芝	11958	11216	-6
9	9	博通	8219	8360	2
10	10	意法	8014	7374	-8
11	11	瑞萨	7975	7372	-8
12	12	联发科+晨星	5723	7142	25
13	14	英飞凌	5260	6151	17
14	16	恩智浦	4815	5625	17
15	13	AMD	5299	5512	4
16	17	索尼	4739	5192	10
17	15	安华高+LSI	4979	5087	2
18	19	飞思卡尔	3977	4548	14
19	20	联电	3940	4300	9
20	21	英伟达	3898	4237	9
全球20强			237379	259562	9

资料来源：IC Insights，2014年11月。

2014年前6大厂排名维持不变，英特尔稳居龙头地位；三星仍居第二位；台积电继续保持排名第三。而在第7至第20名的14家厂商中，有多达十家厂商的排名有所变动但升降幅度不大，排名变动均在2个位次之内。全球前20大半导体厂中2014年有3家厂商营收增长率在20%以上，其中，台积电与联发科+晨星年度增长率分别为26%与25%，存储器厂家SK海力士年度增长率22%，增幅居第三位。

（三）产业投资继续加大，企业大规模并购频繁

基于对今后几年半导体市场的良好预期以及潜在需求增加的判断，本年度多家大型企业加大了投资力度。2014年，全球半导体整体投资额较2013年有大幅增加。根据Gartner公司2014年10月的测算，2014年全球半导体资本支出总金额预计将突破645亿美元，较2013年的578亿美元增加11.6%。由于半导体存储器平均售价上扬，加之消费需求增加，2014年全球半导体设备支出资本将增长17.1%。另据统计数据显示，2014年代工厂的支出仍将超越IDM制造商。其中，代工厂支出预计年均增长4.5%，相比之下IDM整体支出减少0.3%。

2014年的集成电路行业企业并购事件不断发生，截至2014年11月，全球半导体公司已经完成了23笔收购交易。数亿美元的并购为数不少，涉及金额更大的收购与兼并事件也在年内频频出现。8月，德国芯片制造商英飞凌宣布以30亿美元现金并购美国国际整流器公司（International Rectifier）。10月，美国高通以25亿美元收购了英国GPS蓝牙芯片巨头CSR。年内最为引人注目的事件是半导体代工厂商格罗方德对IBM公司半导体业务的兼并。10月，两家公司宣布，IBM将在未来三年内向格罗方德支付15亿美元现金，以剥离芯片业务。除了世界巨头纷纷开展并购整合外，我国的产业整合也开始加速，2014年7月紫光集团完成了对锐迪科微电子9亿美元的收购交易。9月，英特尔向紫光集团旗下持有展讯通信和锐迪科微电子的控股公司投资人民币90亿元（约15亿美元），并获得了20%的股权。

（四）集成电路工艺缓慢前行，EUV技术向实用化迈进

2014年，半导体加工工艺已经全面进入20纳米阶段，无论是IDM企

业还是代工企业，主流产品均开始从28纳米向20纳米工艺转移。英特尔的桌面处理器已经全部采用22纳米工艺生产，其基于14纳米工艺的Broadwell处理器将正式上市，更多款的Broadwell处理器也将在未来几个月内陆续推出。存储器方面，三星和SK海力士基于20纳米工艺的4Gb DRAM均已开始大规模量产。代工方面，台积电正在全力提升20纳米工艺产能，同时加紧研发16纳米FinFET工艺，并于11月中旬开始16纳米FinFET Plus工艺的风险性试产。而三星半导体也加紧了其14纳米FinFET工艺的试产进程。

2014年，极紫外光刻（EUV）技术取得了大幅度的进展，ASML的EUV设备在年内取得了较大的进展。7月底，英特尔和台积电分别成功利用ASML的曝光设备，在24小时内完成逾600片晶片的曝光。截至11月，ASML公司的第三代EUV设备已出货6台，预计2014年底至2015年初将再出货5台。ASML第四代的EUV设备目前正在组装中，预计2015年可出货。如果未来一段时间内EUV技术得到进一步完善，2016年后EUV有望进入量产，这将对全球半导体业产生巨大影响。

（五）FinFET技术竞争激烈，立体封装技术进入规模化应用

2014年，在英特尔于两年前采用FinFET技术生产处理器芯片后，全球大型集成电路制造商也追随这一技术路线并展开了激烈的竞争。台积电与三星虽在FinFET技术上还落后于英特尔，但这两家公司间的竞争十分激烈。2014年，台积电在14/16纳米FinFET技术商业化量产的竞赛上已经赶上了三星。台积电已经在16纳米FinFET试产线制造出了ARM核心网络处理器样品并开始风险性量产，该公司宣称新工艺将在2015年7月左右开始大规模量产。

2014年，硅通孔（TSV）封装技术愈发受到产业重视，多家企业开始采用此项技术量产芯片。8月，三星开始量产基于TSV 3D堆叠技术的DDR4 DRAM内存模块。同月，英特尔发布了为半导体代工业务客户提供的一项名为“嵌入式多裸片互连桥接”（EMIB）的2.5D封装技术。三维立体封装技

术目前主要应用在存储器芯片上，但是随着技术的不断进步，其他多种类的芯片也将采用这种新的封装方式来实现。

二　未来发展趋势

（一）全球产业继续保持波动式增长

未来几年内，随着电子整机产品的更新换代，以及物联网、云计算等领域的发展，尤其是新一代移动通信的大规模部署、移动互联网与移动终端持续旺盛的需求，全球半导体产业将继续保持增长的大趋势。但考虑到大型半导体公司新增生产线以及库存的影响，加之整机产品更新换代周期等因素，预计全球半导体产业的增速将会出现回落。

（二）全球产业格局将发生微妙变化

前几年，受惠于智能移动终端的爆发式增长，移动芯片企业发展迅猛，高通公司成为全球第四大半导体企业并保持至今，台积电等代工企业也受益匪浅。未来数年，全球产业格局将发生微妙的变化，传统的IDM将开放加工能力进入代工行业以求保持领先地位，代工企业将继续加强自身技术水平与产能加紧追赶，移动芯片业务将集中于少数领先企业并继续高速发展。从区域上看，美国企业仍将保持领先，欧洲企业逐步复苏，日本企业继续苦苦挣扎，中国大陆的企业将有大幅度的跨越，亚洲其他国家和地区的企业稳步发展。

（三）集成电路工艺技术发展将面临极大的挑战

未来几年，集成电路工艺技术仍将沿着摩尔定律的方向前进，但所遇到的困难将极其巨大。当前集成电路主流工艺已经进入20纳米阶段，14/16纳米技术已经接近成熟，商业化产品即将大批量面世，预计在2015年末至2016年初，14/16纳米技术的出货量将接近20纳米产品的出货量。10纳米技术目前已经进入研发阶段，但即将遇到较大的阻力，主要是光刻问题还有待解决。10 纳米技术研发能否快速推进，是否可以进入商业化生产，很大程度上取决于 EUV 光刻技术的进展。此外，由于相对成本的增高，10 纳米技术能否最终成为主流的商业化产品的工艺技术，还要等到 2017 年以后才能见分晓。

（四）集成电路产品继续推陈出新

集成电路产品方面，桌面处理器仍在向前发展，英特尔仍在按计划推出其新一代 Broadwell 系列产品，而更先进的下一代 Skylake 系列产品已经基本定型并将于 2015 年下半年推出。移动应用处理器已经完成了多核化的进程，4 核、8 核等已经成为主流产品，现在正在向 64 位处理与 SOC 集成化的方向发展。存储器方面，大容量、TSV 封装、DDR4 是发展方向，预计未来几年，单封装芯片的容量将再度翻番。专用电路方面，应用于物联网、汽车电子、医疗电子、工业控制、金融电子等领域的产品将得以全面发展，产品性能进一步提高，产品门类更加丰富。

B.11
2014年世界电子元器件产业发展回顾与展望

张玉强*

摘　要：得益于新兴经济体的持续强势成长以及亚太各国和地区产业的复苏，尤其是中国电子元器件产业的稳定高速增长，2014年全球电子元器件产业的产值达到5328亿美元，在2013年的基础上实现了5%的加速增长，继续保持2010年以来全球电子第一大细分行业的地位，彻底走出了2012年的低谷，目前电子元器件产业的产值已占全球电子行业产值的29%。各种元器件技术进步较快，LED倒装芯片、OLED柔性显示及MEMS技术等推动产品应用不断深入，未来随着物联网、移动互联网的快速发展，新型电子元器件将进一步拓展其用武之地，整个电子元器件产业也将迎来持续增长期。

关键词：LED　OLED　MEMS　电子元器件产业

2014年，电子元器件仍然保持2010年以来全球电子第一大细分行业的地位，在2013年增长的基础上实现了5%的加速增长，彻底走出了2012年的低谷，产值达到了5328亿美元，占全球电子行业产值的29%。电子元器件行业在2014年的增长主要得益于新兴经济体的持续强势成长以及亚太各国和地区产业的复苏，中国大陆对全球元器件产业和市场增长的贡献率分别

* 张玉强，工业和信息化部电子科学技术情报研究所高级工程师，研究方向：半导体。

为27%和55%，是全球增长的主体力量。电子元器件的技术进步在2014年也非常显著，LED照明产业快速发展；大尺寸、高分辨率、可弯曲显示的OLED显示面板面世；OLED照明技术投入量产；MEMS延续了2013年的高速增长态势，工艺优化和小型化是当前MEMS技术进步的推动力。

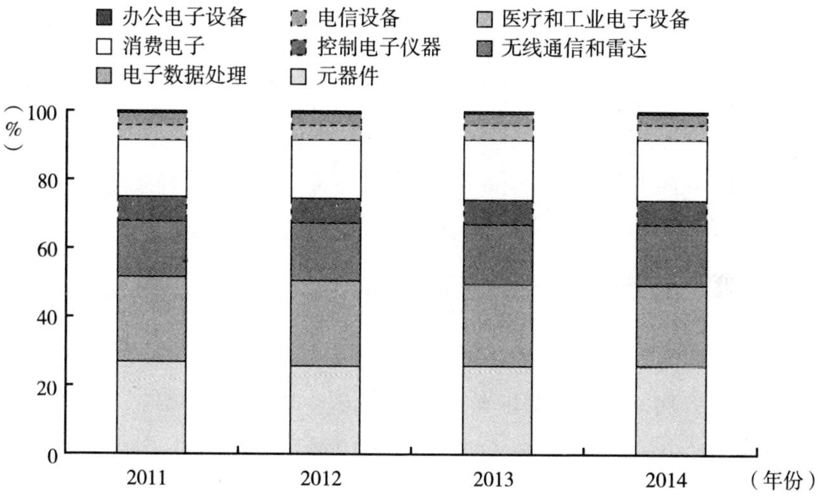

图1　2011～2014年全球电子元器件各细分行业的产值占电子行业的比例

资料来源：*The Yearbook of World Electronics Data 2014*。

展望未来几年，在一些发达国家摆脱颓势、新兴经济体持续强势增长的大环境下，元器件产业有望继续保持较高的增长势头。在移动终端和物联网的推动下，新型元器件向智能化、低能耗和小型化方向发展，电子元器件产业正在迎来发展的新机遇。

一　2014年电子元器件产业发展态势

（一）新兴市场需求持续强劲，亚太传统经济体遏止颓势

2013年以来，全球电子元器件市场规模连续上升。2014年，全球电子元器件市场规模为5712亿美元，实现5%的增长，进一步摆脱了2012年的

低谷。从地区来看，中东欧（包括俄罗斯）和西欧的市场规模分别是228亿美元和575亿美元，分别增长-2.7%和1.8%；亚洲太平洋地区（不包括中国）的市场规模是2566亿美元，增长3.3%。

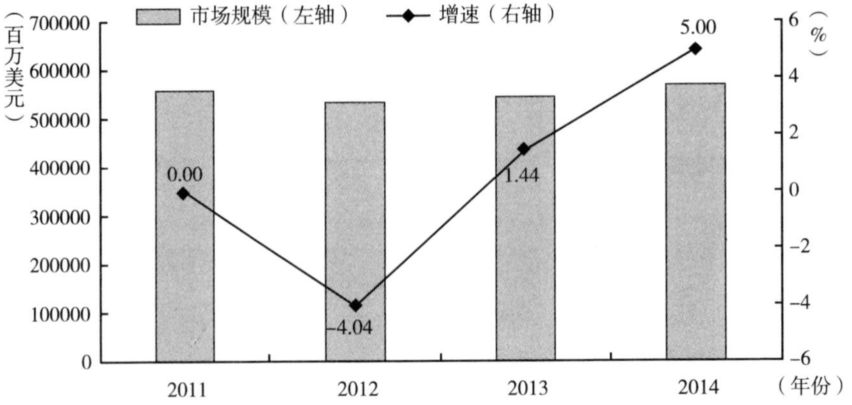

图2　2011～2014年全球电子元器件市场规模及增速

资料来源：*The Yearbook of World Electronics Data 2014*。

2014年全球电子元器件市场的增长主要得益于两个方面：一方面，中国、墨西哥和巴西等新兴经济体的需求持续增长，三国电子元器件市场规模分别增长8.4%、7.9%和4.4%，增量（172亿美元）占全球增量（245.7亿美元）的70%；另一方面，日本市场的复苏，此前日本电子元器件市场规模连年下滑，2013年的负增量接近于该年全球市场的净增量，2014年日本市场增速为6%，暂时摆脱颓势，形成日本市场大起大落的不稳定局面。中国大陆继续保持全球第一大电子元器件市场的地位，市场规模为1946亿美元，占全球市场规模的34%；市场增量为150.2亿美元，占全球市场新增量的61%，成为拉动全球市场增长的主要力量。

（二）全球产业进一步发展，中国贡献主要增长力

2014年，全球电子元器件产业规模达到5327亿美元，继续保持了2013年以来的增长态势且增速达到5%。从地区来看，中东欧（包括俄罗斯）和

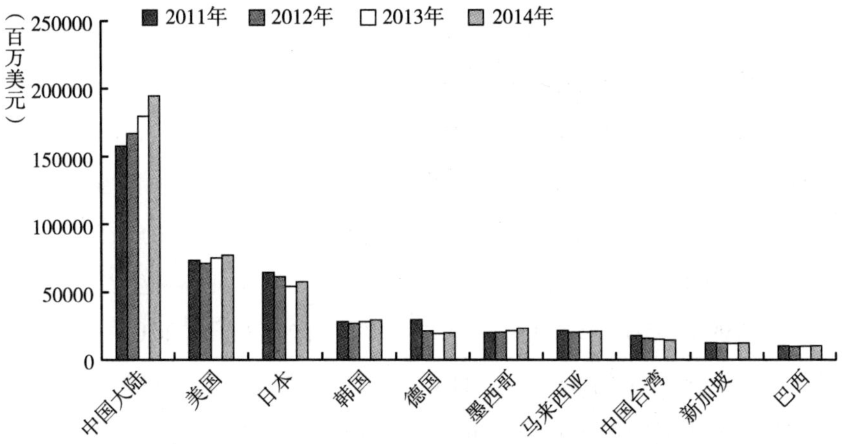

图3　2011～2014年主要国家和地区电子元器件市场规模及增速

资料来源：*The Yearbook of World Electronics Data 2014*。

西欧分别实现产值64亿美元和482亿美元，增长率分别为－0.8%和0.8%，基本与2013年持平；亚洲太平洋地区（不包括中国）实现产值3547亿美元，增长率达到5.3%，与全球产业增长速度保持一致。

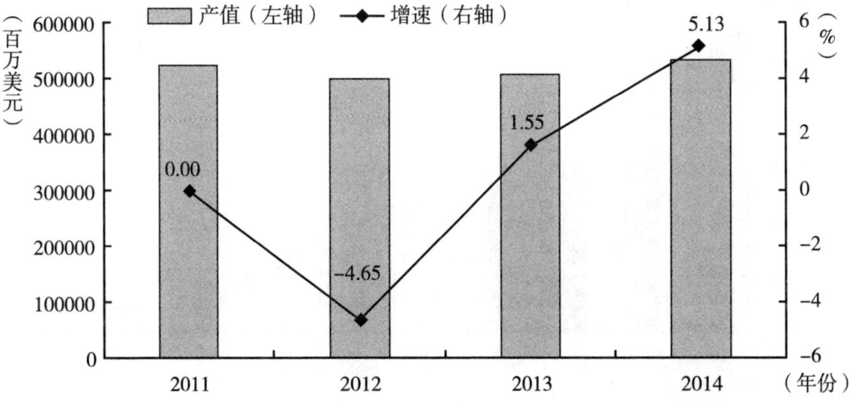

图4　2011～2014年全球电子元器件产业规模及增速

资料来源：*The Yearbook of World Electronics Data 2014*。

全球电子元器件产业增长主要得益于中国的稳定增长和亚太各国和地区电子元器件产业的复苏。中国大陆保持了高速增长的态势，增速达到6.6%；中国台湾实现增速8.6%，较2013年的12%增速有所放缓，但仍然排名全球增速第一；马来西亚后来居上，增长速度为7.5%。在亚太其他各国和地区电子元器件产业复苏的冲击下，中国大陆和台湾地区的增量（113.71亿美元）仍然占全球产业增量（259.97亿美元）的近半数。中国大陆从2011年超过日本后，一直保持全球第一大电子元器件生产国的地位，产值占全球的21.5%，较2013年（21.2%）有所上升，2014年增量（71亿美元）占全球增量的27.3%。日本、美国、德国、法国和新加坡等传统电子元器件产业大国产值连续多年下降的趋势得到遏制。2014年日本电子元器件产业的产值实现增量33亿美元，排在中国台湾之后，但总量仍然比2011年下降了21.8%。美国、德国、法国和新加坡电子元器件产业的产值也都未能恢复到2011年的水平。发达国家电子元器件产业摆脱颓势实现增长，反映了全球电子元器件产业小幅波动的特点，受此前多年产值连续下滑的影响，各国依然难以恢复至3年前的产值水平。

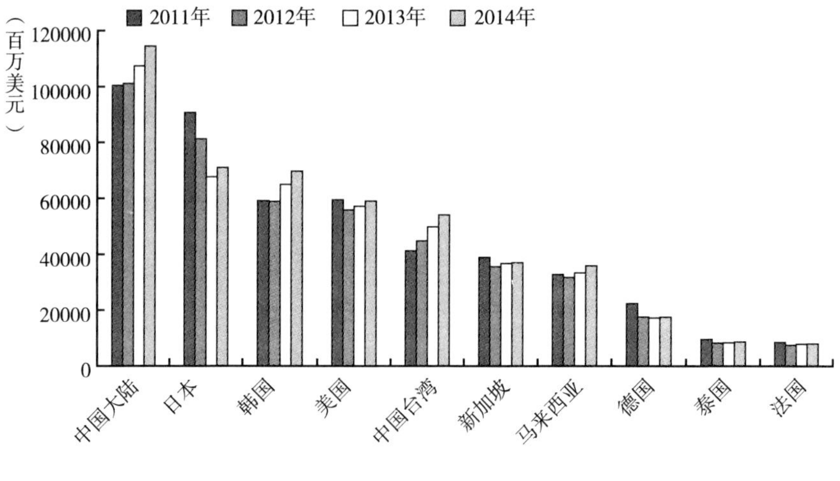

图5　2011～2014年主要国家和地区电子元器件的产业规模

资料来源：*The Yearbook of World Electronics Data 2014*。

（三）照明和显示技术进步显著，MEMS传感器面临小型化挑战

2014年是LED产业变革的重要年份，LED照明渗透率不断提升，LED行业在年内一片兴旺。价格下降快速推动了LED照明光源及灯具的普及，2014年整个LED照明供应链体系整合加速，从上游的蓝宝石衬底、外延芯片，到中游的封装、下游的应用厂，行业集中度越来越高。倒装型（Flip Chip）LED成为产业发展的主轴。倒装型LED较一般型LED具有体积小、散热佳、亮度高、不需金属导线等优势，因此在终端产品（如照明、LED电视、闪光灯、车灯等）中已加入倒装型LED设计。

可弯曲屏幕一直是各大硬件厂商竞相研制的新技术，与现有的显示屏相比，可弯曲屏幕透光率更高、功耗更低、性能更稳定，更轻更薄，而且可弯曲扭折。2014年7月，LG公司成功研发了一款18英寸OLED显示面板，可以直接卷成一个直径3cm的“卷轴”。新显示屏可弯曲幅度更大，同时厚度也更轻薄，目前该显示屏最大支持1200×810分辨率。除了18英寸显示屏外，LG公司也正在研发全透明的OLED面板。

OLED照明具有现行照明产品所没有的轻、薄、整面光源等特色，环境负担小，光线不含紫外线，是继LED照明之后最被看好的新一代照明产品。2014年日本次世代化学材料评价技术研究组合（CEREBA）率先研发出可弯曲OLED照明的量产技术，在透明的树脂薄膜上形成发光层，使用CEREBA技术所生产的OLED照明产品可弯曲又薄，故可应用于家具、汽车、航空器等各种不同形状物品及领域。

2014年MEMS行业延续了2013年的高速增长。市场研究机构IC Insights的报告指出，在经历了过去几年的衰退之后，MEMS传感器市场恢复成长，其复苏动力来自于新一代设备及新应用的开发，以及多传感器平台、物联网与可穿戴设备的需求。一些新进入者采用创新的低成本解决方案来挑战消费类市场的价格底线，迫使传统企业（如意法半导体、博世、InvenSense和德州仪器等公司）采用MEMS产品组合多元化的发展战略来应对。MEMS的智能化趋势显著，软件开始成为传感模块的一

个重要的组成部分，尤其是组合传感器，以实现各种复杂的传感功能。当前 MEMS 技术面临的挑战主要在于小型化，几家 MEMS 公司都采用新的制造和封装方法来达成小型和低成本的目标。比如，意法半导体和博世采用 TSV 技术，mCube 则采用 3D MEMS 工艺，Maxim 采用专有的表面工艺和金—硅共晶键合的晶圆级封装技术缩小 30% 的面积。由于小型化、无线通信和低功耗技术的驱动，医疗有望成为增长最快的 MEMS 市场。其他 MEMS 器件，如化学 MEMS、红外传感器和新型磁传感器也有新机遇。

二 未来发展趋势

（一）产业迎来增长期，新兴经济体和亚太地区依然是市场增长主体

在全球物联网和移动终端大发展的带动下，预计全球电子元器件市场在未来几年会继续保持近 5% 的增长态势，到 2017 年达 6547 亿美元的规模。传统的电子元件产业，如电阻器、电容器、电感器、继电器、连接器、印制电路板、放大器和扬声器等多年来发展保持相对稳定；电子器件产业的增长将主要来自半导体分立器件和传感器领域。物联网的发展对传感器的需求持续增长，发展潜力巨大的移动通信产业将极大地推动智能化、低能耗和小型化的 MEMS 传感器的发展；LED 显示在大屏幕和智能手机显示两大方向发展。此外，在光伏方面，HIS Technology 最新报告显示，2014 年，光伏产业新增装机量达到 20%，预计未来光伏组件等仍将保持增长的趋势。

新兴经济体和亚太地区依然是全球电子元器件市场增长的主要动力。预计中国大陆、墨西哥和巴西的市场规模将在未来三年分别保持 5.8%、6.7% 和 5.1% 的平均增长速度；亚太传统电子元器件产业国家将继续保持小幅增长，日本将成为产业复苏的典型，未来三年平均增速有望与韩国（4%）持平。中国大陆将继续保持高于全球平均值的增速，其全球最大的

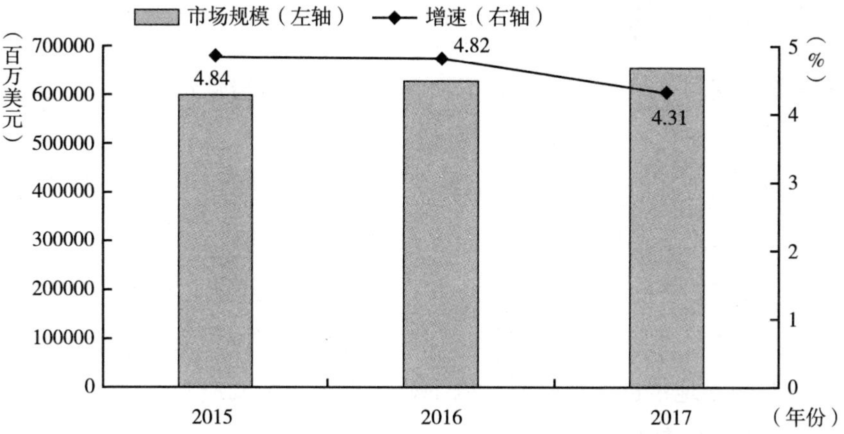

图6　2015～2017年全球电子元器件市场规模及增速

资料来源：*The Yearbook of World Electronics Data 2014*。

电子元器件市场的地位不可撼动，市场份额预计将从2014年的34%增长至2016年的35%，市场规模将超过美国、日本、韩国、德国和新加坡等传统电子元器件大国的市场规模总和。

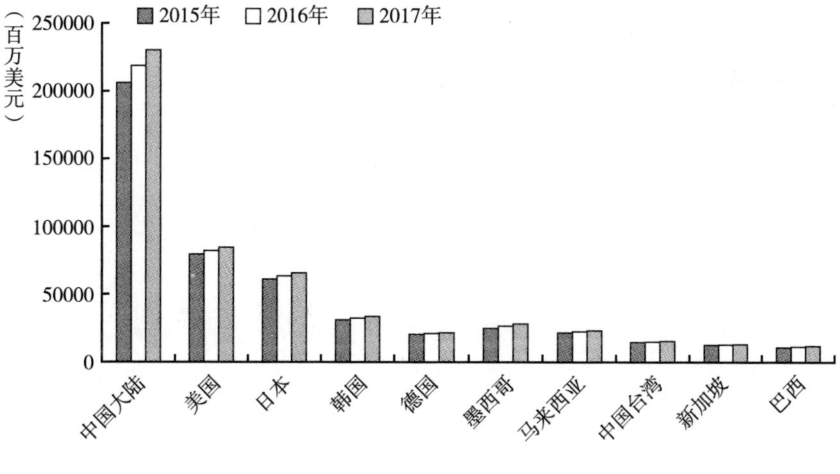

图7　2015～2017年主要国家和地区元器件市场规模

资料来源：*The Yearbook of World Electronics Data 2014*。

（二）电子元器件技术向智能化、低能耗和小型化方向发展

在物联网和移动产业的推动下，新型的电子元器件产业将获得长足发展。具备了智能化、低能耗和小型化特点的 MEMS 产品将大量应用于移动终端和物联网设备中。显示技术向高清晰和大尺寸的方向快速发展，可弯曲技术将成为未来显示技术发展的重要方向。物联网和移动终端不仅带动了新型电子元器件的智能化需求，还推动了新兴产业的智能化进程。以 LED 照明为例，伴随着智慧城市的建设，智能控制的照明系统应运而生，价格的下降让 LED 更多地走进家庭照明，以手机、平板等移动终端实现远程控制的场景必将走进日常生活中。

为节省成本，低能耗的标准将在未来新型产品中得到普及，与此同时集成化的要求使得小型化成为新产品面临的技术挑战。以 MEMS 为例，小型化和低成本要求更新生产工艺甚至实现技术突破，而技术的进步会影响产业的布局，由于小型化、无线通信和低功耗技术的驱动，医疗有望成为增长最快的 MEMS 市场。

B.12

2014年视听产业发展回顾与展望

梁冬晗*

摘　要：全球视听产业处于结构调整期，产业规模下降速度有所放缓。数字视听产业正加速从成本导向型向创新驱动型升级，生产与服务融合、软件与硬件融合的趋势愈加明显。随着3D显示、LED背光源等技术的日趋成熟，超高清、广色域、曲面、OLED等作为新兴显示技术方向，不断拉动产品升级，成为以电视为主要产品的视听产业新的增长点。未来几年，随着发达经济体温和复苏，世界视听产业将迎来新的发展空间。

关键词：视听产业　4K　智能电视

2014年，全球视听产业处于结构调整期，产业规模下降速度有所放缓。以电视市场为例，继2011年达到顶峰后开始下滑，2012年和2013年分别下降了6%和3%，但降幅有所收窄。数字视听产业正加速从成本导向型向创新驱动型升级，生产与服务融合、软件与硬件融合的趋势愈加明显。

一　2014年视听产业发展态势

（一）产业依旧面临下滑态势，但整体降幅有所收窄

2014年，全球消费电子产业的产值下滑速度较2013年有所放缓。据

---

* 梁冬晗，工业和信息化部电子科学技术情报研究所工程师，研究方向：产业经济运行。

《世界电子数据年鉴2014》（*The Yearbook of World Electronics Data 2014*）的统计，2014年，消费电子产品产值预计为1289.88亿美元，比2013年的1321.63亿美元小幅下滑2.4%。从市场情况来看，2014年，消费电子产品销售值为1230.14亿美元，同比下降2.12%。中国是世界上最大的消费电子产品生产国，占全球产值比重的39%，其后是墨西哥、日本和马来西亚；美国是世界上最大的消费电子产品市场，其全球市场占有率22.49%，其后是中国、日本和德国。

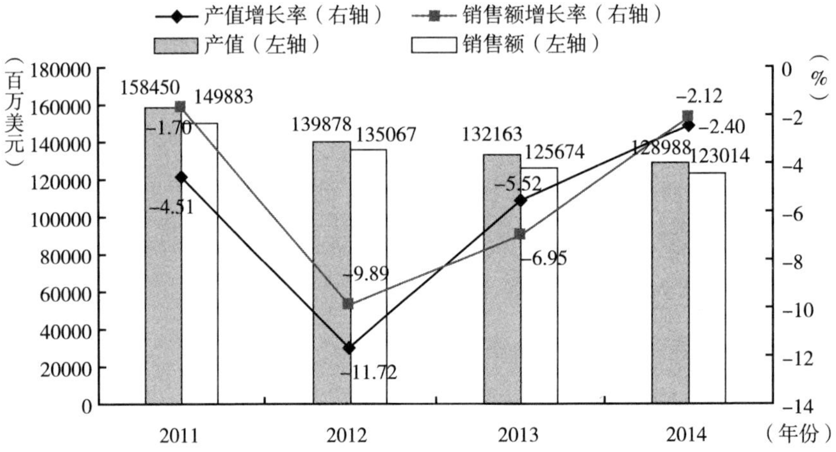

图1　2011～2014年消费电子产品产值与销售情况

注：2014年为预测值。

资料来源：*The Yearbook of World Electronics Data 2014*。

视听产业降幅不断收窄。据《世界电子数据年鉴2014》（*The Yearbook of World Electronics Data 2014*）的统计，2014年视听产品产值1079.31亿美元，较上年下滑3.25%，占消费电子产品产值的83.68%（2013年这一比重为84.41%）。视听产业下滑是造成消费电子产品产值下滑的主要因素。

（二）细分领域发展现状不同，彩电产业重回增长区间

据《世界电子数据年鉴2014》的统计，2014年，全球视频设备产值759.75亿美元，同比上年减少1.03%；音频设备产值241.02亿美元，同比

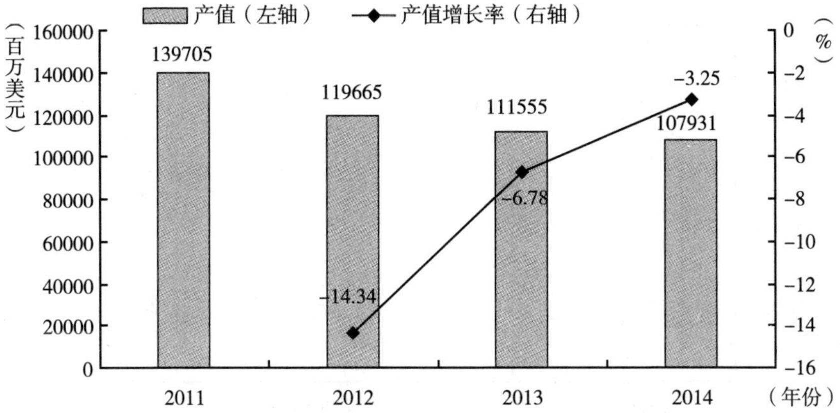

图2　2011～2014年视听产品产值情况

注：2014年为预测值。

资料来源：*The Yearbook of World Electronics Data 2014*。

上年增加1.19%；彩电产量2.15亿台，同比上年增长3.26%；DVD播放机产量8496.3万部，同比上年减少9.84%；数码相机产量2531.8万部，同比上年减少10.02%。

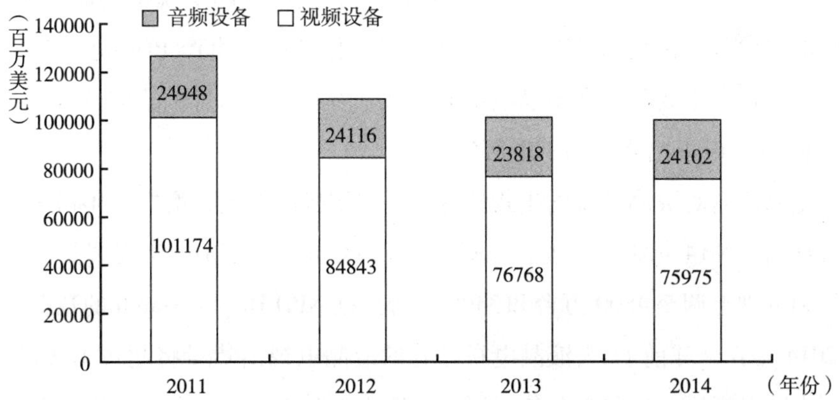

图3　2011～2014年视频和音频设备产值

注：2014年为预测值。

资料来源：*The Yearbook of World Electronics Data 2014*。

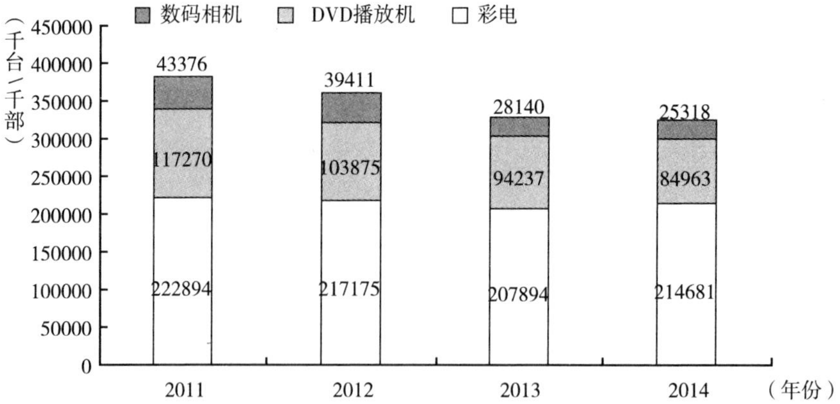

图 4　2011～2014 年彩电、DVD 播放机和数码相机产量

注：2014 年为预测值。

资料来源：*The Yearbook of World Electronics Data 2014*。

随着发达经济体缓慢复苏，来自成熟地区的向大尺寸更新和新兴市场（如印度等）的更新换代需求，以及电视价格的下降、尺寸选择更多及新技术层出不穷，促使全球电视市场重回增长区间。据 NPD DisplaySearch 研究预测，2014 年全球电视出货量预计增长 1%，其中液晶电视市场需求强劲，液晶电视出货量将增长 5%。由于电视厂商相继停止生产 PDP 电视和 CRT 电视，将精力主要集中在液晶电视上，部分液晶电视出货量的增长是由 PDP 电视和 CRT 电视出货量的下滑所致。

主要厂商对液晶电视的出货情况持乐观积极的态度，增加了年初设定的出货计划。2014 年第三季度，三星电子和 LG 电子将 2014 年度液晶电视出货计划分别上调至 4800 万台和 3400 万台。据 NPD DisplaySearch 的数据，预计 2014 年，全球前 15 大液晶电视品牌的液晶电视出货量将超过 1.9 亿台。中国大陆电视厂商也积极备货以迎接第四季度旺季的来临及中国农历新年的需求。排名前 15 位的电视品牌分别为三星、LG 电子、TCL、海信、创维、长虹、海尔、索尼、康佳、Vizio、夏普、松下、东芝、AOC/TP Vision 和船井电机。其中，韩国三星和 LG 占比在 40% 以上，领跑电视产业。

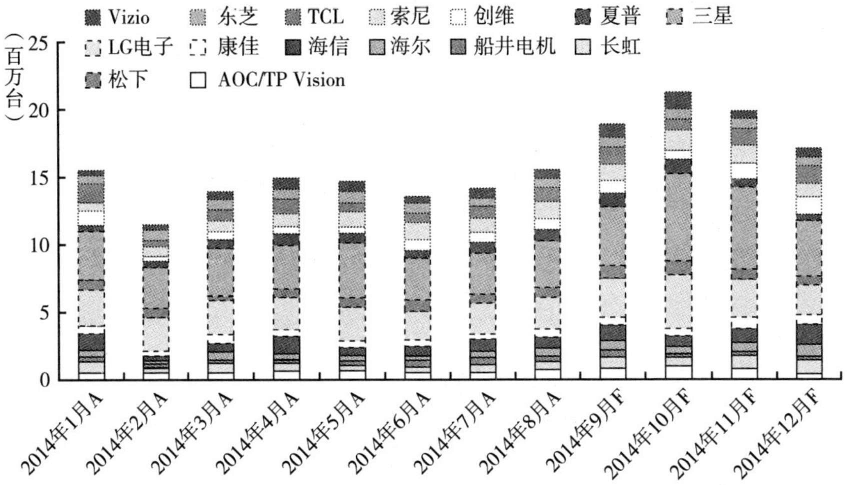

图5　2014 年全球排名前 15 位电视品牌生产计划

资料来源：DisplaySearch。

（三）新产品、新技术的渗透率进一步提升，4K 液晶电视受到消费者青睐

随着 3D 显示、LED 背光源等技术的日趋成熟，超高清、广色域、曲面、OLED 等作为新兴显示技术方向，不断推动产品升级，成为新的增长点。各家企业纷纷围绕超高清、曲面显示技术及 OLED 显示技术等要素宣传，并以此来塑造品牌高端化形象。

其中，4K（超高清）液晶电视受到消费者青睐。在全球各地的电视品牌厂商的强力推广下，4K 液晶电视强势进入市场，成为高端液晶电视标配，从 2014 年开始 4K 电视内容也越来越丰富。NPD DisplaySearch 的数据显示，2014 年前三个季度 4K 电视出货量达 640 万台。

除 4K 电视出货形势较好外，曲面电视也加速渗透进入市场。据 NPD DisplaySearch 的预测，2014 年曲面电视出货量将达到 80 万台，OLED 电视出货量预计最高将达到 10 万台。

（四）中国是彩电生产大国，韩国品牌4K 电视所占全球市场份额最大

从全球彩电产量来看，据《世界电子数据年鉴2014》的统计，2014 年全球彩电产量 2.14 亿台，其中，中国大陆彩电产量排名首位，占比 38.37%；墨西哥位居其次，占比 15.17%。

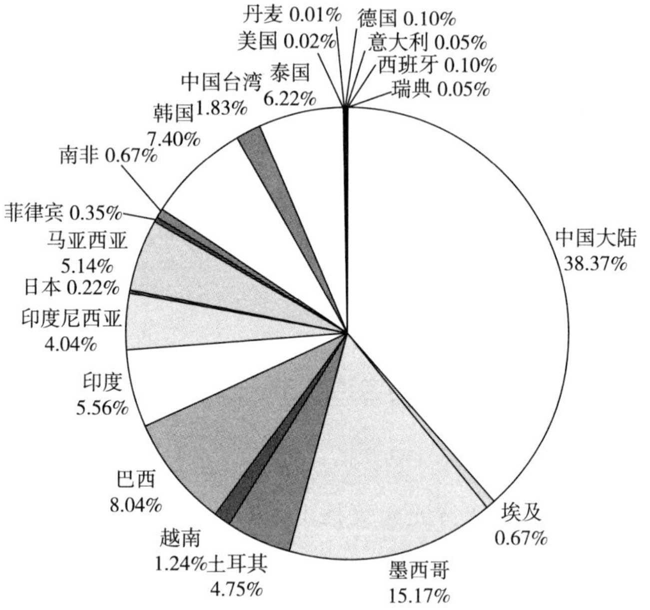

图 6　2014 年各地区彩电产量比重

注：2014 年为预测值。
资料来源：*The Yearbook of World Electronics Data 2014*。

DisplaySearch 的数据显示，截至 2014 年第三季度，三星与 LG 电子的 4K 电视市场占有率已经超过 50%。

DisplaySearch 的数据显示，2014 年第二季度，三星电视的全球市场占有率达 31.8%，创历史新高，连续 34 个季度蝉联榜首。同时，三星曲面 UHD TV、60 英寸以上超大屏电视等广受消费者欢迎，在高端电视市场（1500 美

表1　全球4K电视市场份额排前5名的品牌

单位：%

品牌	2014年第一季度	2014年第二季度	2014年第三季度
三星	22	43	36
LG电子	11	12	15
海信	16	7	10
索尼	10	10	9
长虹	6	5	6

资料来源：DisplaySearch。

元以上）上三星电视占有率超过50%。

从全球各地区4K电视出货量来看，中国是4K电视消费需求的主战场，占到了第三季度全球出货量的60%以上。但就4K电视各地区出货量的变化而言，中国4K电视出货量占比有所下降。

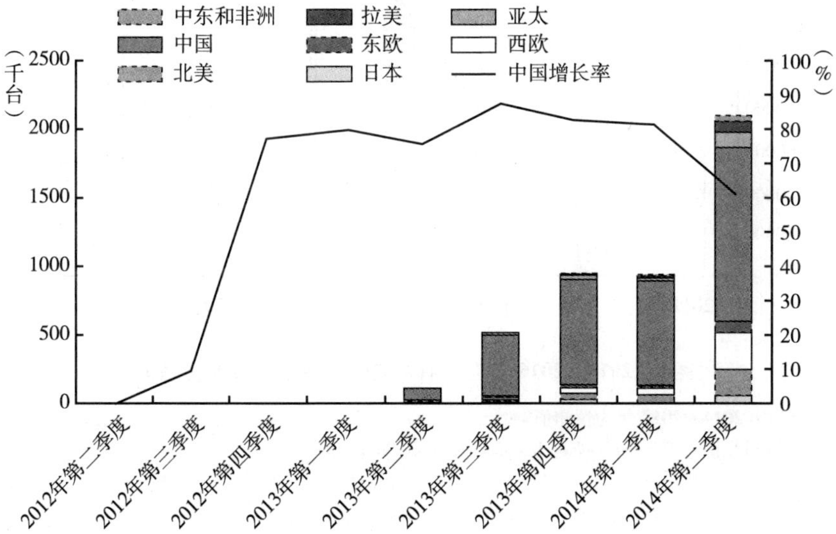

图7　2012～2014年各季度主要地区4K电视出货量

资料来源：DisplaySearch。

二 未来发展趋势

未来几年，随着发达经济体温和复苏，美国经济逐步恢复增长，世界视听产业将迎来新的发展空间。成熟市场和新兴市场产品的更新换代需求将被激发，大尺寸、超高清电视、智能电视等产品的市场份额将持续增加。

（一）产业降幅逐渐收窄，但总体依旧呈现低迷态势

预计 2014～2017 年，消费电子产业降幅逐渐收窄，2017 年将实现销售额 1200.36 亿美元，较 2014 年有所下滑。尽管彩电行业未来几年发展前景较为乐观，但难掩除彩电外行业总体低迷的态势。

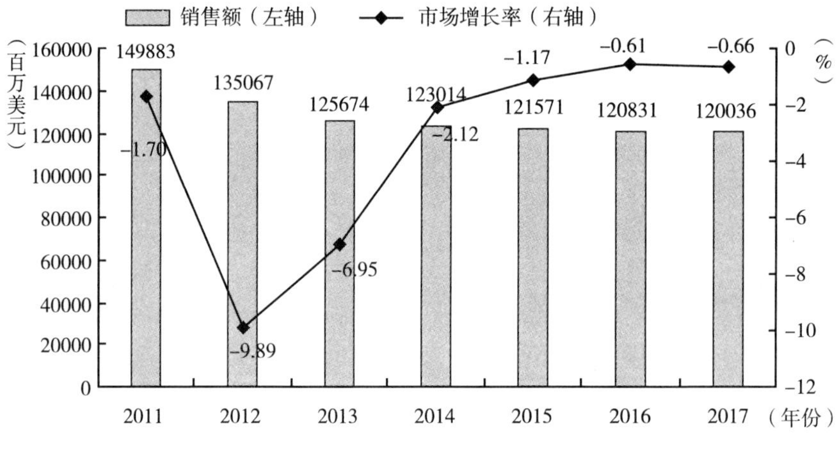

图 8 2010～2016 年世界消费电子产业销售额变化趋势

注：2014～2017 年为预测值。

资料来源：*The Yearbook of World Electronics Data 2014*。

（二）平板电视市场将进入增长区间，智能电视将快速普及

未来五年将迎来平板电视第一波更新换代浪潮，电视更新换代的需求将成为电视销售的主要驱动力，这有助于推动全球电视销量恢复增长。据

Strategy Analytics 在 8 月发布的《全球电视更新换代和持有率：2008 ~ 2018》，2013 年现存平板显示器的更新换代大约占全球平板电视销量的 23%，这一比重到 2018 年有望增长至 67%，有助于推动这一时期的电视出货量增长，使得年复合增长率达 3.8%。据 Strategy Analytics 的分析，成熟市场率先进入第一波平板电视更新换代的主流浪潮，如欧洲和北美市场。对更大屏幕、高质量图像和更新更轻薄的电视设计的需求，将成为电视产品更新换代的驱动力。

智能电视将快速普及。最近几年智能电视的发展步伐明显加速，呈现出快速普及趋势。各大彩电厂商也纷纷加大在智能电视领域的投入力度，争相推出各自的智能电视新品，并积极投身于软件应用市场的开发和整合。随着谷歌、苹果、联想等 IT 巨头加入彩电业，打破了国际上传统的以面板等硬件资源为主的垄断态势，彩电产业的传统巨头（如三星、LG、索尼等）品牌面临挑战。为了搭上智能电视发展的高速列车，各大彩电厂商纷纷打破传统以画质为卖点的单一形式，陆续推出一系列主打智能体验的电视产品，如三星开展了以语音控制、手势控制、面部识别功能等为卖点的智能电视产品；LG 关注多屏互动，通过智能技术设备和视频资源的通力合作，实现互联网电视与不同终端介质间的跨屏联通；松下推出了融入 Smart TV 概念的产品。中国众多电视厂商也加入智能电视的激烈竞争中。

（三）新技术加速渗透进入市场，将刺激电视行业重新洗牌

电视巨头针对显示技术的暗战已初见端倪。激光显示技术产品也正在不断入驻市场。激光显示技术在全球范围的发展基本上处在同一水平，LG 电子最先推出激光电视，索尼也在 2014 年 CES 上展出了新品。随着技术和市场的不断成熟，激光电视将凭借低成本优势加速进入市场。而三星也转向利用量子点技术生产电视显示屏，并计划将其应用到下一代电视机产品中。4K、OLED、量子点、激光显示技术等促使彩电市场的产品不断更新。在新技术应用的冲击下，等离子电视已经走向没落，OLED 电视由于成本压力和低良品率问题增长缓慢，目前三星暂停了 OLED 研发计划，LG 电子为了不

走等离子的老路，正积极联系其他彩电企业共谋 OLED 电视的发展之路。中国彩电企业创维、长虹、康佳等也正在试水 OLED 市场，紧跟新型显示技术的发展趋势，在高端产品上进行布局。新老技术的替换将改变电视产品的市场比例，刺激电视行业重洗牌。

（四）传统电视行业正在积极推进网络化、绿色化和智能化转型

随着彩电行业向网络化、绿色化和智能化方向发展，越来越多的互联网企业跨界加入，为传统彩电行业带来变革的机遇，推动彩电行业向全产业链竞争延伸。IT 企业的跨界进入，压缩了产品毛利，对传统彩电企业的销量和利润影响很大。传统的液晶电视产品必将面临来自于新一代显示技术、人机交互界面、操作简便性等多方面的冲击，正在经历电视制造和互联网服务相互渗透、融合的新阶段。互联网企业不仅使彩电行业的价格竞争更加激烈，而且对传统彩电企业的盈利模式产生冲击，促使其逐步走向制造与服务相融合的新运营模式。

B.13

2014年通信设备产业发展回顾与展望

王慧娴*

摘 要： 随着全球经济的逐步复苏以及主要国家加快4G网络商用的带动，2014年全球通信设备产业保持平稳增长。产业格局变化进一步凸显，欧美厂商增长乏力，中国企业快速崛起。通信技术发展日新月异，对行业发展的引领作用明显。预计未来通信设备产业仍将保持稳定增长，通信技术将持续演进，相关应用领域也将不断拓展。

关键词： 通信设备产业 4G 智能手机

2014年，伴随着全球经济的逐步复苏以及主要国家加快4G网络商用的带动，全球通信产业实现了一定增长，产值及市场规模较上年均大幅提升。欧洲通信设备厂商的营业收入及利润情况均较上年有所改善，中国通信设备企业迅速崛起。全球4G网络建设已初具规模，根据GSA（全球移动供应商联盟）的统计数据显示，预计到2014年底，全球4G用户数量将突破4亿户。移动通信产业研发重心开始向4G转移，智能手机也迎来了发展的新契机，苹果、三星、LG、华为、中兴等智能手机厂商纷纷加速对4G手机领域的布局，抢占市场空间。

预计未来通信产业将呈现以下三大特点：一是随着全球4G网络建设

* 王慧娴，工业和信息化部电子科学技术情报研究所助理工程师，研究方向：通信技术与产业研究。

的不断加快，以及移动互联网、物联网的高速发展，行业将继续保持稳定增长；二是在未来多样化的用户需求带动下，通信技术将持续演进；三是随着蓝牙、NFC、RFID、传感器等技术的日趋成熟，智能化应用将不断拓展。

一 2014年通信设备产业发展态势

（一）市场规模持续扩大，产业保持平稳增长

2014 年，全球通信设备市场的持续扩大，为产业发展创造了广阔的空间。根据《世界电子数据年鉴 2014》（*The Yearbook of World Electronics Data 2014*）的统计，2014 年全球无线通信与雷达设备①的市场规模为 3270.35 亿美元，同比增长 4.48%，增长率较上年的 3.4% 有所提升。电信设备②的市场规模达到 855.44 亿美元，同比增长 2.21%，扭转了上年 0.9% 负增长率的颓势。

表 1　2011～2014 年世界通信产品市场情况

单位：百万美元

年　份	2011	2012	2013	2014
无线通信与雷达设备	292727	302707	313008	327035
电信设备	85949	84492	83694	85544
总　计	378676	387199	396702	412579

资料来源：*The Yearbook of World Electronics Data 2014*。

在产值方面，2014 年全球无线通信与雷达设备产值为 3638.36 亿美元，同比增长 5.9%，增长率较上年的 4.3% 有所提升。电信设备产值达到 714.96 亿美元，同比增长 1.3%，扭转了上年 1.4% 的负增长率。

① 包括无线接入点、无线网桥、无线网卡、无线避雷器、天线、雷达等设备。

② 包括电话机、移动电话、调制解调器、传真机、数据通信设备等。

表2　2011～2014年世界通信产品产值情况

单位：百万美元

年　份	2011	2012	2013	2014
无线通信与雷达设备	318326	329186	343449	363836
电信设备	72600	71582	70585	71496
总　计	390926	400768	414034	435332

资料来源：*The Yearbook of World Electronics Data 2014*。

（二）产业格局加速变化，中国企业快速崛起

2014年，全球通信产业格局变化进一步凸显，欧洲通信设备厂商的营业收入和利润情况较上年有所改善，美国设备厂商面临严峻挑战，中国通信设备企业在新一代移动通信网加速建设及智能终端高速发展的带动下强势崛起。

欧洲通信设备厂商方面，爱立信于2014年10月公布的季度报告显示，受中东、中国、印度和俄罗斯市场增长所驱动，其在2014年第三季度实现销售额576亿瑞典克朗，较上年同期增长9%。与此同时，受益于公司业务组合的持续改善、更高的知识产权收入及运营效率的提高，2014年前三个季度实现净利润共计70亿瑞典克朗，较上年同期的57亿瑞典克朗增长22.8%。诺基亚发布的2014年第三季度业绩报告显示，在北美LTE网络部署和中国移动宽带业务发展的带动下，公司于2014年第三季度实现销售额33亿欧元，较上年同期的29亿欧元增长13.8%，净利润达到4.57亿欧元，同比增长33%。

美国通信设备厂商方面，受北美市场产品销售疲软及产业竞争日益激烈的影响，思科公司的盈利能力及市场份额均被削弱。公司截至2014年7月26日的2014财年全年业绩报告显示，2014财年公司实现净销售471亿美元，同比下降3%，净收入79亿美元，同比下降21.3%。

中国通信设备厂商方面，华为、中兴业绩突出。华为公司作为全球最大的通信设备生产商，公司2014年7月公布的上半年财报显示，受益于全球LTE网络投资增长和其智能终端产品的成功销售，2014年1～6月公司

实现销售收入1358亿元，同比增长19%，净利润率为18.3%。中兴通讯公布的2014年第三季度财报显示，2014年1～9月，中兴通讯实现营业收入588.01亿元人民币，同比增长7.78%，实现净利润18.32亿元人民币，同比增长232.04%。其中，运营商网络营业收入同比增长12.83%，主要得益于TD-SCDMA系统设备、TD-LTE系统设备、FDD-LTE系统设备的营业收入增长。

（三）4G商用初具规模，智能手机发展迎来新契机

2014年，全球4G网络建设已初具规模。根据GSA（全球移动供应商联盟）2014年10月发布的统计数据显示，截至2014年9月底，全球已经有331家运营商在112个国家推出了商用4G网络服务，全球4G用户已经达到3.7亿户，在移动用户中占比达到5%。由于中国4G用户的强劲增长，亚太和北美这两个全球最大的4G市场的份额持平，分别为41.58%和40.65%。GSA预计到2014年底，全球4G用户数量将突破4亿户。

图1　2014年全球各国4G部署情况

当前，4G建设已成为推动通信产业发展的重要引擎。伴随着4G业务的启动，移动通信产业研发重心开始向4G转移，智能手机也迎来了发展的新契机。根据GSA的数据显示，截至2014年9月底，全球4G手机款式数量已达到2218款，较上年末增长61.8%。从区域来看，美国、加拿大、日

本、韩国及中国是最大的4G智能手机市场。其中，美国占据了全球4G智能手机市场的三分之一。中国4G智能手机出货量已经超越韩国排在第三，预计在2014年底中国市场将超过日本成为仅次于美国的4G智能手机市场。从竞争格局来看，得益于发达国家市场用户对4G智能手机的高需求，苹果、三星和LG三家公司共同占据了全球4G智能手机市场78%的份额，其中苹果占42%、三星占29%、LG占7%。与此同时，中国厂商制造的千元价位的4G智能大屏手机也受到了市场认可，发展势头强劲。其中，中兴、华为的4G智能手机产品的销量增速分别达到了225%和140%。

（四）技术发展日新月异，引领行业高速发展

2014年通信技术发展日新月异，引领行业高速发展。在智能手机的处理器方面，2014年随着联发科MT6592系列产品步入主流，智能手机处理器开始进入八核时代，与此同时64位处理器也开始逐渐普及；超薄化成为智能手机产品发展的主要趋势，2014年9月苹果公司发布的第六代智能手机产品iPhone 6的机身厚度仅6毫米，中国智能手机厂商OPPO和vivo分别于2014年10月和11月发布最新产品OPPO R5和vivo X5Max，机身厚度分别仅为4.85毫米和4.75毫米；在高清摄影方面，2014年智能手机的主流摄影硬件级别已经从800万像素级提升到1300万像素级，部分高端机型达到2000万像素级别；在屏幕方面，主流智能手机产品已开始向2K屏方向演进。

在5G领域，2014年三星、英特尔、博通等厂商积极开展毫米波技术相关研究，华为、爱立信、NEC等厂商则侧重于软体定义网路相关技术，并取得了一定突破。截至2014年10月底，全球申请5G专利技术件数已达到7097件，全球前十大5G关键技术专利权厂商分别为三星、诺基亚、爱立信、LG、阿尔卡特朗讯、华为、英特尔、高通、NEC及博通，其中9家厂商已掌握全球50%的5G关键技术，而三星持有的专利数最多，达145件。

在光通信领域，2014年2月，华为宣布与北欧电信运营商TeliaSonera成功完成基于G. fast铜线接入宽带技术的实验，基于此技术，TeliaSonera可为现有铜线网络的终端用户提供高达1Gbit/s的宽带。2014年3月，中兴通

讯实现了全球首次双载波 100Gb/s 直接检测 16QAM-OFDM 信号的实时传输，此后又于 2014 年 11 月创造了全 C 波段满配置 16×1Tbps 信号条件下，仅用 EDFA 传输 3500 千米的世界纪录，这一距离基本上可以满足现有各类陆地干线长距离传输需求。

二 未来发展趋势

（一）行业保持稳定增长

随着全球 4G 网络建设的不断加快，以及移动互联网、物联网的高速发展，未来通信设备行业将继续保持稳定增长。从全球目前的发展情况来看，多国正在大规模投入资金进行 4G 及物联网的建设部署。根据 2014 年 10 月 GSA 发布的数据预计，2014 年全球新增 4G 用户数量将超过 2 亿户，4G 新增用户已经成为带动全球通信设备市场增长的主要动力。按照目前的发展速度，预计未来 5 年，4G 网络在全球的覆盖率将快速上升，4G 终端市场也将保持强劲增长势头。与此同时，借助高速的网络性能，物联网及移动互联网的应用也将飞速发展。各类通信技术、产品及服务将促进通信设备行业商业模式的创新，也将带动行业整体平稳增长。

（二）通信技术持续演进

在未来多样化的用户需求带动下，通信技术将持续演进。例如，在光通信领域，随着互联网业务与网络流量的进一步发展，100G 规模将无法满足巨大的数据流量，超 100G 技术提上日程，华为、阿尔卡特·朗讯等前沿厂商已经推出了 400G 可商用的系统设备，华为甚至已经推出了 1T 的路由线卡，运营商甚至开启 400G 技术的测试工作。在可以预见的 1~2 年内，超 100G 技术将在技术、产品研发方面获得突破，相关产品在性能、功耗、体积等方面也将不断得到优化，规模商用的帷幕也有望拉开。在移动通信领域，目前 5G 技术尚处于研发初期，相关核心技术仍待进一步突破，预计未来全球各大研究机构、行业组织及大型通信设备厂商在极密集网路、大规模阵列天线、高频段传输技术等关键领域的研究仍将持续跟进，并取得成效。

（三）应用领域不断拓展

随着蓝牙、NFC、RFID、传感器等技术的日趋成熟，各项智能化应用落地步伐将提速，智能胶囊、智能手环、智能仓储配送等应用将不断推陈出新。未来的通信网络将是多业务系统、多接入技术及多层次覆盖的复杂网络，支持更广泛的覆盖，提供随时随地地无缝接入和移动性支持；同时，为了支持广泛的 M2M、D2D 及 PPDR 等各种面向公众和行业的应用，现有系统将进行空口接入的优化设计、协议栈和流程的适应性修改、接入架构的扩展等。与此同时，智能终端的概念将开始逐步泛化，并逐渐向其他电子领域渗透，进而缔造出新的智能终端产品形态。在 4G 网络的强大数据传输能力支撑下，智能终端企业将研发出更多方便、快捷的新型化产品。未来，将移动通信和高性能计算等技术有机结合并应用于日常生活用品中，向可穿戴方向持续拓展，将成为移动智能终端的重要发展趋势之一。

B.14

2014年计算机及网络产业发展回顾与展望

崔学民*

摘 要： 近年来，受经济萎靡等因素影响，计算机产业持续下滑。2014 年，全球 PC 产业延续了上年的下行态势，但降幅有所缓解，语音、体感等新技术加速应用，PC 产品的形态更加多样化；x86 架构服务器仍是服务器市场的主要产品，但利润率逐年下降，随着联想收购 IBM x86 架构服务器业务的顺利进行，以及 POWER 架构与 ARM 架构服务器的快速发展，全球主要服务器厂商在产品技术架构、形态等方面展开了新一轮的竞争；高性能计算技术的增速持续放缓，全球超级计算机500 强排行榜前五名从2013 年6 月至2014 年11 月没有任何变化，前九名则与 2014 年 6 月的排行榜相同；以太网交换机与路由器市场增速稳定，100G 光纤设备有望迎来高速增长期。

关键词： 计算机 PC 服务器 以太网 交换机

2014 年，全球 PC 产业延续了上年的下行态势，但降幅有所缩小，预计 2015 年将出现回暖迹象。服务器市场持续低迷，产品格局正面临调整，x86 架构服务器市场格局随着联想收购 IBM 低端服务器业务而开始出现调整，IBM

---

* 崔学民，工业和信息化部电子科学技术情报研究所工程师，研究方向：计算机与网络。

则加大高端服务器推广力度，新一轮的竞争即将展开。高性能计算技术增速放缓，全球超级计算机前五强竞争格局保持稳定。随着互联网等相关产业的发展，以太网交换机与路由器市场增速稳定，100G 光纤设备有望迎来高速增长期。

一 2014年计算机产业发展态势

（一）PC 市场仍呈下行态势，新技术正加速应用

2014 年，受经济形势影响以及平板电脑等移动终端的冲击，欧美等成熟市场的 PC 销量不断萎缩，亚太、非洲等新兴市场的需求也在持续下降，全球 PC 市场持续低迷。市场研究机构 Gartner 的数据显示，2014 年前三个季度，全球 PC 市场的出货量仅 2.32 亿台，比上年同期的 2.35 亿台下滑 1.61%，前三个季度出货量除第二季度出现 0.1% 的同比增长外，第一、第三季度均为负增长。

表 1　2014 年前三个季度全球 PC 市场五大厂商出货量排名

单位：万台，%

厂　商	2013 年前三个季度出货量	2013 年前三个季度市场份额	2014 年前三个季度出货量	2014 年前三个季度市场份额	同比增长
联　想	3850	16.35	4313	18.61	12.03
惠　普	3782	16.06	3986	17.20	5.39
戴　尔	2703	11.48	2983	12.87	10.36
宏　碁	1981	8.41	1836	7.92	-7.32
华　硕	1487	6.32	1630	7.03	9.62
其　他	9745	41.38	8423	36.35	-13.57
所有厂商	23549	100	23171	100	-1.61

资料来源：根据 Gartner 统计数据整理。

联想仍是全球最大的 PC 厂商，2014 年前三个季度出货量为 4313 万台，占全部市场份额的 18.61%，惠普、戴尔、宏碁、华硕分别排在第二至五位。

除宏碁外，五大 PC 厂商总的出货量都有不同程度的增长，在整个 PC 市场的份额已经从上年同期的 58. 62% 增长到 63. 65%，PC 制造业进一步集中。

Windows 仍是 PC 市场的主流操作系统，占据着 PC 市场 91. 48% 的份额，苹果 Mac 操作系统的市场份额仍保持在 7. 27% 左右。Windows XP 已经从年初的 29. 3% 迅速降至 11 月的 13. 57%，Windows 7 从年初的 47. 46% 增至 11 月的 56. 41%，Windows8. 1 则从年初的 3. 92% 增至 11 月的 12. 10%，其他版本操作系统的市场份额与上年基本持平。

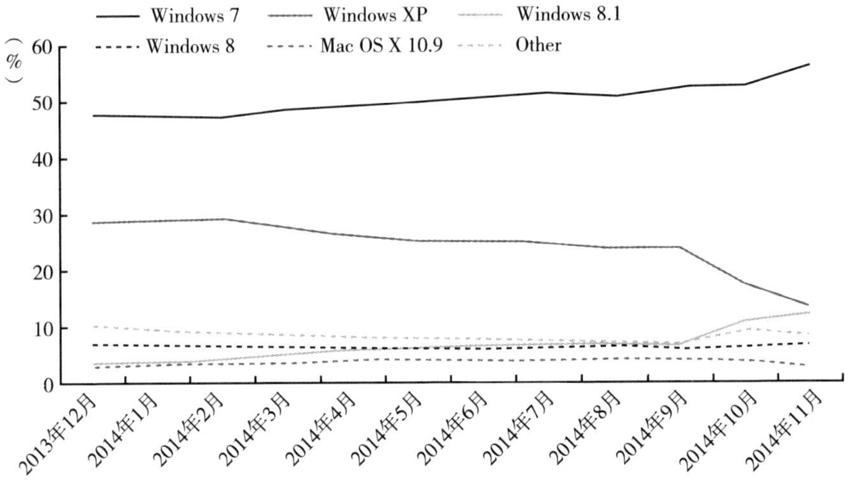

图 1　PC 操作系统市场份额走势

资料来源：Net Applications，2014 年 12 月。

2014 年，四核与八核处理器已经成为 PC 设备的基本配置，SSD 硬盘进一步扩大使用范围，超级本、轻薄笔记本、Chromebook 等产品不断扩大市场份额，市场研究机构 Gartner 预计 2014 年全球超级本出货量将由 2013 年的 2152 万台增至 3225 万台，2015 年将继续增至 5503 万台。联想、惠普等各大 PC 厂商不断推出笔记本电脑与平板电脑的融合产品，PC 与智能设备的界限更加模糊，语音技术、手势操作技术、体感技术在 PC 上的应用水平不断提高。此外，随着集成电路规模的不断扩大，多样化的计算技术、传感技术、显示技术等不断创新，智能化的计算设备的体积变得越来越小，集成度更高的智能设备与可穿戴设备正成为计算机领域的热点，为计算机产业发展带来了新的动力。

（二）服务器市场持续低迷，产品格局面临调整

2014年，全球服务器市场延续了上年的萎靡状态。依靠x86产品的销量增长，2014年全球服务器整体出货量继续保持低速增长，但随着x86架构服务器价格的不断降低，服务器营业收入持续下滑。据相关研究机构统计，2014年前三个季度，全球服务器市场出货量仅有1%的微量增长，收入继续下滑，预计这一态势将延续到2015年。

从地区看，全球服务器市场总体上仍呈现相对低迷的状态，唯一亮点是亚太地区，市场研究机构Gartner与IDC的统计数据均显示，该地区2014年前三个季度继续保持高速增长，尤其是中国，服务器出货量与销售收入的增幅均超过20个百分点，主要是因为联想收购IBM x86架构服务器业务，提高了中国服务器市场的竞争力，国内市场需求不断提高带动了销售量增长。北美、欧洲等地则持续低迷，出货量与上年同期基本持平，营业收入继续下降。

惠普是2014年全球最大的服务器厂商，超过了全部市场份额的四分之一。IBM则继续保持在高端服务器领域的优势，占据着高端服务器市场一半以上的市场份额。依靠x86架构服务器的销售，中国的华为、浪潮在出货量的季度排行榜中一度进入全球前五名，但营业收入与惠普、IBM、戴尔、思科和甲骨文等厂商相比仍有较大的差距。

服务器产品格局正面临着调整。联想年初收购了IBM x86架构服务器业务，市场份额不断提高，x86架构服务器市场结构逐步调整。惠普的低功耗x86架构服务器在社交服务、移动应用、云与大数据等领域广泛使用，成为备受关注的产品。IBM出售x86架构服务器业务后，联合谷歌、英伟达、三星等成立了OpenPOWER基金会，加大了POWER架构服务器的开放力度，加速了在高端、智能计算等领域的布局。思科、甲骨文等厂商也在加

强其高端服务器的技术与市场力量，将软件与服务作为高端服务器最重要的发展要素之一。

（三）高性能计算技术增速放缓，天河二号第四次荣登榜首

2014 年，全球高性能计算的计算能力增速趋缓。11 月的全球超级计算机 500 强排行榜显示，总的计算能力为每秒 309 千万亿次，比上年同期的每秒 250 千万亿次增长 23.6%，远低于前几年成倍的增速。由国防科学技术大学研制，位于广东国家超算中心的天河二号以每秒 33.86 千万亿次的浮点运算速度第四次位居榜首，排在第二到第五的分别是泰坦、红杉、京和米拉。超级计算机 500 强排行榜前五位从 2013 年 6 月起没有发生任何变化，前九位则与 2014 年 6 月的排行榜相同。

表 2 超级计算机 500 强排行榜前十名

单位：个，十亿次/秒

排名	名称	安装地点	制造商	处理器数	运算速度
1	天河二号	国家超算中心，中国广州	国防科学技术大学	3120000	33862700
2	泰坦（Titan）	美国能源部橡树岭实验室	克雷	560640	17590000
3	红杉（Sequoia）	劳伦斯－利弗莫尔国家实验室，美国	IBM	1572864	17173224
4	京	理化高级研究所（AICS），日本神户	富士通	705024	10510000
5	米拉（Mira）	伊利诺斯州阿贡国家实验室，美国	IBM	786432	8586612
6	Piz Daint	国家计算中心，瑞士	克雷	115984	6271000
7	Stampede	奥斯汀得克萨斯高级计算中心，美国	戴尔	462462	5168110
8	JUQUEEN	尤利西斯超级计算中心，德国	IBM	458752	5008857
9	Vulcan	美国能源部	IBM	393216	4293306
10	CS-Storm	美国政府	克雷	72800	3577000

资料来源：http：//www.top500.org，2014 年 11 月。

美国仍是高性能计算技术实力最强的国家，但在超级计算机500强排行榜中数量从2013年的265个降至2014年的231个。同期，中国由63个降至61个，继续排在第二名的位置。欧洲的超级计算机总数已经从2013年的116个增至2014年的130个，其中英国、法国、德国在超级计算机500强排行榜中的数量分别为30个、30个和26个。

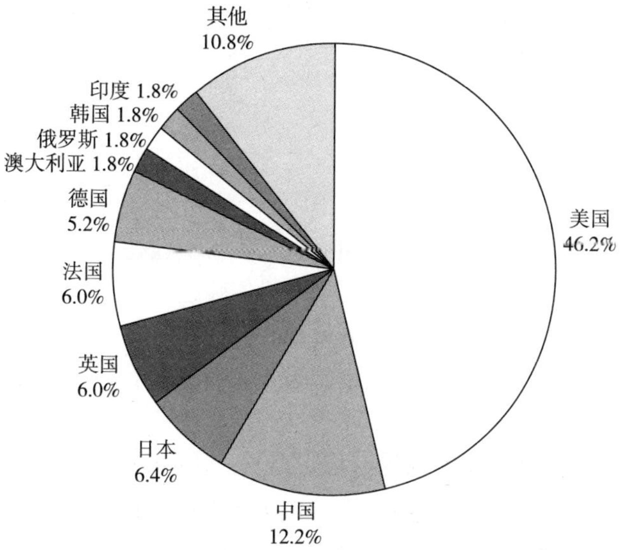

图2　超级计算机500强国家与地区装机数量分布

资料来源：http：//www. top500. org，2014年11月。

惠普是超级计算机最大的供应商，在超级计算机500强中有179个为惠普制造，但较上年同期的197个有所下降；IBM的份额继续下滑，由上年同期的164个下降至153个；克雷则由上年同期的42个增至62个；戴尔、富士通等供应商的市场份额相对稳定。英特尔处理器仍在超级计算机中广泛使用，超级计算机500强中有429个使用了英特尔的处理器，39个使用了IBM的处理器，AMD处理器的使用量下降至28个。

（四）以太网交换机与路由器市场增速稳定

受数据中心、大数据、物联网、云计算等快速发展的影响，2014年以

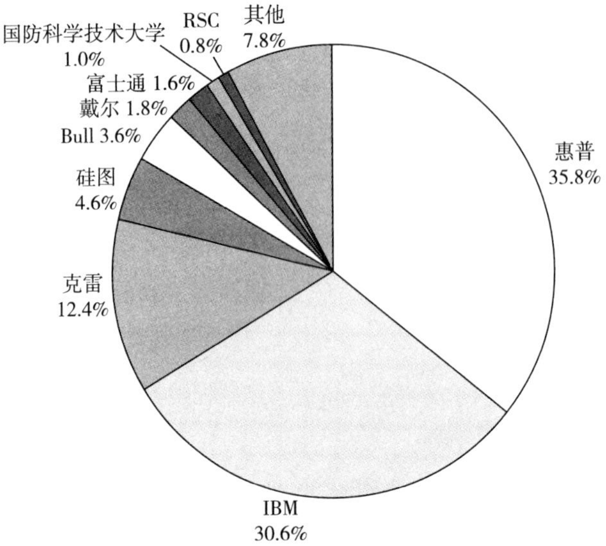

图3　超级计算机500强供应商分布

资料来源：http：//www.top500.org，2014年11月。

太网交换机与路由器市场继续保持稳定增长。10Gb和40Gb设备仍是以太网交换机市场收入增长的主要推动力，同比增幅超过10个百分点。市场研究机构IDC的数据显示，2014年前三个季度，全球2～3层以太网交换机营业收入达到168.9亿美元，较上年同期的162.4亿美元增长4%，预计这一态势将持续到2015年。

全球以太网交换机的区域增长并不均衡，亚太地区的中国与印度市场需求强劲，销售收入的季度增幅在20%以上，其中中国第二季度同比增长40.2%，但东南亚市场相对疲软，日本地区出现了负增长。欧洲地区整体增速缓慢，其中西欧延续了自2010年以来的增长势头，预计全年增幅超过10%，但中欧与东欧市场受乌克兰政治局势等因素的影响，收入下滑幅度同样超过10%。北美地区同比小幅下滑，阿根廷、秘鲁和巴西等则带动了拉丁美洲整体销售收入的增长。

全球路由器市场的销售收入与上年基本持平，2014年第一季度同比增长2.3%，第二季度则同比下降4.0%，第三季度继续下滑2.7%，市场研究机构 IDC 预计下半年将出现小幅增长的态势。不同地区的路由器市场也出现了分化的情况，日本、美国市场下滑明显，前三个季度的同比下降幅度超过 5%，西欧市场同比下滑约 3%，中东和非洲地区同比增长 4% 左右，亚太地区基本和上年同期持平。

2014 年，思科仍然是以太网市场的“领头羊”，市场研究机构 IDC 的数据显示，在 2 ~ 3 层以太网交换机领域，思科始终保持着 60% 以上的市场份额，万兆以太网的市场份额更是接近 70%。惠普在以太网交换机市场位列第二，市场份额超过 10%，较 2013 年有所提高，阿尔卡特·朗讯、华为和瞻博分列第三到第五的位置，市场份额均没有超过 5 个百分点。思科也是全球最大的路由器厂商，阿尔卡特·朗讯、华为和瞻博紧随其后，分别位列销售排行的第二到第四位，这四大厂商的销售收入占据了整个路由器市场的 90% 左右。

二 未来发展趋势

（一）新技术推动 PC 产业缓慢增长，市场集中度将进一步提高

2014 年，PC 市场仍呈下行态势，但超级本、异形本等轻薄型设备出货量的增长延缓了 PC 市场整体下滑的趋势，市场研究机构 Gartner 在 2014 年 8 月发布的报告中预测全年的 PC 出货量约为 3.08 亿台，2015 年出货量将小幅回升至 3.17 亿台，预计未来 2 ~ 3 年，轻薄型笔记本产品继续增长，而台式机则继续下滑，全球 PC 市场出货量将保持微量增长。

可穿戴设备、智能家居等仍将是电子信息产业未来几年的关注重点，这一领域与计算机融合发展的可能性不断加大。已经应用于 PC 设备上的体感技术、语音技术、智能识别技术等在低功耗、小型化方面不断改进，其应用领域也会随之扩大，但未来 2 ~ 3 年内出现标志性产品的可能性不大。轻薄、低功耗、高性能的笔记本产品以及笔记本与平板电脑的融合产品仍将是 PC 领域的主要发展方向。

PC 产业市场集中度将进一步提高。PC 行业的低利润率造成的盈利压力，使得许多企业不得不放弃 PC 业务，PC 企业的并购重组将会变得更加频繁，大型 PC 企业将会在全球范围内继续扩张，并购当地的 PC 企业，并且大型 PC 厂商之间也存在合并的可能。在 PC 企业并购重组的过程中，中国的联想和中国台湾的宏碁、华硕较为活跃，未来几年，PC 企业向中国集中的可能性较大。PC 企业走向集中的同时，PC 制造业也在向劳动力成本更低的地区转移。随着发达国家再工业化战略的实施以及东南亚国家投资环境的改善，中国计算机制造业向东南亚国家转移的趋势已经凸显。

（二）技术进步难抑市场下滑，服务器市场格局面临调整

服务器市场低迷的态势在 2 ~ 3 年内仍将继续，主要是因为占据主流市场的 x86 架构服务器的利润率仍在大幅下降，造成了整个服务器市场销量上涨但收入下滑的局面，同时，高端服务器市场虽然利润率较高，但整体销量在快速下滑，其收入在整个服务器市场中所占份额不断降低。

低功耗与高性能仍是未来服务器发展的主要方向。惠普将低功耗处理器应用于 x86 架构服务器，获得了市场的认可，ARM 芯片厂商在架构和性能方面的不断改进和提升，也间接促进了 x86 架构服务器整体技术的发展。IBM 等企业的大型机在软硬件方面都加大了研发力度，提高性能的同时降低能耗成为研发重点。

未来几年，x86 架构服务器产业重心开始向亚洲等劳动力成本低的地区转移。浪潮、联想、华为等企业在服务器领域不断发力，已经成为亚太等地区的主力产品，随着联想并购 IBM x86 架构服务器业务的完成，中国在 x86 服务器市场的份额将会大幅增长。美国作为实力最强的国家依然牢牢控制着高端服务器从设计、生产制造到操作系统与软件应用系统的各个环节，尤其在大型机等领域更是控制着全球 98% 以上的市场，这一领域短时间内很难出现变化。随着 IBM POWER 架构处理器的开放以及 OpenPOWER 基金会规模的不断扩张，POWER 架构处理器冲击 x86 架构服务器市场的可能性初显。

（三）以太网设备市场稳定，100G 光纤设备迎来高速增长期

预计未来 2 ~3 年内，100G 光纤设备将迎来快速增长期，40G 光纤设备与 10G 光纤设备的市场增幅将大幅缩减。得益于云计算、互联网的快速发展，未来几年，以太网设备市场将继续保持平稳增长态势。光纤设备在数据中心、超级计算机、IPv6 网络等领域已经普遍使用，市场研究机构 Infonetics 的数据显示，2014 年，尽管 40G 光纤设备仍是数据中心市场的主流，但其出货量的增幅已经低于 100G 光纤设备，预计从 2015 年开始，100G 光纤设备将成为电信与数据中心等领域的主流产品，在 2 ~3 年内将迎来高速增长，而 40G 光纤设备的市场份额则会持续下降。思科、华为、阿尔卡特·朗讯等硬件厂商与 Ciena、Infinera 等系统集成商仍是这一领域的主导者，企业之间的竞争与合作并存。

目前网络流量每年的增幅已经超过 30%，海量数据的产生使得市场上对网络带宽的要求变得越来越高，200G/400G 光纤设备已经成为各大科研院所与企业研发的重点，各标准化组织正在推进 400G 标准化工作，思科等主要网络设备厂商已经能够提供 400G 传输设备，部分地区已经开始了 400G 技术的测试。

B.15

2014年世界物联网产业发展回顾与展望

李维娜*

摘　要： 2014年，物联网的国际竞争日益激烈，发展环境持续优化，新技术快速发展，物联网应用范围不断扩大，从技术发展趋势来看，物联网技术整体将向着规模化、协同化和智能化方向发展，物联网总体发展呈现产业规模持续增长、应用范围不断扩张、综合性技术服务平台出现等特点。

关键词： 物联网　智慧城市　大数据　综合性技术平台

物联网是未来十年内最具代表性和影响力的信息技术之一，物联网通过感知技术、系统集成和数据化处理分析，能够广泛地应用到工业、农业、社会生活中，提高生产效率和人民生活水平。2014年，国际物联网进入快速发展阶段，国际竞争日益激烈，新技术和集成应用加速发展，各国加速战略布局，推动产业不断向前发展。

一　2014年物联网产业发展态势

（一）国际竞争日益激烈，产业组织方式发生变革

2014年，在美、日、欧等国家或地区发展战略的支持下，发达国家加

* 李维娜，工业和信息化部电子科学技术情报研究所工程师，研究方向：产业经济。

快推进物联网核心技术的研发和应用，目前物联网产业体系已基本涵盖从基础材料生产、芯片制造、元器件生产、终端设备制造到系统集成再到网络运营和应用服务等各环节。传感技术、无线通信技术及系统集成和处理技术快速发展；2014 年，谷歌眼镜、三星智能手表、索尼智能手环等智能穿戴产品不断发展创新；物流仓储、身份识别、移动支付等方面的应用快速拓展；阿姆斯特丹、维也纳、巴塞罗那等地的智慧城市建设日益推进。物联网的快速发展正在带动生产方式向智能化方向转变，加速重构产业组织方式。物联网成为全球各大跨国公司争相布局发展的重要领域。

（二）发展环境持续优化，市场需求不断释放

世界主要国家都把物联网作为危机后国家战略的重要组成部分，物联网发展的政策环境、社会环境等持续优化。需求拉动是物联网发展的首要驱动力，物联网的潜力、动力还远远没有发挥出来，目前存在较大部分的碎片化应用，在工业、农业、交通、物流、环保等领域的应用需求将持续推动物联网的普及。就目前而言，许多物联网相关技术仍在开发测试阶段，离不同系统之间融合、物与物之间的普遍连接的远期目标还存在一定差距。按照目前对物联网的需求，在近年内将需要数以亿计的传感器和电子标签，这将大大推动物联网的发展。未来，物联网发展的市场需求将不断释放，智能家居、可穿戴设备、工业物联网的应用等均成为各国争相发展的热点领域。

（三）新技术和集成应用快速发展，应用范围加速拓展

物联网技术涉及信息感知、传输、处理和共性基础等多个领域和环节，不同领域和环节的这些技术相互影响、相互促进。其中，感知技术向着小型化、低功耗和网络化的方向发展，传输技术向着多网络融合方向发展，处理技术则在大数据和云计算的支撑下向智能化方向发展。物联网技术创新将催生更多的新产品、新应用。物联网的应用范围不断扩大，并向传统产业广泛渗透，不断突破企业规模和组织界限。2014 年，欧盟投入 560 万欧元用于研发自动停车系统，该项目已在德国斯图加特艾希特汀金机场成功进行了测

试，预计数年内正式启用。美国利用大数据构建智慧城市，芝加哥正在试点智慧城市建设；2014 年，英国、德国在汉诺威举行的技术贸易大会上公开表态将投入 4500 万英镑建设物联网，希望将英国工业的创新性与德国精细的制造业完美融合，走在以新技术为基础的“工业革命”时代最前端。

（四）资源环境约束更趋强化，催生节能环保新模式

随着工业化快速推进，资源环境对经济发展的约束更加凸显，物联网向传统产业的广泛渗透，不断突破企业规模和组织界限，为物联网发展提供了新机遇。物联网在工业领域的应用，将不断提高能源资源的利用效率，对资源利用进行优化配置。物联网的全面深入应用不断催生资源利用和节能环保的新模式，包括合同能源管理、碳交易等新机制，能够推进产生更加便捷的运输方式，减少能源消耗以及降低极端天气出现次数。英国 2014 年提出，物联网是具有巨大变革潜力的发展方向，能促进生产力发展，物联网的投入将会取得更利于人类的环境友好型效果。2014 年，德国与英国合作共同发展物联网，将物联网作为节能环保和资源利用的新手段，积极布局发展。

二　2014年物联网技术发展态势

（一）物联网技术整体向着规模化、协同化和智能化方向发展

2014 年，随着世界各国对物联网技术、标准和应用的不断推进，物联网技术上在各行业领域中的规模将逐步扩大，尤其是一些政府推动的国家性项目，如韩国物联网先导应用工程等，将吸引大批有实力的企业进入物联网领域，大大推进物联网技术的应用进程，为扩大物联网规模发挥巨大的作用。同时，随着产业和标准的不断完善，物联网将朝协同化方向发展，形成不同物体间、不同企业间、不同行业乃至不同地区或国家间的物联网信息的互联、互通、互操作，最终形成可服务于不同行业和领域的全球化物联网应

用体系。物联网将从目前简单的物体识别和信息采集，走向真正意义上的物联网——实时感知、网络交互和应用平台可控可用，实现信息在真实世界和虚拟空间之间的智能化流动。

（二）大数据在物联网信息处理中的作用将逐渐显现

物联网快速发展的同时也制造了海量数据，而传统的数据库和基础架构根本无法及时处理、管理和分析如此庞大的数据集，由此物联网数据处理将与大数据、云计算等技术有效融合。同时，物联网产生的大数据相较于一般的大数据有不同的特点，物联网的数据是异构的、多样性的、有噪声的，其增长率非常高，从而增加了数据处理分析的难度。此外，物联网的数据有明显的颗粒性，其数据通常带有时间、位置、环境和行为等信息。物联网数据也是社交数据，但这又不是人与人的交往信息，而是物与物、物与人的社会合作信息。因此，只有将物联网的数据与通过社交媒体所获得的数据以及政府发布的信息相结合，才能方便系统做出更科学的决策。颗粒化、非结构化的数据特性使得物联网数据处理起来非常复杂，然而它们对于系统做出正确的决策而言至关重要。由此，解析非结构信息是未来物联网大数据处理技术不可忽视的重要环节。2014 年，大数据快速发展，对物联网的作用日益重要，通过统一物联网架构设计，将非结构化的数据变得结构化，将不同系统之间不同结构的数据尽可能地统一是物联网数据处理技术的发展方向。

（三）RFID 向多样化、网络化和系统化方向演进

随着技术的不断发展和应用的推广普及，RFID 逐渐向着多样化、网络化、兼容、大容量的方向演进。一是产品多样化。为了适应未来用户个性化需求，芯片频率、容量、天线、封装材料等将组合形成产品化系列，与其他高科技产品融合，如与传感器、全球定位系统（GPS）、生物识别结合，由单一识别向多功能识别发展。二是系统网络化。当 RFID 系统应用普及到一定程度时，每件产品将通过电子标签被赋予身份标识，与互联网、电子商务

结合将是必然趋势，也将改变人们传统的生活、工作和学习方式。三是系统要具有兼容性。随着标准的统一，系统的兼容性将会得到更好的发挥，产品的替代性更强。四是要含有更大内存，可以存储更多的产品信息。

（四）物联网技术成果的应用不断加快

MEMS、M2M 等物联网技术的应用将加快，据预测，MEMS 产业的应用在 2016 年将达到 1000 亿美元，到 2020 年将达到 2000 亿美元，其应用领域主要在汽车电子和智能手机方面，其中智能手机中 MEMS 的销售额将达到 30%，年均复合增长率达到 38%，智能手机将成为 MEMS 的主要应用市场，苹果、谷歌等大企业均加速了在 MEMS 技术研发方面的投入力度。M2M 的应用将主要在公共安全、交通、工业、城市管理等领域，英国电信、德国 T-Mobile、日本 NTT-DoCoMo 和韩国 SK 等电信运营商着力推动 M2M 发展，也极大地促进了应用技术研发，目前 M2M 在欧盟、美国、韩国、日本等主要发达国家已经实现大规模应用。

三　未来发展趋势

（一）产业规模将继续保持增长势头

物联网产业发展速度迅猛，据 IDC（International Data Corporation，国际数据公司）预测，2020 年全球物联网市场规模将突破 3 万亿美元，数以万亿计的新设备将接入网络，物联网将进入规模化发展阶段。Gartner（Gartner Group，高德纳咨询公司）也预计物联网将会成为未来的主流市场，制造业将成为物联网的重要应用领域。随着产业规模的快速增长，产业体系逐渐形成，以传感器与 RFID 制造为主的物联网感知制造业、以 M2M 芯片与终端及运营为主的物联网通信业、以系统集成和高端软件为主的物联网服务业等已现雏形。未来，在传感技术、云计算和移动互联网发展的推动下，物联网发展将延续持续增长势头，给生产、生活、社会管理等带来深刻变化。根据有关资料统计，未来几年，全球物联网市场规模将出现快速增长，年增长率达到25%。按照这个速度，到2022年物联网技术将推动全球企业的利润总和增长21%。

（二）物联网应用快速发展

目前，物联网传感技术、系统集成和处理技术等快速发展；智能家居、可穿戴设备等新产品不断涌现，生产方式向智能化方向发展；物联网应用快速拓展，不断加速重构生产组织体系，推动生产方式变革；物联网日益成为企业增强市场控制力、提高产品附加值、获取竞争优势的重要手段。经济、社会管理等方面的需求推动物联网不断发展，医疗、环境监测、油气管道、智能电网、可穿戴设备等领域的创新应用将成为新的热点，有望在未来创造更多的市场需求。根据派克研究的最新报告显示，智慧城市发展迅速，2013年其市场规模已达到63亿美元，预计到2020年，智慧城市的市场价值将超过三倍，达到每年增长约20.2亿美元的速度。

（三）物联网综合性技术平台将出现

物联网产业链条长，是一个跨行业、跨领域、跨应用的综合性领域，物联网综合性技术平台将成为物联网发展的重要支撑。这一平台将汇聚上下游企业，生产制造商、设备提供商、系统集成商、网络运营商、应用服务商等将共同协作，推动共性技术服务平台的发展成熟。这一平台将支持不同设备接口、不同互联协议，可集成多种服务，为用户提供技术、产品方面的综合服务，其中嵌入式设备、移动设备、互联网服务平台将成为主流。物联网的创新主要是应用集成创新，因此集成各方力量提供综合性服务的技术平台将成为未来的发展趋势。

企 业 篇

Enterprise Reports

B.16 2014年典型企业发展情况

邓 卉 张玉强 闫 洪 梁冬晗 王慧娴 崔学民*

摘 要：2014年，随着世界经济的逐步复苏，市场逐渐回暖，世界电子信息产业领域主要企业呈现稳步发展的态势，绝大多数企业的业务收入稳中有升，利润额有所提高。电子信息领域主要企业为谋求在新的经济形势下的长远发展，积极探索转型之道，更加注重企业长远的战略规划，加大全球知识产权布局力度，加快推进并购重组步伐，通过不断完善和增强企业的产业链，提升企业的市场竞争实力。面对云计算、移动

* 邓卉，工业和信息化部电子科学技术情报研究所高级工程师，研究方向：物联网、信息通信产业与技术；张玉强，工业和信息化部电子科学技术情报研究所高级工程师，研究方向：半导体；闫洪，工业和信息化部电子科学技术情报研究所高级工程师，研究方向：半导体；梁冬晗，工业和信息化部电子科学技术情报研究所工程师，研究方向：产业经济运行；王慧娴，工业和信息化部电子科学技术情报研究所助理工程师，研究方向：通信技术与产业研究；崔学民，工业和信息化部电子科学技术情报研究所工程师，研究方向：计算机与网络。

互联网、物联网、智能制造等新领域、新业态的快速发展，苹果、三星、英特尔、高通、台积电等巨头不断推出新产品和新技术，通过并购、重组等方式抢占产业链的各个环节，提升抗风险能力，实现规模扩张，力争进一步巩固在世界电子信息领域竞争的优势地位。

关键词：苹果　三星　英特尔　高通　台积电

一　苹果

营收规模：1709.10 亿美元（2013 年）

净利润：370.37 亿美元（2013 年）

市值：6771.5 亿美元（纳斯达克）

员工人数：8.4 万人（2013 年）

国别：美国

苹果公司由史蒂夫·乔布斯、斯蒂夫·沃兹尼亚克和罗·韦恩三人于1976 年 4 月 1 日创立，最初命名为美国苹果电脑公司，2007 年 1 月 9 日更名为苹果公司，总部位于加利福尼亚州的库比蒂诺。截至 2014 年，该公司硬件产品主要是 Mac 电脑系列、iPod 媒体播放器、iPhone 智能手机和 iPad 平板电脑；在线服务包括 iCloud、iTunes Store 和 App Store；消费软件包括

OS X 和 iOS 操作系统、iTunes 多媒体浏览器、Safari 网络浏览器，还有 iLife 和 iWork 创意和生产力套件。截至 2014 年 11 月，苹果公司已经连续三年成为全球市值最大公司。苹果公司在 2014 年世界 500 强排行榜中列第 15 名。

（一）营收一片利好，iPhone 占据半壁江山

2014 年苹果公司前三个季度营收为 1252.01 亿美元，比 2013 年同期的 1163.75 亿美元增长 7.6%；净利润为 264.38 亿美元，比 2013 年同期的 239.59 亿美元增长 10.3%。

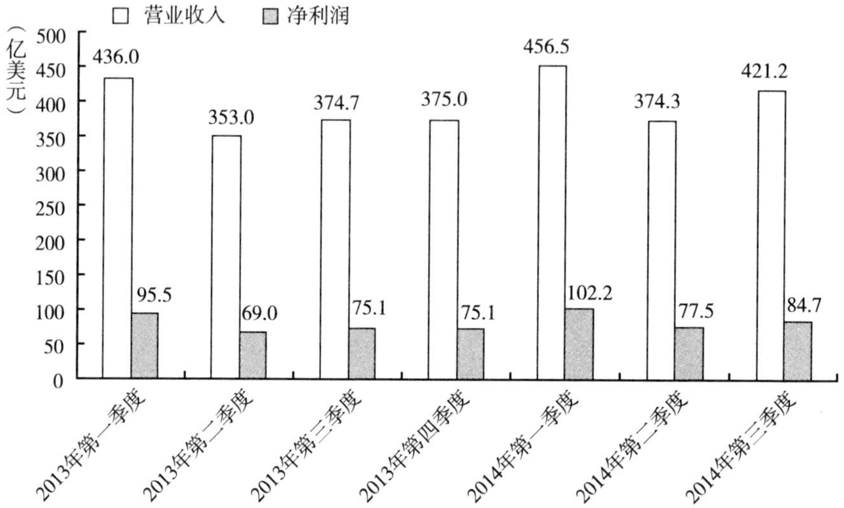

图 1　2013 年第一季度至 2014 年第三季度苹果的营业收入和净利润

资料来源：苹果。

苹果手机是其重点发展的产品，占据了苹果公司超过一半的营收。苹果公司 2014 年前三个季度共售出 1407.3 万台 Mac，同比增长 19.2%；售出 11817.5 万部 iPhone，同比增长 1.5%；售出 4199.2 万台 iPad，同比下降 26.3%；售出 836.7 万部 iPod，同比下降 63.5%。除 Mac 保持增长趋势、iPhone 基本与上年持平以外，其他产品的销售量下降明显。2014 年前三个季度，iPhone 的营收占了 56%。在苹果 iPhone、iPad、iPod、iTunes 及 Mac

五大软硬件产品体系中，只有主力产品 iPhone 能够撑起半边天，iPad、iPod、iTunes 虽然保持着强劲销量，但未来的增长势头面临着不确定性。

表1　2014 年前三个季度苹果产品营收

单位：亿美元，%

产品	营业收入	同比增长	产品	营业收入	同比增长
Mac	176. 84	10. 77	iPod	13. 13	-42. 11
iPhone	694. 93	14. 64	iTunes、软件及服务	136. 66	10. 53
iPad	188. 15	-11. 69	外围设备	42. 3	9. 10

资料来源：苹果。

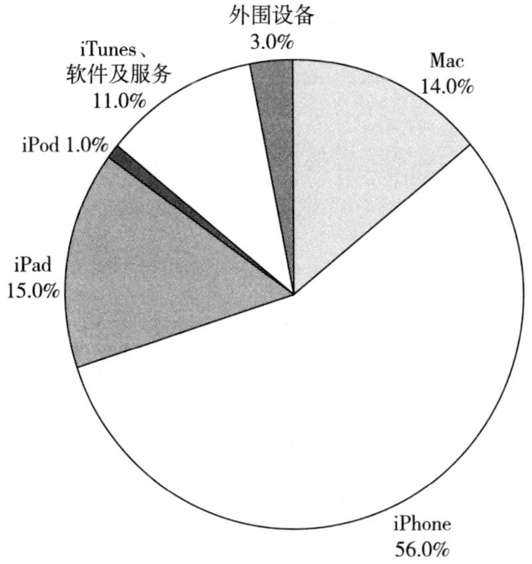

图2　2014 年前三个季度苹果产品业务结构

资料来源：苹果。

（二）移动智能终端领域竞争压力加大，份额持续下滑

在智能手机领域，IDC 报告显示，2014 年第三季度苹果智能手机全球市场份额为 12%，而 2013 年同期为 12.9%，下降近 1 个百分点。2014 年 9 月 9 日，苹果公司发布 iPhone 6，准备大量投产大屏手机，借此抢夺大屏手

机的消费者，以期保持住市场份额。苹果要求供应商在12月30日前制造7000万~8000万部大屏iPhone手机，包括4.7英寸屏和5.5英寸屏两种。

平板电脑领域，IDC报告显示，苹果仍是全球出货量最高的品牌，2014年第三季度市场份额为22.8%，而2013年同期市场份额为29.2%，下降6.4个百分点。2014年10月17日，苹果推出iPad新品，包括iPad Air2和iPad mini3，以保持其在平板电脑市场的竞争力。

（三）加强创新力度，布局新兴领域产品

在经历两年的创新低谷后，2014年苹果创新力度远高于过去两年，在多领域进行创新布局。

在个人健康管理产业领域，2014年6月2日，苹果公司发布的新一代移动操作系统iOS 8系统新增了Health健康信息管理软件，同时提供了相应的工具包HealthKit。HealthKit可整合耐克、Fitbit、Jawbone等其他第三方健康软件数据，用户可在HealthKit中统一浏览其他应用监测的健康数据，HealthKit允许医疗机构接受或传输用户的数据。

在智能可穿戴设备领域，苹果于2014年9月发布Apple Watch，预计2015年上市。Apple Watch搭载五个与健康相关传感器，与大数据结合，检测血压、血糖、血浓度、脉搏和皮肤，Apple Watch可无线充电，拥有黄金外壳，针对性别不同有不同版本。

智能家居方面，2014年6月，苹果公司推出了HomeKit智能家居平台。强大的设备控制力是苹果公司智能家居平台最显著的特色，目前苹果公司已经可以做到让用户使用iPhone手机实现控制电视机、室内灯光明暗以及门窗自动上锁等功能。同时通过对Siri（苹果语音控制系统）功能的不断强化，为未来声控家居打下了良好的基础。

（四）苹果、三星美国互诉，新一轮专利诉讼大战展开

2014年3月31日，美国加利福尼亚州一家联邦法院开庭审理了苹果起诉三星侵犯其智能手机和平板电脑专利案。苹果提出了约20亿美元的专利

侵权赔偿要求。苹果此次起诉三星 Galaxy S3 智能手机和 Galaxy Tab 2 平板电脑等一些较新款产品侵犯苹果 5 项移动软件专利，包括 Siri 语音识别、滑屏解锁、自动拼写纠错等。5 月 2 日，法院做出判决，陪审团认定三星侵犯了苹果部分专利并判决该公司支付 1. 196 亿美元的赔偿。三星随后也对苹果提出反诉，陪审团认定其中部分可信，并认为苹果应向三星支付约 15. 8 万美元的赔偿。

苹果和三星第一轮专利诉讼大战始于 2011 年 4 月，当时苹果起诉三星一些老款产品抄袭其智能手机和平板电脑技术、用户界面和风格。2012 年 8 月，陪审团裁定三星产品侵犯苹果 6 项专利，应向苹果赔偿 10. 5 亿美元。三星对赔偿数额提出异议。法院最终认定，三星向苹果赔偿 9. 3 亿美元。虽然苹果胜诉首轮官司，但美国市场并未禁售三星侵权产品，加之苹果对三星侵权的诉讼赶不上三星新产品发布的步伐，该次诉讼对三星的影响逐渐削弱，这是苹果发起第二次诉讼的主要原因。

由于两家公司在专利诉讼方面已花费了大量精力和财力，8 月 6 日，苹果和三星达成协议，终止在美国以外的所有国家的专利相关法律诉讼。此外，5 月 16 日，苹果和谷歌宣布，两家企业已经就涉及智能手机的所有专利诉讼达成和解。两家企业在一份联合声明中表示，和解协议中未包含有关专利交叉授权的条款，另外，双方同意在部分专利改革的领域合作。

二　三星电子

SAMSUNG

营收规模：228. 7 万亿韩元（2013 年）

净利润：30. 5 万亿韩元（2013 年）

市值：187.3 万亿韩元（韩国证券交易所）

员工人数：27.5 万人（2014 年）

国别：韩国

三星电子于1969 年1 月在韩国水原成立，原名三星电子工业，1984 年2 月更名为三星电子。三星电子是韩国最大的电子产品生产企业，同时也是三星集团子公司中规模最大且在国际市场上处于领先地位的跨国企业，目前在世界各地拥有200 多家子公司。三星电子主要业务为移动通信产品、家用电器、半导体存储器、单片机和微处理器、无线通信芯片与晶圆代工。在世界上最有名的100 个商标列表中，三星电子是唯一的一个韩国商标。三星电子在2014 年世界500 强排行榜中列第13 名。

（一）2014年营收持续下跌

三星电子发布的财报显示，截至9 月30 日，公司前三个季度销售额为157.35 万亿韩元，较上年同期下滑了7.1%。前三个季度运营利润为19.75 万亿韩元，较上年同期下滑了30.6%。前三个季度净利润为18.04 万亿韩元，较上年同期下滑了22.1%，其中第三季度净利润4.22 万亿韩元成为自2011 年第四季度以来的最低水平。

表2　2014 年前三个季度三星电子财务数据

单位：万亿韩元，%

项　目	第一季度	同比增长	第二季度	同比增长	第三季度	同比增长
销售额	57.55	8.9	52.35	-8.9	47.45	-19.7
营业利润	8.5	-3.2	7.19	-24.6	4.06	-60.0
净利润	7.57	5.9	6.25	-19.6	4.22	-48.8

资料来源：三星电子。

三星利润下滑的主要原因是移动业务部门的利润大幅下滑。2014 年第三季度，移动业务净利润由2013 年同期的6.7 万亿韩元滑落至1.75

万亿韩元，为避免利润持续滑落，三星推出两款大屏幕 Note 手机以应对苹果 iPhone 6 和 iPhone 6 Plus 上市的冲击。芯片部门第三季度的利润由 2013 年同期的2.06 万亿韩元增至2.26 万亿韩元，市场对 PC 和服务器的持续需求推动三星电子存储芯片业务实现增长。消费电子部门负责电视机和家电业务，受产品售价下滑及面临中国和日本厂商激烈竞争的影响，该部门第三季度的利润由 2013 年同期的 3500 亿韩元降至 500 亿韩元。此外，受来自高端 Galaxy 智能手机的需求减少的影响，三星电子显示屏部门第三季度的运营利润为600 亿韩元，而 2013 年同期为9850 亿韩元，下滑明显。

（二）智能手机市场份额五年来首次下滑

受智能手机厂商竞争激烈及高端智能机市场饱和等因素影响，2013 年三星核心产品智能手机的全球市场份额持续下滑。2014 年第三季度，三星在全球市场份额为23.8%，尽管位居第一，但相较2013 年同期的32.5%下降了8.7 个百分点，智能手机的业务优势逐步弱化。

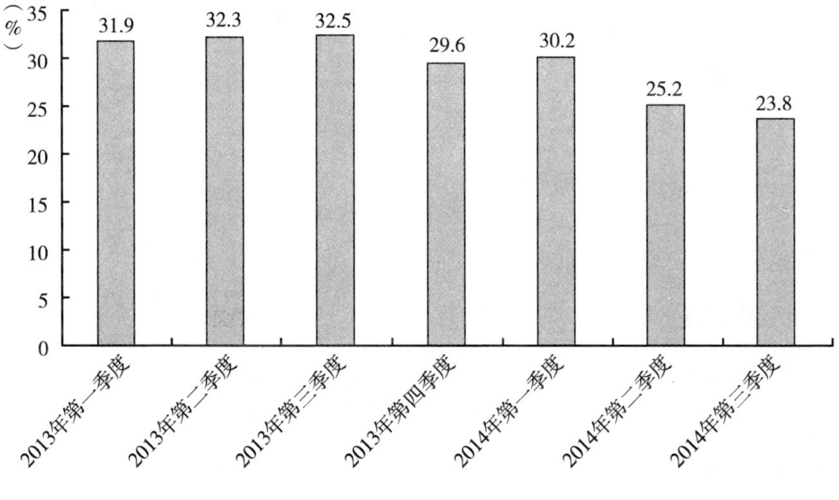

图3　2013 年第一季度至2014 年第三季度三星智能手机全球市场份额

资料来源：IDC。

（三）半导体领域积极开展技术合作

2014 年，三星积极建设逻辑芯片产能，谨慎扩充内存芯片产能。逻辑芯片业务方面，由于苹果转而使用台积电等公司的芯片，三星的该项业务遭受影响。三星与 IBM 通过技术合作增强逻辑芯片和晶圆代工市场竞争力，并为集团所开发的终端应用产品提供差异化解决方案。2014 年 4 月，三星、格罗方德宣布技术合作，三星电子将最先进的 14 纳米 FinFET（鳍式场效晶体管）生产技术授权给格罗方德，对台积电和英特尔造成很大的压力。2014 年 5 月，三星电子还与意法半导体签订了一份全面协议，在 28 纳米全耗尽型绝缘体上矽（FD-SOI）技术方面进行多重货源制造全方位合作协议。存储芯片业务方面，三星于 2014 年 3 月正式投产 PC 用 20 纳米 4GB DDR3 DRAM，9 月正式量产 20 纳米 Mobile DRAM，未来将会搭载在旗舰智能手机、平板电脑、可穿戴设备等产品上。NAND 业务方面，三星设立于中国西安的生产线于 2014 年第二季正式量产。2014 年 10 月，三星开始大规模生产 3D NAND 闪存芯片，相应的 TLC Die 容量是 128GB 或 16GB。11 月三星电子宣布收购了总部位于美国加州的 SSD 缓存软件公司 Proximal Data。Proximal Data 的 3D 垂直 NAND 存储（V-NAND）技术，将帮助三星进一步增强 SSD 业务的竞争力，扩大市场份额。

（四）积极推出创新产品

2014 年，三星在智能手机、平板电脑、电视、笔记本电脑、可穿戴设备等领域推出诸多新品。如 2014 年 2 月 27 日，三星于印尼召开“2014 三星论坛”，发布了十余个品类、近百款新品，其中包括智能手机 Galaxy S5，智能可穿戴设备 Gear 2、Gear 2 Neo 和 Gear Fit，Galaxy Pro 系列平板电脑，全球首款曲面 UHD TV U9800，全球最大 110 英寸 UHD TV 110S9，ATIV Book 9 2014 版和 ATIV Book 9 Style 笔记本电脑，以及创新的商用解决方案等全线新品。9 月，在德国柏林举办的 IFA2014 大会上，三星发布新手机

Galaxy Note 4、Galaxy Note Edge，新可穿戴产品 Gear S、Gear Circle、Gear VR 等。此外，三星正在和英特尔公司联手研发一个开放式软件——Tizen，可用于智能手机、平板电脑、电视或车载系统，该软件已经引起了丰田等车企的兴趣。三星希望通过坚持产品创新来保持其市场竞争力。

三　思科公司

企业名称：思科公司（Cisco System Incorporated）

营收规模：471 亿美元（2014 财年）

净利润：109 亿美元（2014 财年）

市值：1409.85 亿美元（NASDAQ：CSCO，2014 年 11 月）

员工数量：7.5 万人

国别：美国

思科公司（Cisco）成立于 1984 年 12 月，公司注册于美国的旧金山。思科公司是全球领先的互联网设备供应商，提供网络硬件、互联网操作系统、网络设计与实施等专业技术支持和培训服务。思科公司是全球网络互联解决方案的领先厂商，用户遍及电信、金融、服务、零售等行业以及政府部门和教育机构等。思科公司推出的思科认证是互联网领域的国际权威认证体系。思科公司 1990 年上市，目前市值达到 1409 亿美元，公司在全球拥有 7.5 万名雇员。

2001 年，网络经济泡沫破灭导致思科业务大幅退缩，公司采取措施放弃了客户定制的网络运营方式，转而以技术领先为重点，此后公司业绩连年上涨。在激烈的市场竞争中，思科的多元化扩张遭受挫折，核心业务的原有优势受到严重冲击，全球市场份额大幅下降。2011 年，思科公司进一步转变经营模式，淡化网络设备供应商的形象，将战略重点转移到平台供应和云服务，并精简机构，大幅裁员，关闭生产线，出售工厂。成功的战略调整为思科带来了后续的大发展，如今，思科公司专注于五大重点领域，即核心路由、交换和服务、协作、数据中心虚拟化和云计算、视频及业务转型架构。2014 年，思科公司致力于发展万物互联，网络解决方案和云平台建设，2014 财年（截至 2014 年 7 月）的销售额达到 471 亿美元，净收入 109 亿美元，销售额略有下降（-3%），但净收入与上一财年持平。

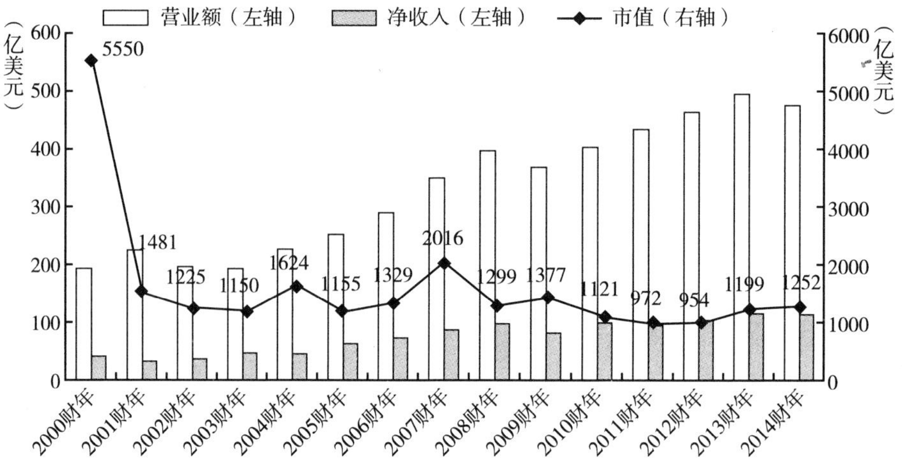

图 4　2000～2014 财年思科公司营业状况和市值变化

资料来源：整理自思科历年年报、估股网。

（一）销售额和净收入与上年基本持平

思科公司 2014 财年销售额为 471 亿美元，比 2013 财年的 486 亿美元略有下降（-3%），净收入为 109 亿美元，与 2013 年持平。自 2011 年以来，思科经历了一个转型变革，从近年的销售额和净收入的增长态势来看，思科的转型是成功的，公司市值上升势头明显，2014 财年的市值比 2012 财年增长了

31%。而2014财年销售额的略微下降则反映了转型风险的存在，在新一代网络市场的开拓和竞争中，思科的经营并不平顺。2014财年中期，思科的经营比上一财年有明显下滑，第一财季的强劲势头成为全财年的亮点。

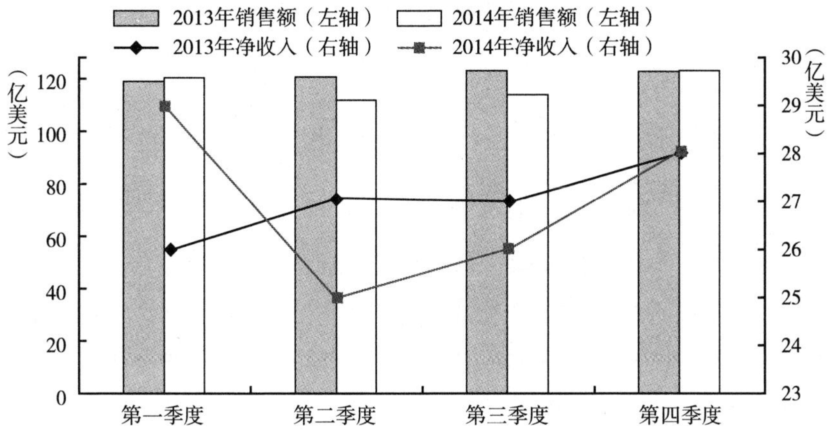

图5　2013财年和2014财年各季度思科销售额与净收入

资料来源：整理自思科2014财年年报。

思科最新财报显示，2015财年第一季度（截至2014年10月）销售额达到122亿美元，净收入28亿美元。

（二）以万物互联为重心，推动全球智慧城市建设

2013年4月，思科推出万物互联的概念，人员、流程、数据及万事万物都与网络连接，使网络连接变得更加相关。思科调研结果表明，在未来十年，万物互联可为公共事业创造4.6万亿美元的价值。

2014年，思科公司实施了一系列举措推动万物互联的发展。思科将与多个合作伙伴构建世界上最大的云网络Intercloud，采用分布式的网络和安全架构，提供云数据的实时分析和可扩展性，在额外的30家公司的支持下，Intercloud已可以覆盖分布在50个国家的另外250个数据中心。思科和AGT International达成“智慧城市全球战略联盟”，计划通过边缘分析和云技术显著改变城市管理和安保方式。思科发布“互联交通解决方案”和“互联安

全和安保解决方案”，用以通过万物互联改善城市的交通体验和安全防护。思科选择多伦多和柏林，与此前的韩国松岛和巴西里约热内卢构成思科全球四大万物互联创新中心。思科还与德国汉堡、美国堪萨斯、丹麦哥本哈根、阿尔贝特斯隆和腓特烈松及西班牙巴塞罗那等城市签订了一系列协议，以推进万物互联和智慧城市建设。

（三）在多个领域推出新产品和新技术

2014 年，思科的产品和技术进步主要发生在云计算、网络安全及网络解决方案领域。在云计算领域，思科向其可演进服务平台增添了广域网自动化引擎，这是思科在“网络功能虚拟化”和“软件定义网络”战略上的一个关键进展；2014 年，思科宣布进一步扩展其提出的“雾计算”概念，将网络计算推广到网络边缘设备，作为产品组合的一部分，思科的 IOx 平台推进到第二阶段，增加了新的应用管理模块以支持更多的工业环境。在网络安全领域，思科发布了《2014 年度安全报告》，推出“可托管威胁防御”技术，用以检测网络攻击和防范高级恶意软件，还推出了下一代防火墙 ASA with FirePOWER。在网络解决方案方面，思科发布了三个新的个人协作工具，即 DX70、DX80 和“思科协作会议室”，帮助客户快速、简单地连接人、会话和数据；推出“Cisco Small Cell Enterprise Select”项目，为客户实现无缝、可升级、智能化的解决方案。

（四）兼并与协作双管齐下，推进云平台建设

兼并与协作是思科长期以来的发展战略，近年来，思科加快了在云平台领域的收购，并通过与合作伙伴协作，推进云平台的建设。

2014 年，思科收购发生在网络安全、数据中心和云计算、固态存储、万物互联及智能化网络解决方案等领域。5 月，思科收购 ThreatGRID，该公司能同时在客户端和云端提供恶意软件动态分析和威胁情报技术。6 月，思科收购 Tail-f Systems，以加快思科的云虚拟化战略的实施，同月，思科宣布收购 Assemblage，进一步加强提供智能化网络解决方案的能力。9 月，思科

收购 WhipTail Technologies，此公司为高性能、可扩展固态存储系统方面的领先者，此次收购加强了思科“统一计算系统”战略和增强应用性能。当月，思科还收购了 Metacloud，以加快建设全球化云网络 Intercloud。

万物互联和云计算成为思科协作的主要方向。思科与多个合作伙伴构建云网络 Intercloud，与 AGT International 宣布达成“智慧城市全球战略联盟”。思科还与 AT&T、GE、IBM 和英特尔宣布成立“产业互联网联盟”，旨在通过对物理世界和数字化世界的进一步整合来更好地获得大数据。在技术创新方面，思科还与阿尔伯塔大学、CableLabs 和 Red Hat 等合作，致力于网络技术的开发。

四　高通公司

QUALCOMM®

企业名称：高通公司（Qualcomm Incorporated）

营收规模：264.9 亿美元（2014 财年）

净利润：79.9 亿美元（2014 财年）

市值：1186.4 亿美元（NASDAQ：QCOM，2014 年 11 月）

员工数量：3.1 万人

国别：美国

高通（Qualcomm）是一家美国的无线电通信技术研发公司，成立于 1985 年 7 月，公司总部驻于美国加利福尼亚州圣迭戈市。高通以在 CDMA 技术方面处于领先地位而闻名，公司拥有所有 3900 多项 CDMA 及其他技术的专利和专利申请，已经向全球 130 家以上电信设备制造商发放了 CDMA 专利许可。高通公司正积极倡导全球快速部署 3G 和 4G 网络及手机的应用，公司业务涵盖技术领先的3G和4G芯片组、系统软件及开发工具和产品、技术许可的授予以及众多的应用平台和技术解决方案等。高通已向100多家制造商提供技术使用授权，涉及世界上几乎所有电信设备和消费电子设备的品牌。

高通公司的发展大致经过了三个历史阶段。公司成立之初主要为无线通信业提供项目研究、开发服务，推出的OmniTRACS系统已成为运输行业最大商用卫星移动通信系统，同时高通坚持开发民用CDMA技术，并申请了大量专利；1995年10月高通分别成立CDMA专用芯片部门和技术授权部门。为将CDMA推向全球化，高通集芯片开发、运营、基站、终端等整个产业链于一身，使CDMA成为并列于GSM的第二代国际移动通信标准。到2000年底，全球CDMA用户突破5000万，此时高通选择剥离设备业务只留下核心的芯片研发和专利授权业务。高通利用对CDMA专利的垄断获得高附加值和高利润率，在3G时代获得成功。截至2010年4月，高通在全球范围内的3G用户就突破10亿。

2014财年（截至2014年9月），高通面临了激烈的行业竞争，销售额为264.9亿美元，净收入79.9亿美元，保持了增长但增速放缓。年内，高通推出多款新型64位移动芯片，智能手机和平板电脑成为高通的新市场。

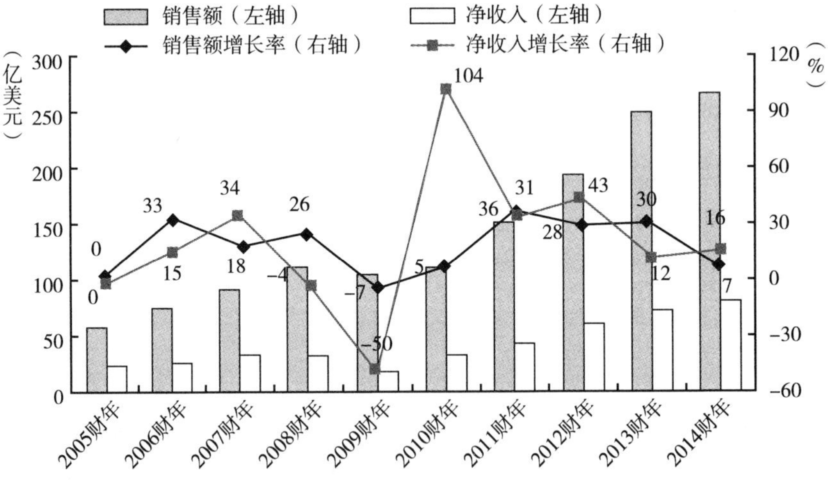

图6　2005～2014财年高通销售额与净收入及其增长率

资料来源：根据高通历年年报整理。

（一）授权营收遇阻，销售额增长放缓

近十年来，高通公司业务一直呈快速上升趋势，2014 财年（截至 2014 年 9 月）公司销售额为 264.9 亿美元，净收入 79.9 亿美元创新高，分别约是 2005 财年的 4.7 和 3.7 倍。经过 2009 财年销售额和净收入的大幅下跌后，直至 2013 财年，高通的销售额和净收入都保持了高速的增长。2014 财年的财报显示，与 2013 财年相比，销售额的增长明显放缓（7%），净收入继续保持高速增长（16%），二者的增长量都在 10 亿美元的规模（分别增长了 16.2 亿美元和 11.4 亿美元）。这表明 2014 财年高通的销售遭遇阻力，在经营成本基本不变的情况下，净收入的增速超过了 2013 财年（12%），公司盈利效率有所提高。

高通营收增速放缓来自授权营收的增长受到抑制，2014 财年高通的授权收入与上一财年基本持平，下半财年授权营收同比下降了 4.3%。授权营收遇阻与中国对高通的“反垄断调查”有关。数据表明，2012 年中国已经超过韩国成为高通在亚洲的第一大市场，随着中国“反垄断调查”的展开，高通在中国市场的利润下降。另外，激烈的行业竞争也是高通经营业绩下滑的重要原因，竞争导致手机价格下降，相应地高通的授权业务收入也随之减少。预计 2015 财年第一季度高通的净收入会继续下滑。

在授权营收遇阻的情况下，高通采取了降低非生产成本的举措，销售、总务和行政成本削减了 9.1%，占到了研发成本增量的近半数，提高了利润率。

（二）推出多款新型64位移动芯片，入门级移动智能终端成高通新市场

2014 年 4 月 7 日，高通推出了两款移动处理器——骁龙 810 与 808，这两款产品均采用 64 位架构，在行业内首次支持 60MHz 的 CAT 6 LTE Advanced/Carrier Aggregation 规范，这意味着高通的移动芯片具有了支持 300Mbps 以上的无线数据传输能力。随后，高通又在北京发布骁龙 615 和

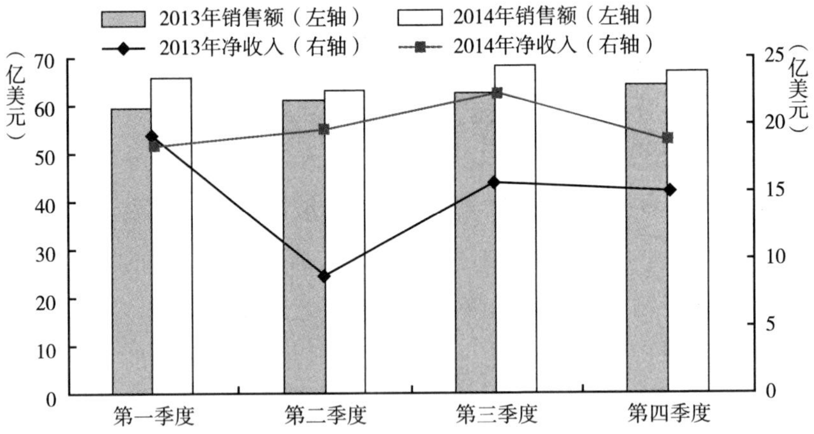

图 7　2013 财年和 2014 财年高通各季度销售和收入

资料来源：整理自高通 2013 ~2014 财年各季度财报。

410 两款 64 位处理器，主要针对中国市场。两款芯片的处理器均为 ARM Cortex－A53 架构，骁龙 615 是八核心，主四核心频率为 1. 7GHz，辅四核心频率为 1. 0GHz，搭配 Adreno 405 GPU；骁龙 410 则是四核心，搭配 Adreno 306 GPU。此前，高通芯片主要占据中高端市场，骁龙 410 的推出表明，高通正在向入门级智能手机市场延伸。2014 年高通在平板电脑、汽车、互联家庭等新领域拓展市场机会，对于平板电脑，高通的战略重点在具备广域网连接能力的平板设备。高通继续保持其在 LTE 等无线技术及应用处理器方面的业务优势，优化设备的连接性，以满足当前移动互联网流量激增的市场需求。

（三）移动行业竞争激烈，高通芯片仍将保持龙头地位

随着技术的进步和普及，高通面临着巨大的行业竞争。在芯片业务层面，高通的市场份额已经下滑至 40%，联发科在中低端市场的份额则快速增长。随着高通推出骁龙 410 芯片，入门级智能手机成为高通新市场，与此同时，联发科推出 4G 处理器，两大芯片公司的竞争升级。随着移动互联网时代的深入发展，英特尔也加入移动行业，使行业竞争更加激烈，尤其在平

板电脑领域，高通与英特尔的竞争将持续进行。

目前在移动通信领域，高通的市场领导地位不会轻易被他人取代。虽然苹果、三星、联发科、华为、英特尔等公司正加紧在移动处理器等方面的研发与生产，但高通的巨大优势依然难以超越。预计未来高通芯片仍将占据主流，而移动行业的竞争也将趋于白热化。

五　英特尔

企业名称：英特尔公司（Intel Corporation）

营收规模：527 亿美元（2013 年）

净利润：96 亿美元（2013 年）

市值：1607.49 亿美元（NASDAQ：INTC，2015 年 2 月 10 日）

员工数量：10 万人

国别：美国（总部）

美国英特尔公司，由罗伯特·诺伊斯、戈登·摩尔和安迪·格鲁夫在美国硅谷于 1968 年共同创立。经过 40 多年的发展，英特尔公司在芯片创新、技术开发、产品与平台等领域奠定了全球领先的地位，并始终引领着相关行业的技术产品创新及产业与市场的发展。

美国英特尔公司是全球最大的半导体公司，其主要产品是广泛应用于计算机的核心芯片——中央处理器（CPU），公司的 CPU 产品应用覆盖了从移动计算到大型服务器的各个领域。在 2013 年世界 500 强排行榜中，英特尔公司列第 183 位。截至 2013 年，英特尔公司已经连续 22 年名列全球半导体公司排行榜的榜首。公司 2014 年业务发展良好，预计仍将稳坐全球半导体公司排名第一的位置。公司在年内仍遵循既定发展战略，巩固了在高性能CPU方面的全球领导地位，并向低功耗CPU方向加紧努力，公司还通过收购、兼并及参股等方式加强了自身的实力。

（一）公司经营情况良好，移动芯片部门连续亏损被合并

2014年，英特尔公司的营业业绩经历了从平缓状态到不断上升。第一季度公司业绩平平，营收为127.6亿美元，较上年同期的125.8亿美元仅增长1%；第二季度公司业绩大幅度好转，营收为138亿美元，同比增长7.81%；第三季度公司营收146亿美元，同比增长8%。英特尔预计，第四季度公司营业收入将为147（±5）亿美元。据推算，英特尔2014年营业收入将为560亿美元左右，较2013年的527亿美元增长近6%。

在英特尔公司的各个业务集团中，移动芯片部门出现了连续的亏损，2014年第三季度，移动和通信集团营业亏损达到10亿美元，营收则由上年同期的3.53亿美元降至100万美元。据摩根士丹利的分析，英特尔移动和通信集团2014年预计将亏损40亿美元。11月下旬，英特尔对外宣称，将合并PC芯片和移动芯片部门。

（二）技术领先但新产品迟缓推出，未来技术路线明确

英特尔公司的半导体工艺技术全球领先，FinFET工艺技术仍领先于业内其他厂家。该公司的14纳米FinFET工艺技术已经进入第二代，而其他厂家相应的技术研发还没有最终完成。按英特尔原计划，其基于14纳米第二代FinFET工艺的新一代Broadwell处理器家族应于2014年上半年进入批量化生产阶段，但由于在量产上遇到了困难，相关产品在年底才部分上市，计划进度被严重滞后。

英特尔公司未来仍坚持“Tick-Tock”技术发展策略，2014年9月，公司公布了基于14纳米工艺Broadwell架构的更多处理器产品，包括新版本的酷睿i3、i5及i7处理器。此外，英特尔公司还展示了将采用14纳米工艺的下一代Skylake架构处理器。该架构属于其“Tick-Tock”中的“Tock”，即

在维持相同工艺的前提下，只进行微架构的革新。下一代的 Skylake 架构将被应用于台式电脑、笔记本电脑及平板电脑等多个平台中，新架构的性能、续航以及功耗都会有明显的进步或改善，该架构的产品将于 2015 年下半年开始量产。

（三）通过收购与参股加强公司实力，与应用厂商展开合作

2014 年，英特尔通过重大的收购与投资向移动芯片、网络芯片及可穿戴等应用方向拓展业务。

英特尔于 2014 年 3 月收购了健康监测与可穿戴产品制造商 Basis Science，收购总额为 1 亿美元。2014 年 8 月英特尔斥资 6. 5 亿美元收购半导体公司安华高旗下的 LSI 网络业务部门，该部门业务包括了网络和无线网及企业网关产品的基础架构。此项收购被认为是年内英特尔公司拓展业务的一项重要举措。

2014 年 9 月英特尔宣布将向中国紫光旗下持有展讯通信和锐迪科微电子的控股公司投资人民币 90 亿元（约 15 亿美元），并获得其 20% 的股权。英特尔旨在通过联合开发基于英特尔架构和通信技术的手机解决方案，在中国和全球市场扩展英特尔架构移动设备的产品和应用。根据协议条款，展讯通信将联合开发和销售一系列基于英特尔架构的系统芯片产品。预计，英特尔的此次投资将在 2015 年初完成，首批基于英特尔架构的系统芯片产品将于 2015 年下半年上市。

2014 年，英特尔还与应用厂商展开了多方位合作。2014 年 1 月，英特尔宣布与 Barneys New York、美国时装设计师协会以及 Opening Ceremony 展开合作，共同探索和推出新的智能可穿戴技术，增进时尚行业和科技行业之间的对话与合作。2014 年 4 月英特尔与中国华为签署存储战略合作备忘录，旨在整合双方资源优势，进一步深化合作，在技术联合、产品研发以及市场营销等多方面加速大数据技术发展。同月，英特尔公司宣布了一系列与中国的产业合作计划，与中国产业共建智能互联创新生态系统，包括：设立首个智能设备创新中心和创新基金、设立英特尔投资中国智能设备创新基金等。

同时，英特尔与腾讯公司建立联合游戏创新实验室，并与东软合作，研发英特尔架构企业级移动终端解决方案。

六　台积电

企业名称：台湾积体电路制造股份有限公司（Taiwan Semiconductor Manufacturing Company Limited，TSMC）

营收规模：5970亿新台币（2013年）

净利润：1881亿新台币（2013年）

市值：1238.33亿美元（NYSE：TSM，2015年2月10日）

员工数量：3万人

国别：中国台湾

台湾积体电路制造股份有限公司（以下简称“台积电”），是中国台湾最大的一家半导体制造公司并且是当地市值最大的上市公司。成立于1987年的台积电开创了全球半导体时代工业的先河。自创立以来，一直是全球最大的集成电路代工企业。该公司总部与主要工厂位于台湾新竹科学园区，在中国台湾以外设有多处商业和研发机构与制造设施。台积电为全球约400多个客户提供代工服务，生产超过8000多种不同的芯片产品，被广泛地运用在计算机产品、通信产品与消费类电子产品等领域。

2013年，公司所拥有及管理的产能达到等效为1640万片八英寸硅片。公司在中国台湾设有三座先进的12英寸超大型芯片厂，同时还设有四座8英寸和一座6英寸芯片厂以及两座后道封测厂。公司在中国台湾以外拥有两家海外子公司——WaferTech 美国子公司、TSMC 中国有限公司以及其他转投资公司的 8 英寸芯片产能。

多年来，公司业绩不断攀升，2013 年公司在全球半导体公司中排名第三，代工业排名第一。

（一）业务发展迅猛，公司收益大增

2014 年，台积电承接的代工业务急剧增加，除高通等半导体企业的大批量订单外，还承接了苹果公司新一代智能手机与平板电脑核心处理器的订单，公司营业状况逐季攀升，年营业额预计将达到历史新高。公司第一季度营业收入由上年同期的 1328 亿元新台币上升至 1482 亿元新台币，增长 12%；第二季度公司营业收入为 1830 亿元新台币，季增 23.5%；第三季度营业收入达到 2090 亿元新台币，季增 14%。台积电预计，公司第四季度的营收将环比增长 5%，为 2170 亿～2200 亿元新台币，并可能再度创下新纪录。据业内预测，台积电 2014 全年营业收入约为 7587 亿元新台币，增长率有望达到 25%。

（二）保持代工业技术领先，积极研发新型工艺

台积电不仅在产能上超过其他代工厂家，工艺技术也是业内最为先进的。2014 年，台积电已经将 28 纳米加工工艺技术进行了优化，为客户提供针对不同应用环境的五套 28 纳米工艺，包括低耗电（28LP）、高效能（28HP）、高效能低耗电（28HPL）、高效能移动计算（28HPM）、高效能精简型（HPC）。凭借完备的工艺体系，公司在市场上为多家智能手机、平板电脑及其他消费型产品的芯片设计商制造高性能、低功耗产品。2014 年，台积电 28 纳米代工的市场占有率在 70% 以上，大大超过其他代工厂家。在 28 纳米加工技术保持优势的同时，台积电还积极地向 20 纳米加工工艺转移。公司的 20 纳米工艺于年初正式投入量产，在不断完善的工艺支撑下，其 20 纳米工艺在年内也获得了用户的认可。第三季度，公司 28 纳米工艺的贡献率为 34%，而 20 纳米工艺的贡献率也上升到 9%。2014

年第二季度，公司成功获得了苹果公司最新一代 iPhone 6/iPhone 6 Plus 手机与新一代平板电脑核心芯片 A8 的大型订单。A8 所采用的是台积电 20 纳米工艺，随着出货量的不断增加，预计 20 纳米工艺所占比例在年内将继续上升至 20%。

为保持持续领先，台积电一直进行新工艺的研发，其 16 纳米工艺早在 2013 年底就完成了所有的可靠性验证。2014 年公司加紧了 16 纳米工艺的推进力度并于 9 月正式推出 16 FinFET 工艺。相较于公司的 28 纳米工艺，采用新工艺的芯片密度将增加两倍，在相同功耗下速度将增加 40%，或在相同速度下功耗将降低 60%。11 月，公司新一代改良版本的 16 FinFET Plus 工艺正式完成全部可靠性试验，公司宣布新工艺进入风险性试量产。此项新工艺不仅在代工领域最为先进，而且其推出时间还领先于韩国三星公司的同级别 14 纳米工艺。

（三）积极拓展业务，赢得苹果大型订单

台积电的全球客户多达 400 多家，包括高通、博通等大宗产品客户，这些客户为公司带来了大批的订单，支撑着公司的业务发展。在此基础上，台积电还在年内积极拓展业务，凭借完备的技术与服务，首次赢得了苹果公司的大型订单。

苹果公司是业内少见的大型客户，虽然其产品线上产品种类不多，但极大的出货量对芯片的需求量巨大。2014 年第二季度，台积电得到了苹果公司的认可，首次成为苹果公司新一代智能手机与平板电脑处理器芯片 A8 的代工厂商。由此，苹果公司成为台积电最大的客户。第三季度苹果 iPhone 6/iPhone 6 Plus 以及新型平板电脑的正式上市，将为台积电带来巨大的营业收入。此外，苹果的下一代 A9 处理器的代工厂商已经基本确定，为分散风险，苹果公司选定了三星与台积电共同为其代工生产。由于苹果 A9 芯片需求量仍很巨大，台积电也有机会获得不少的订单。

七 LG电子

营收规模：445657亿韩元（2014年前三个季度）

净利润：7080亿韩元（2014年前三个季度）

市值：109573.78亿韩元

员工数量：8.7万人

国别：韩国

LG电子（LG Electronics）创立于1958年，是韩国LG集团最大的子公司。LG电子公司的主营业务涵盖消费电子、移动通信和家用电器领域，主要产品包含：家庭娱乐产品（电视、音频和视频、显示器、电脑和配件及商用产品）、移动通信产品、家电产品（冰箱、洗衣机等）、空调和能源解决方案（家用空调、空调系统、照明、楼宇管理系统等）、汽车电子（车载信息娱乐系统、HVAC & Motor等）。2014年，LG荣登美国商业杂志《福布斯》评选的“全球最受尊敬的100家企业”。LG电子通过强化竞争力、实现核心部件的垂直系列化、扩大全球采买和革新生产能力，不断提高竞争力，打造世界领先的电子信息通信生产基地。

（一）着重布局OLED电视和智能手机市场

LG电子着重布局高端市场，希望保持产品和技术的领导力。同时，LG电子推行更为积极的渠道政策，除了三、四级渠道和电商，LG还将在二线城市设立品牌店，集合旗下全线产品争抢市场份额。

LG集团拥有从上游面板到下游电视产品制造的完整产业链。LG在技术研发、产业布局以及对消费者需求研究方面有明显的优势，一直以来在OLED方面投入了很多研发和推广的精力，并且非常看好未来OLED市场的发展。在LG战略线上，OLED电视是LG最引以为豪的高端技术，未来将围绕OLED电视进行一系列战略布局，包括延长产品线、增高产品量率、加强与中国彩电厂商的合作，从而推动OLED电视快速发展。

智能手机业务领域，LG低价智能手机战略帮助其在2014年第三季度首次突破了1500万部的单季智能手机出货量大关。该公司的F系列和L系列智能手机在发达市场和新兴市场获得好评。与此同时，LG还推出了G3旗舰手机，继续保持高端市场的曝光率，并且增加了其在LTE市场的市场份额。

家电业务领域，LG发布了智能家电产品计划，将重点围绕“Home Chat”智能平台开发智能家电产品。通过该平台，用户可以直接向家电发送短信，以获得相应的回应。LG Home Chat允许用户通过短信的方式来管理处于联网状态的家电设备，比如只要向电冰箱、洗衣机或吸尘机器人等设备发送短信形式的指令，就可以得到对应的执行及回应。

（二）盈利能力大幅提升

2014年前三个季度，LG电子实现销售收入44.57万亿韩元，同比增长3.1%；净利润7080亿韩元，同比增长147%。其中，家庭娱乐产品实现销售收入14.74万亿韩元，同比下滑2.6%；移动通信产品实现销售收入11.27万亿韩元，同比增长39%；家电产品实现销售收入8.66万亿韩元，同比下滑2%；空调和能源解决方案产品实现销售收入3.78万亿韩元，同比下滑5%。

LG电子的利润增长主要来自手机业务的复苏，2014年第三季度，手机部门净利润达到1670亿韩元，超过电视和其他主要业务的总和。智能手机方面，将继续推行“双轨”战略，用高端G系列吸引发达国家的消费者，并增加L系列在新兴市场的销售量。经过3个季度的亏损后，LG移动通信部门连续2个季度保持盈利。

（三）产品以创新和智能化为主

2014 年，LG 电子发布新产品，以创新和智能化为主要思路。

在创新性方面，LG 电子不断推出 OLED 电视产品，并融合了曲面和超高清技术，希望在下一代显示技术上赢得先机。2014 年，LG 推出了 65 英寸和 77 英寸 4K 曲面 OLED 电视，融合了 LG 独有的 WRGB 四色技术和 4K 超高清屏幕分辨率（3840 像素 ×2160 像素），这两款 4K OLED 电视均为曲面显示屏，采用 Web OS 智能操作系统，并且支持 Freeview 平台。其中，77 英寸 4K 曲面 OLED 电视荣获了 2014 年 CES 展“最佳创新奖”。LG 致力于推广 4K 超高清 OLED 电视的普及，但在降低成本方面仍存在一定困难。65 英寸的 EC970T 超高清 OLED 电视售价为 9999 美元（约合人民币 61300 元），77 英寸的 EG970T 售价高达 22999 美元（约合人民币 141000 元）。

在智能化方面，LG 推出了多款智能家电产品。搭载了 Web OS 系统的黑电产品、支持 NFC 技术和智能诊断技术的白电产品，体现了现代化电子信息产业与传统家电制造业的融合。2014 年，LG 电子发布了搭载有信息服务的高端智能家电产品。用户可以通过 HomeChat™技术，与 LG 最新的家电产品进行交流互动，并通过手机控制，实现监控和分享使用心得。LG 高端智能家电的产品线包括一台配备摄像头的冰箱、一台可以允许用户通过 HomeChat™技术开始或下载洗衣程序的洗衣机，以及一台支持 NFC 互联技术和 WiFi 连接的光波变频微波炉。2014 年，LG 电子的家电视听产品获得多项大奖。LG 电子夺得通信设计领域的九项大奖。LG G3 智能手机凭借 Smart Keyboard 智能键盘、Knock CodeTM 功能和图形用户界面（GUI）一举夺得三项“Best of the Best”大奖。LG 的“Web OS Smart + 电视平台”采用的智能电视新方法因直观的用户界面以及无缝而简洁的观赏体验获得红点大奖评审们的青睐。LG Sound Plate 超薄扬声器荣获了 EISA 2014 ~2015 年度“欧洲 HT 音响”大奖。

（四）注重知识产权保护

据姆森路透公司公布的《2014 年创新现状》，手机方面，LG 电子专利申请数为 1678 项，位居全球第二。美国专利分析机构（截至 2014 年 7 月末）对美国专利商标局（USPTO）和欧洲专利局注册在案的 LTE 及 LTE-A 的标准必要专利的分析结果显示，LG 电子申请的专利项目最多。数据显示，LG 电子申请标准必要专利的数量达 447 项，占整体的 29%。虽然该机构并没有公开 LG 电子的专利总数，但通过比率统计得知，LG 电子的专利申请数量将达到 130 项。在半导体材料和工艺方面，LG 电子的专利申请数为 1223 项。

八 TCL

TCL

创意感动生活
The Creative Life

营收规模：692.1 亿元人民币（截至 2014 年第三季度）

净利润：30.1 亿元人民币（截至 2014 年第三季度）

市值：361.07 亿元人民币

员工数量：7.5 万人

国别：中国

TCL 集团股份有限公司是中国最大的、全球性规模经营的消费类电子企业集团之一。目前，TCL 已形成多媒体、通信、华星光电、TCL 家电、通力电子五大产业集团，以及系统科技事业本部、泰科立集团、新兴业务群、投资业务群、翰林汇公司五大业务板块。截至2014年第三季度，TCL彩电市场份额排名全球第四，手机市场份额排名全球第六。2014年，TCL集团以用户为中心，推进“智能+互联网”战略转型，建立“产品+服务”新商业模式。

（一）积极推进“双+”战略转型

2014年，TCL集团正在全面实施“双+”转型战略，即推进“智能+互联网”战略转型，建立“产品+服务”的新商业模式，重点建立大数据、云计算及互联网和移动互联网应用服务能力，线上线下物流、销售及用户服务能力和金融服务能力，构建面向未来的经营体系，提升技术能力、工业能力、全球化能力，强化以用户为中心的运营与服务能力。TCL的目标是：五年内成为全球智能终端产品的主流厂商，智能电视、智能手机销量排全球前三，发展有每用户平均收入（ARPU）值贡献的1亿个家庭用户和1亿个移动用户。

TCL希望通过互联网思维转变经营观念，从以经营产品为中心到以经营用户为中心；重构组织及流程，强化智能技术、互联网（云）技术及软件、应用能力，完成战略转型布局；着力建立和培育服务用户的能力，并在为用户提供服务中创造更多的价值。

2014年前三个季度，TCL多媒体电子和TCL通讯科技均组建了独立部门积极布局互联网及移动互联网应用服务业务。截至9月末，TCL智能网络电视终端累计激活用户达604.1万，当月日均活跃用户数已突破200万；智能手机应用中心用户数已达366万。公司围绕智能硬件入口、发掘用户ARPU值贡献的经营战略稳步推进，在游戏、视频广告、第三方支付等领域已初步形成收益分成模式。

（二）营收较上年同期大幅增长

2014年前三个季度，TCL集团共实现营业收入692.1亿元，同比增长13.3%；销售收入为675.9亿元，同比增长13.2%；利润总额同比增长

64.9%至35.9亿元，净利润同比增长72.8%至30.1亿元；实现海外销售收入319.8亿元，同比增长29.9%，占集团总体销售收入的比例提升至47.3%，全球化战略持续推进。2014年前三个季度，TCL集团主要领域营收情况如下。

TCL多媒体电子整体销售收入187.1亿元，同比下降16.0%，实现净利润1.84亿元。1~11月，LCD电视机（包含商用显示器）销量1514.3万台，同比减少2.39%；智能/网络电视销量472.8万台，同比增长18.83%。

TCL通讯科技实现销售收入159.8亿元，同比增长69.6%；实现净利润5.73亿元。TCL通讯产品销量4861万台，同比增长34.9%。受益于中高端智能产品占比不断扩大，1~11月，智能手机销量3606万台，同比增长139.58%。

华星光电实现销售收入129.4亿元，同比增长21.9%，实现净利润16.9亿元，同比增长19.7%。保持满产满销，部分产品供不应求，1~11月，液晶玻璃基板（2200mm×2500mm）产量146.33万张，同比增长15.32%。

家电集团以“智能健康家电”为发展方向，积极推进“双+”转型战略，实现销售收入80.6亿元，同比增长0.83%；实现净利润1.28亿元，同比上升12.2%。

通力电子实现销售收入31.4亿元，同比增长23.6%，实现净利润0.98亿元，同比增长10.9%。通力电子主要产品为：视盘机产品、音频产品、流媒体播放器和其他产品。新型音频业务和流媒体播放器前三个季度收入分别增长118.5%和4285.6%。

（三）主要产业生产能力和水平大幅提高

TCL集团拥有从事多媒体、移动通信及8.5代液晶面板业务的企业，TCL公司通过资源整合，充分发挥TCL多媒体、TCL通讯、华星光电在产品、研发和管理等多方面的协同效应，积极寻求在智能化产品、云计算和网络化技术应用、操作系统及应用软件、新型显示技术等方面获得实质性的突破，不断加强技术创新的力度和厚度，提升公司以及TCL品牌在国际消费电子产业的整体竞争优势。TCL集团重视研发投入和知识产权保护工作，持续加大技术研发投入，2014年前三个季度共投入研发资金20.9亿元，占公司同期销售收入的3.09%，新申请专利1552项，新获授权专利数量为1186项。截至2014年9月30日，华星光电已累计申请中国专利3275项，美国专利2685项，PCT 2961项，其中中国专利已授权847项，美国专利已授权516项。

TCL集团各主要产业工业能力建设进展顺利。TCL通讯科技二期厂区建成，年产能已提升至1.2亿台。家电集团年产冰箱、洗衣机各200万台的研发及生产基地已于10月10日在合肥正式投产。华星光电完成新一轮技改扩产，t1工厂产能已提升至月产14.3万张玻璃基板，是全球产量最大的8.5代产线；9月末，t2工厂的主厂房提前1个月封顶，定位于高端智能手机及移动平板用LTPS及AMOLED的6代触控面板的t3工厂项目也已在武汉正式开工建设。TCL显示科技新工厂已投产，生产工艺、技术水平及产能规模均大幅提高。

（四）推出“智能+互联网”产品及创新应用

2014年，TCL加强了在多媒体智能终端、智能移动通信终端、智能家电、半导体平板显示器件等领域的竞争力，大力发展基于网络技术应用的系统及接入设备业务和云平台服务业务。

TCL多媒体领域，围绕“双+”转型战略，TCL多媒体电子积极推进TV+智能电视平台建设，相继发布了芒果TV+电视、七V智能机顶盒等智能娱乐终端产品，并联合腾讯首次为TV+家庭娱乐终端搭载基于多屏互动的微信应用和服务功能，通过微信服务号与智能电视绑定，在电视屏幕上实现朋友圈互动、视频点播分享、远程互动等创新应用。

TCL通讯科技重点发展智能移动终端、移动互联网中心和智能家庭业务。TCL通讯科技推出的超窄边框平板产品、4G智能手机产品以及轻便的7寸3G机型POP7，均获得了海外客户好评，成功在海外市场推广。TCL通讯科技成立移动互联网新兴业务中心，发展增值服务及用户运营、智能云平台、可穿戴设备和创新应用。

华星光电积极推进产品工艺技术研发计划，GOA、COA、Cu 制程、IGZO、AMOLED 和曲面显示等多项新技术和新产品将会导入 t2 的产品序列，同时还将启动第 6 代 LTPS LCD/AMOLED 显示面板生产线项目。

九　爱立信公司

营收规模：1599 亿瑞典克朗（2014 年前三个季度）

净利润：70 亿瑞典克朗（2014 年前三个季度）

市值：396 亿美元

员工数量：10 万人

国别：瑞典

爱立信公司 1876 年成立于瑞典的斯德哥尔摩，主要业务涵盖四大领域：一是网络，主要包括移动通信网络设备；二是电信服务，包括电信管理服务、咨询和培训、系统集成和客户支持等；三是多媒体，主要包括业务支持系统（BSS）、电视与媒体、个人与企业应用；四是手机业务，包括各种手机产品和移动通信设备。2014 年，爱立信公司发展情况良好，盈利情况较上年有较大幅度的提升。与此同时，爱立信公司进行了四项重要的收购，以强化其在 IP 网络、云、电视与媒体等核心业务领域的竞争实力。

（一）公司经营业绩强劲增长

受中东、中国、印度和俄罗斯市场增长所驱动，2014 年爱立信公司的销售收入大幅提升，根据其 2014 年 10 月公布的季度报告显示，2014 年第三季度，爱立信公司实现销售额576亿瑞典克朗，较上年同期增长9%。与此同时，受益于公司业务组合的持续改善、更高的知识产权收入以及运营效率的提高，爱立信公司的盈利能力大幅提升，2014年前三个季度实现净利润70亿瑞典克朗，较上年同期的57亿瑞典克朗增长22.8%。现金流方面，截至2014年第三季度，爱立信公司持有净现金294亿瑞典克朗，较上年同期增加19%。

2014年，爱立信公司的移动宽带销售保持了同比与环比双增长，主要得益于中国大陆和台湾地区4G/LTE业务的快速增长。同时，日本市场的销售情况也在不断改善，印度市场的投资环境持续向好。欧洲地区方面，爱立信公司在英国和德国市场的销售呈现同比增长，但在南欧市场依然较为疲弱。北美地区方面，受运营商扩容投资和网络改善项目的驱动，销售有所增长，但由于北美地区运营商2014年专注于现金流优化，增长开始趋于平缓。

（二）技术领导力持续发挥作用

2014年，尽管在移动通信领域受到华为、中兴等竞争对手的有力挑战，但在技术实力的支撑下，爱立信公司仍具备强大的竞争力，保持着行业领导地位。爱立信公司拥有25000名研发人员，每年投入约50亿美元的资金用于创新研发。截至目前，爱立信公司拥有通信设备领域最强大的专利组合，获批专利数量达到35000项。在服务方面，爱立信公司提供的网络设备承载着全球40%以上的移动业务，其在全球有64000名员工在从事服务与客户支持，覆盖180个国家或地区的市场。

在4G/LTE领域，爱立信公司拥有25%的核心专利（包括LTE TDD和LTE FDD）。目前全球50%的LTE商用网络由爱立信公司部署，是排名第二的竞争对手的两倍。此外，爱立信公司被全球最大的10家LTE运营商选为设备供应商，在全球最快的20个LTE网络中有14个是由爱立信提供网络设备。标准方面，爱立信是最早将LTE作为4G通信技术唯一标准来开发的厂商，对3GPP组织的会议记录进行分析即可看出，爱立信公司对目前已发布的LTE标准规范产生了巨大影响。

与此同时，爱立信公司还是全球第五大软件企业。2014 年 2 月，爱立信公司发布了网络软件 14B。此款软件是业界首个能够协调全网的软件，可大幅提高网络性能并支持运营商业务增长。14B 包括 200 多项新功能，在提高网络性能方面具有三大亮点：一是使用三个载波，单设备速度可高达 450Mbit/s；二是通过合并不同公司间的 LTE-A 小区，可将移动宽带容量增加一倍，提高小区边缘吞吐量；三是面向 WCDMA 网络提供动态电源共享等特性，可将所有设备的数据速率提高 50%。14B 的发布，标志着爱立信公司强大的通过软件提升网络整体性能的技术实力。

（三）系列收购推动企业转型

2014 年，爱立信公司继续执行其转型战略：提高核心业务的盈利能力，投资 IP 网络、云、电视与媒体、OSS/BSS（运营支撑系统和业务支撑系统）等目标领域。爱立信公司全年共完成四项重要的收购：8 月 4 日收购美国 MetraTech 公司，以提升 BSS 的云与企业计费能力；9 月 13 日收购 Fabrix 系统，以巩固在电视媒体的整体领导地位；9 月 23 日收购美国 Apcera 公司的多数股权，以加强在企业云领域的竞争力；10 月 17 日收购美国 Sentilla 公司，以增强在数据中心监控服务方面的能力。

当前，在移动互联网的冲击下，全球移动运营商都在谋求转型，如打造智能管道、推出精细化内容计费等。运营商要在不同的网络上支持服务，必须变得更敏捷、灵活，并持续创新。2014 年，爱立信公司开始谋求通过自身的转型来更好地服务于运营商的转型。为此，爱立信公司积极布局，通过收购等方式，大力加强软件能力，增强视频管理服务能力，并向 IT、计费系统、运营支撑系统等领域发展。随着越来越多的收购浮出水面，爱立信的转型方略已逐渐清晰，即：将研发投资的大部分投入网络上，重点发展 OSS/BSS（运营支撑系统和业务支撑系统）领域，与此同时，发力各种平台研发，如 M2M 平台、移动支付平台、IPTV 平台等。

爱立信的业务分类十分清晰。从传统强势业务领域到未来战略领域，大致可以分成三类：当前核心业务、当前延伸业务和未来业务。其中，当前核心业务为无线、核心网络及传输业务、电信服务业务；而当前延伸业务则基于核心业务，包括 IP 网络、云、OSS/BSS、电视媒体和行业业务。未来，爱立信还将涉足移动企业、智能分析、IS/IT 服务、物联网等领域。

十　华为技术有限公司

HUAWEI

营收规模：1358 亿元人民币（2014 年 1 ~6 月）

净利润：248.5 亿元人民币（2014 年 1 ~6 月）

员工数量：15 万人

国别：中国

华为技术有限公司成立于 1987 年，产品主要涉及通信网络中的交换网络、传输网络、无线及有线固定接入网络和数据通信网络及无线终端产品，并为通信运营商及专业网络用户提供硬件设备、软件、服务和解决方案。目前，华为公司在德国、瑞典、美国、印度、俄罗斯、日本、加拿大、土耳其、中国等地设立了 16 个研究所，进行产品与解决方案的研究开发人员达到 70000 名（占公司总人数 46.7%）。2014 年，华为公司超越爱立信，成为全球最大的通信设备生产厂商。

（一）整体经营状况良好，销售收入大幅增长

2014 年，华为公司整体经营状况良好，2014 年 7 月公布的财报显示，受益于全球 LTE 网络投资增长和智能终端产品的成功销售，2014 年 1 ~6 月华为公司实现销售收入 1358 亿元，同比增长 19%，净利润率为 18.3%。

在无线网络业务方面，截至2014年7月，华为公司已获得290余个LTE商用合同，其中130多个LTE网络已经实现商用。华为公司的网络已覆盖100多个国家的首都以及九大金融中心。华为公司预计，截至2014年末，公司的LTE网络业务收入将达到40亿美元，相比2013年的25亿美元，同比增长60%。

在终端产品方面，2014年1~6月华为公司终端产品（包括手机、MBB设备和家庭终端）的出货量达到6421万台，其中智能手机占3427万台，较上年同期提升了62%。这主要益于Ascend P7等旗舰产品的热销和华为公司品牌影响力在全球范围内的进一步提升。

此外，华为公司的企业业务拓展初见成效，增长迅速。从目前来看，企业业务收入在华为整体营收中的占比并不大，但在华为公司内部已经成为增速最快的业务集团。预计华为公司的企业业务将在2014年全年实现35亿美元的销售收入，而到2018年企业业务的销售收入将突破100亿美元。

（二）专利总量持续提升，创新实力不断增强

2014年，华为公司的专利数量不断提升，创新实力持续增强。汤森路透知识产权与科技事业部的数据显示，截至2014年6月底，华为公司在中国、美国、欧洲等国家和地区已经申请超过65000件次专利，同时华为公司在全球参与100多个重要国际标准组织的标准制定工作，每年有3000多件提案被上述标准组织接受。2014年11月，华为公司进入2014年全球百强创新机构榜单，成为唯一上榜的中国大陆企业。

2014年，华为在Ascend P7、Mate7等多款智能手机上实现创新技术。华为公司5月发布的Ascend P7，在相机方面采用独创技术，搭载了智像专业图像处理引擎2.0，拥有十级美颜功能，更是全球首款拥有Groufie（团体自拍）的手机。9月，华为公司推出的Mate7手机，搭载了按压式指纹识别器，提供芯片级的安全解决方案，实现熄屏一秒解锁，360度全角度识别，支持五组指纹。

2014年12月3日，华为公司还发布了型号为Kirin 620的首款64位八

核 SOC。Kirin 620 采用了 64 位八核 Cortex - A53 架构设计，基于 28nm 工艺制造，支持 LPDDDR3 内存、最高 1300 万像素摄像头及 1080p 30Hz 视频编码/解码，并集成了基带芯片，支持最高 150Mbps 的 LTE Cat. 4 规范，具体制式方面包括 GSM/TD-SCDMA/WCDMA/TD-LTE/LTE FDD。Kirin 620 的推出标志着华为公司在 SoC 领域实现了重大创新突破。

（三）5G 领域加速布局，关键技术实现突破

2014 年，华为公司全面加速布局 5G 领域，目前已经在 5G 组网架构、频谱使用、空口技术、基站实现等多个领域取得了突破性进展。

网络架构方面，华为提出了业务定义的网络，5G 网络架构将集连接管理、移动性管理、安全性管理和路由管理于一体，以业务和用户为中心，支撑海量垂直行业应用；同时在核心网功能虚拟化有所突破，核心网将全面基于云架构，按需实现资源分配，实现更灵活的网络开放和应用创新，并与当前的 3G、4G 核心网实现无缝集成。频谱使用方面，华为 5G 系统既支持 6GHz 以下的核心接入频段，也支持高于 6GHz 的扩展频段（高频段可用于接入和回传）。空口技术方面，华为在抗多径全双工技术、大规模天线 MIMO 技术、全数字化射频技术等领域也取得了创新突破，在提高频谱效率、能源效率的同时，降低全网成本。5G 基站的关键特性方面，2014 年初，华为公司在高频段无线 5G 空中环境下实现 115Gbps 的峰值传输速率，刷新无线超宽带数据传输纪录。

在 5G 网络的商用进程方面，11 月 4 日，华为公司联合英国萨里大学 5G 创新中心（5GIC）启动了全球首个 5G 测试床，整合 5G 测试资源实施概念验证、外场验证，共同推进 5G 进程。此后，华为还与俄罗斯及独联体地区领先的电信运营商 MegaFon 签署了一份 5G 合作谅解备忘录，双方将为 2018 年俄罗斯世界杯足球赛合作建设 5G 实验网，实验网将覆盖俄罗斯境内 11 个主办城市的比赛场馆及周边区域，不仅可以让球迷和赛事工作人员领略到单连接 10Gbp 级的超高速网络体验，而且可以提供海量联接和超低时延的物联网。

当前，华为公司在中国设立了 3 个 5G 研发中心，同时在美国、加拿

大、瑞典、英国、法国、德国六国也设立了相应的研发中心，截至目前，华为公司在全球投入了300多名科学家进行5G的研究创新工作。华为公司预计在未来5年里将再投入6亿美元用于5G的研究和创新。与此同时，为推动5G技术发展和生态系统的形成，华为公司已与全球20多所大学建立伙伴关系，并积极与欧盟METIS、ITU、中国IMT－2020和3GPP等组织展开了研究合作。

十一　联想

lenovo

联想

营收规模：387亿美元（2013/2014财年，2013年4月1日至2014年3月31日）

净利润：8.17亿美元（2013/2014财年，2013年4月1日至2014年3月31日）

市值：156亿美元

员工数量：25000人

国别：中国

联想创建于1984年，公司业务主要包括计算机、企业解决方案与云计算，主要产品有PC、服务器、工作站、平板电脑、智能手机等。2014年，联想业绩进一步提升，公司架构由原来的两大业务集团调整为四大集团，对IBM x86架构服务器业务与谷歌摩托罗拉移动业务的收购接近尾声，壮大了联想相关业务的力量。在2014年《财富》世界500强排行榜中，联想集团由上年的第329位跃升至第286位。在2014年的国际消费电子展上，联想共获得了23项大奖。

（一）收入持续增长，各业务领域业绩进一步提高

2014 年，联想业绩进一步提升。2013/2014 财年（2013 年 4 月 1 日至 2014 年 3 月 31 日）的营业额达到 387 亿美元，净利润 8.17 亿美元，现金储备为 32 亿美元。2014/2015 财年的上半年（2014 年 4 月 1 日至 2014 年 9 月 30 日），联想共完成营业收入 208.7 亿美元，同比增长 12%，净利润 4.76 亿美元，同比增长 21%。

联想各产品领域均取得了较好的业绩。2014 年，联想稳居全球 PC 排行榜的首位，出货量继续稳定增长。市场研究机构 Gartner 的数据显示，在全球 PC 出货量持续下滑的环境下，2014 年前三个季度，联想的 PC 产品出货量为 4313 万台，同比增长 12.03%，市场份额已经由上年同期的 16.35% 增至 18.61%。中国仍是联想产品最大的市场，占其全球总销量的 36%，欧洲/中东/非洲区的市场份额达 29%。

联想在保持全球 PC 第一大厂地位的同时，平板电脑与智能手机的销量继续强劲增长，2013/2014 财年共销售 1000 万台平板电脑，成为全球仅次于苹果与三星的第三大平板电脑厂商，2014/2015 财年的上半年，联想平板电脑继续保持高速增长，销量达到 540 万台，同比增长 44%。联想智能手机在 2013/2014 财年增长了近 60%，销量达 5000 万台，成为全球第四大智能手机厂商，2014/2015 财年继续强劲增长，上半财年的智能手机增长 38%，达到 3280 万台，已经成为全球第三大智能手机厂商。

联想服务器在 2013/2014 财年增长了 33%，同时加强了对基础设施、人才和产品的投资，预计未来几年，联想服务器的业绩将会出现大幅提升。

（二）重组架构调整业务，两大并购活动接近尾声

联想在 2014 年初对业务结构进行了调整。将原来负责 PC、移动终端的 Lenovo 业务集团和负责服务器、企业级产品的 Think 业务集团拆分为 PC、移动设备、企业级业务、云服务四大业务集团，新的组织架构已经于 2014 年 4 月 1 日生效。公司架构重组的同时，为打造支柱性业务，联想先后收购

了 IBM 的 x86 架构服务器业务和谷歌摩托罗拉移动业务。

2014 年 1 月 29 日，联想宣布以 29 亿美元收购摩托罗拉移动业务，交接工作于 2014 年 10 月 30 日正式完成，此后，联想在智能手机市场的位置升至全球第三，仅次于苹果与三星。收购完成后，联想以全资子公司的形式运营摩托罗拉，总部将继续设在美国芝加哥，全球将有近 3500 名员工加入联想。谷歌将继续保留大部分摩托罗拉移动专利组合所有权，联想获得使用这些专利组合与其他知识产权的许可权，并将持有逾 2000 项专利资产、大量专利交叉授权协议及摩托罗拉移动品牌和商标组合。除智能手机外，摩托罗拉移动的智能手表将加强联想在这一领域的技术实力，增强联想在可穿戴设备的市场竞争力。预计摩托罗拉业务将在 4 ~6 个季度内实现盈利。

联想于 2014 年 1 月 23 日宣布以 23 亿美元收购 IBM x86 架构服务器业务，2014 年 9 月底完成了所有相关监管规定，主要市场正在交割中，大部分国家的交接于 2014 年底完成，少量剩余国家会在 2015 年初完成。收购完成后，联想将进一步壮大在企业级设备和服务方面的实力，在全球服务器市场的份额也将由第六位跃升到第三位。联想收购 IBM x86 架构服务器业务后，将沿用 IBM x86 产品规划，包括 Flex 和基于 x86 的 PureFlex 集成系统，并将不断推出相关产品。通过此次收购，联想和 IBM 建立了战略联盟关系，联想将作为 IBM 的原设备制造商（OEM），并转售 IBM 的存储和软件产品，包括 IBM 的 Storwize 存储产品、基于开放式磁带存储产品、闪存阵列和系统软件等产品。目前，联想已经加大了服务器、存储等产品的研发力量，与 IBM 团队的融合也在加快进行，预计下一代 ThinkServer 服务器将会在 2015 年发布。

（三）“PC +”战略成效显著，继续向云计算领域拓展

联想的“PC +”战略已经执行了 4 年，PC 加上智能手机、平板电脑和企业级业务已经占到公司整体营业额的 16%，并且份额仍在继续增长。“PC +”战略的前两步已经完成，以 PC 核心业务为基础，与平板电脑和智能手机共享创新成果，共享运营渠道，提供全系列互联网设备，在此基础上，联想加

强企业级市场的拓展，从 PC 与移动终端向企业级的服务器和存储设备拓展，成为重要的企业解决方案提供商。

2014 年，联想在加强企业市场的同时，将云服务作为重点发展方向，陆续开展了云计算、云服务和云存储业务。联想依靠在国内的企业服务、计算机与智能终端占有率等优势，加大软件与服务的研发力度，提出了“按需使用、智能适配、简单易用、互联互通”的“联想云”策略。此外，联想正在计划成立一家互联网子公司，加强在技术服务方面的实力，预计新公司将于 2015 年正式启动。

十二　惠普

惠普

营收规模：1115 亿美元（2014 财年，2013 年 11 月 1 日至 2014 年 10 月 31 日）

净利润：50 亿美元（2014 财年，2013 年 11 月 1 日至 2014 年 10 月 31 日）

市值：735.63 亿美元

员工数量：30 万人

国别：美国

惠普成立于 1939 年，总部位于美国加利福尼亚州帕罗奥多市，主要业务包括计算机与网络、软件与服务、云计算等，主要产品有打印机、PC、服务器、网络设备、软件与服务、云计算等。2014 年，受拆分 PC 与打印业务、成本摊销等因素影响，除 PC 市场表现良好外，打印与企业市场的营收均低于预期。惠普的低功耗服务器成为业界关注的重点，同时经过多年的沉寂，惠普发布3D打印机引起了业界的普遍关注。2014年的世界财富500强中，惠普排在第50位。

（一）受部门重组等因素影响，业绩仍低于预期

2014年，惠普的收入总体表现平稳，但受部门重组、固定资产摊销等因素影响，企业业绩仍低于预期。惠普最新的财报数据显示，2014财年（2013年11月1日至2014年10月31日）营业收入为1115亿美元，比上年同期的1123亿美元下滑1%，净利润为50亿美元，比上年同期的51亿美元下滑2%，每股收益率与上年同期基本持平。预计惠普重组完成后，其将迎来快速增长阶段。

惠普PC业务自2013年第四季度开始持续增长，结束了个人业务连续下滑的态势。市场研究机构Gartner的统计数据显示，2014年第一季度至第二季度，惠普PC出货量为3986万台，同比增长5.39%，继续保持全球第二大PC厂商的位置。第三季度，惠普PC产品的商业客户的营收同比增长7%，消费者客户的营收同比下滑2%，总出货量同比增长5%，台式机同比下滑2%，笔记本电脑同比增长8%，惠普重新成为全球第一大笔记本电脑厂商。

从惠普发布的最新季度财报看，除PC外，惠普其他业务均出现收入下滑的情况。受个人市场疲软等因素影响，惠普打印业务同比下滑5%，运营利润率为18.1%，总硬件设备出货量同比下滑1%，其中企业硬件设备出货量同比增长5%，消费者硬件设备出货量同比下滑4%，供应业务营收同比下滑7%；企业部门业务营收同比下滑4%，运营利润率为14.8%，行业标准服务器业务营收同比下滑2%，储存业务营收同比下滑8%，企业关键系统业务营收同比下滑29%，网络业务营收同比增长2%，技术服务业务营收同比下滑3%；企业服务业务营收同比下滑7%，运营利润率为6.8%，应用和企业服务业务营收同比下滑6%，基础设施技术外包业务营收同比下滑7%；软件业务营收同比下滑1%，运营利润率为31.1%，授权业务营收同比增长2%，技术支持业务营收同比下滑1%，专业服务业务营收同比下滑

5%，软件服务（SaaS）业务营收同比持平；金融服务业务营收同比下滑1%，净投资组合资产同比减少1%，金融交易额同比增加15%，部门运营利润率为12.1%。

（二）拆分PC与打印业务，云计算成为公司战略重点

面对PC与x86架构服务器等产品利润率的持续下降与公司业绩下滑等情况，惠普从2004年起，针对PC与打印业务进行了三次架构调整。2014年10月6日，惠普宣布将打印业务与PC等个人业务拆分成新的公司，新公司将以个人业务为主要市场；留下的服务器、存储、网络、系统集成、软件与服务、金融等业务将以企业市场为主，同时，惠普继续通过大幅裁员等措施来减少支出，预计拆分工作将于2015年下半年进行。

近年来，惠普的转型策略不断调整，但总体仍沿着从硬件制造到企业解决方案再到软件与服务的路线进行，目前，云计算成为惠普的战略重点，不断加大在云计算领域的投资和研发力度。2014年5月7日，惠普推出HP Helion系列云产品与服务，把现有的云产品、基于OpenStack技术的新产品以及专业支持服务整合到一个产品组合中，加强了公司在云计算企业市场的竞争力。2014年7月1日，惠普联合AT&T、香港电讯、英特尔等公司共同推出惠普Helion联盟，在云计算、技术与服务、硬件设施等领域实现一体化的解决方案。2014年9月11日，惠普收购了云计算厂商Eucalyptus，强化了其在企业私有云领域的实力。

（三）服务器出货量增速平稳，低功耗服务器走向成熟

惠普已超过IBM和戴尔成为全球第一大服务器厂商。从市场研究机构IDC与Gartner的统计数据看，2013～2014年，惠普服务器业务在出货量与营业收入上均超过全球四分之一的市场份额，并有继续上升的迹象。

经过多次调整后，惠普服务器业务目前以英特尔x86处理器和安腾处理器两种架构的服务器为主，形态上则包含塔式、机架式和刀片式三种结构，其刀片式服务器在2014年仍是销量最大的产品，占全球市场份额的一半以

上。随着全球范围内云计算的快速部署，市场对服务器性能与效能的要求不断提高，为惠普服务器出货量持续增长提供了基础，惠普云计算技术与服务也直接促进了自家产品的销量。

既成功将 x86 架构处理器应用于服务器后，惠普在 2013 年末将低功耗处理器应用于服务器产品，使用低功耗处理器的探月（Moonshot）系列服务器与普通 x86 架构服务器相比，能耗降低达 89%，设备所占空间减少 80%，成本降低 77%。2014 年，惠普的低功耗服务器开始在社交服务、移动应用、云与大数据等领域广泛使用，备受业界关注。

（四）研发力度得到加强，布局3D 打印业务

惠普近两年来不断加大研发力度，研发投入每年增加销售额的 3%。惠普大多数研究工作都由其业务集团主导，主要是开发业务集团内部的各种产品与服务，而惠普实验室的职责是开发新的突破性技术，为惠普增加竞争优势，并在惠普现有的策略之外创造新的商机，实验室还负责惠普的战略制定和调整，并投资于惠普关注的基础科学和技术领域。2014 年，惠普继续推出新型号的 Chromebook 产品，体感设备 Leap Motion 在惠普台式机键盘和笔记本电脑产品方面的应用更加成熟，惠普 2013 年底推出的低功耗服务器成为 2014 年的热销产品。

近年来，惠普实验室将 3D 打印作为研发重点，加快了在 3D 打印领域的布局。2014 年 10 月 29 日，惠普发布了 3D 喷墨打印机，新产品将于 2015 年开始测试。从现有资料来看，惠普的 3D 打印机的精度约为 5 微米，多喷嘴熔接技术加快了打印速度并能够有效降低成本，该产品投入市场后有望成为推动 3D 打印产业的新力量。

政策法规篇

Policies & Regulations

B.17

2014年主要国家和地区推动产业发展的政策措施

李维娜　闫洪　蒋昕　邓卉　孟拓*

摘　要： 当前，全球电子信息产业在世界范围内的布局调整和资源配置将进一步深化，新兴经济体在电子信息产业领域的市场份额持续增长，发达经济体的市场份额逐步微弱下调。世界各国认识到电子信息产业对于促进经济增长、推动经济复苏和发展方面的重要作用，电子信息产业已经成为世界各国经济竞争战略的重要组成部分。发达国家处于世界信息技术领域

* 李维娜，工业和信息化部电子科学技术情报研究所工程师，研究方向：产业经济；闫洪，工业和信息化部电子科学技术情报研究所高级工程师，研究方向：半导体；蒋昕，工业和信息化部电子科学技术情报研究所工程师，研究方向：信息产业；邓卉，工业和信息化部电子科学技术情报研究所高级工程师，研究方向：物联网、信息通信产业与技术；孟拓，工业和信息化部电子科学技术情报研究所助理工程师，研究方向：产业经济运行。

的前沿，为了维持持续增长和保持领导者地位，纷纷出台政策和措施巩固优势地位，而新兴市场国家为提升产业竞争力，其电子信息产业在国家经济发展中更具有至关重要的作用。2014年，世界各国推出了新的产业发展战略，美国提出国家制造业创新网络战略，日本通过税收优惠促进国内数字内容出口，德国积极推动高科技战略，英国启动机器人战略，韩国、印度也纷纷出台了刺激电子信息产业发展的战略。这些战略政策的进一步落实将促进电子信息产业快速发展，未来3年内全球电子信息产业将继续保持积极向好的发展趋势。

关键词：制造业　电子信息产业　发达国家　新兴经济体

一　2014年美国推动产业发展的政策措施

（一）推进国家制造业创新网络战略

为促进美国制造业科技创新和成果转化，早在2012年3月，奥巴马政府就宣布由联邦政府投资10亿美元成立国家制造业创新网络，将建立15个制造业创新中心。2014年2月25日，奥巴马宣布2013年承诺的3个国家制造业创新中心以及2014年4个创新中心构建计划中的首个创新中心正式成立。2013年承诺的3个创新中心分别为“数字化制造和设计创新中心”“轻量制造和现代金属制造创新中心”“下一代电力电子制造创新中心”。2014年构建计划中的首个中心为以复合材料及结构为研究对象的清洁能源制造创新中心。

奥巴马在2014年国情咨文中提出，未来10年将建立45个制造业创新中心，三倍于其在2012～2013年国情咨文中提及的数量。奥巴马在2015年的财政预算中，还提及将资助建立一家由农业部主导的生物制造创新中心。美国国家制造业创新网络具有如下特征：美国联邦政府出资建设一些基础设施，然后退居幕后，继而由美国企业界和学术界共同解决产业发展的相关问题，如决定要发展哪些科技和产业、确定关键制造工艺等。在美国国家制造业创新网络中，学术界的作用极为重要。除与企业界一起开发新技术外，学术界还将通过提供技术援助，帮助中小企业应用新的工艺技术、培训公司员工、共享关键设备和基础设施。

创新中心聚焦的领域涉及制造工艺、先进材料及其加工工艺、高效能技术及其平台以及具体应用，主要任务为应用研究、开发和示范项目，通过各级教育和培训，提高创新能力和供应链扩张整合能力，支持中小企业以及共用基础设施。在资金支持方式上，创新中心建立之初，美国联邦政府的资金投入是最大的；当创新中心建立2～3年后，美国联邦政府的投入资金将不断减少，创新中心的大部分研究基金将由私人和其他资金来源提供，并在5～7年后不再依赖联邦基金支持，而以会员费、知识产权使用费、合同研究等灵活运作方式来获取可持续收入。

美国先进制造创新网络和中心在国家层面上进行构建，有助于协调统一主管部门和资助机构，创新网络设计、研发目标的整体规划和顶层设计。创新中心集中社会各界力量共同投资开发关键制造技术，并以灵活的运作形式来实现可持续收入。此外，创新中心可作为“教学工厂”，帮助企业员工提高劳动技能，为企业研发和运营提供技术支持，促进科技和教育的有效结合。

（二）发布大数据白皮书

当前，全球大数据产业日趋活跃，技术演进和应用创新加速发展，各国政府也逐渐认识到大数据在推动经济发展、改善公共服务，乃至保障国家安全方面的重大意义。2014年5月31日，美国白宫发布了2014年度大数据白皮书，从各个角度全面解读了大数据。这份调查报告旨在鼓励使用数据以推动社会进步。这份白皮书从什么是大数据开始，围绕着美国与大数据的现实关系展开讨论，包括大数据的定义、大数据与隐私保护问题、公共与私营部门的大数据管理等，并向奥巴马总统提交了关于大数据的建议。

1. 大数据与医疗保健服务

数据一直是医疗保健服务中的一部分。在过去的几年中，议会出台了相关法案来鼓励医疗保健服务供应商过渡至使用电子病历，这极大地提高了可供临床医生、研究者与病人使用的数据量。随着《患者保护与平价医疗法案》的制定，医疗保险的偿付机制正开始从相互分隔、具有潜在不协调性的“按服务收费”模式转变至基于更佳健康状况的付费模式。总而言之，这些趋势正在帮助形成一个“学习型”医疗保健系统，在此系统内，临床数据将迅速反馈给患者并指导治疗有效进行。

大数据可以确定饮食、运动、预防护理和其他生活方式因素对健康的影响，使得人们不必向医生寻求医疗保健意见。大数据分析能够帮助确定临床治疗、处方药剂及公共卫生干预对于特定或广泛群体的效果，并对传统研究方式提供参考。从支付角度来看，大数据能够保证给患者提供治疗的医生有完善的临床记录，同时，治疗的费用根据患者的康复效果而非治疗本身的次数来确定。

2. 大数据时代保护儿童的隐私

在美国，青少年是移动应用与社交平台上的活跃用户。当他们使用这些科技时，关于他们的精确数据，甚至一些敏感信息，在网络上被存储与处理。这类数据既包含能够大幅度提升孩子的学习效果并为其开启全新机遇的可能性，但同时也可能在他们成人时形成一份入侵型的消费者个人信息，或通过其他方式对他们之后的生活产生影响。

（三）试点频谱共享模式

美国联邦通信委员会（FCC）和美国国家电信及信息管理局（NTIA）于2014年7月开始就频谱共享模式征求意见，并罗列了相关信息。为了鼓励频谱共享模式，美国政府希望在部分城市展开试点，以便为全美各地提供更多、更快的无线上网服务。他们希望说服有权通过特定频段传输数据的组织（如美国军方和私有广播电视公司），让其与他人分享自己的频段，如个人用户的 WiFi 连接。而为了更好地部署这一模式，美国政府计划在几个城市展开试点，以了解这种频谱共享模式的实际效果及其可能产生的问题。

同时，纽约制定了一个“LinkNYC”（“连通纽约”）新计划，拆除一万个电话亭，设立拥有 WiFi 热点、充电功能和户外广告功能的“多功能电子立柱”。“立柱”是一个功能十分先进的立柱风格的电子设备，可以 24 小时提供 WiFi 热点，可以提供完全免费的美国国内电话服务（包括 911、311 特殊电话），还可以提供智能手机充电功能，同时“立柱”还配置了触摸屏，行人可以查询纽约市的交通等公共服务信息。更重要的是，“立柱”也将是一个户外广告设备，部分立柱上设置了大尺寸的电子显示屏，可以显示广告，用以弥补 WiFi 立柱运营的成本。

在 WiFi 方面，纽约市也将采用最先进的技术标准，可以实现“千兆 WiFi”，比目前的 WiFi 服务提速 100 倍，比纽约市家庭使用的宽带服务提速 20 倍。下载一部两小时的高清电影，只需要半分钟。据估计，第一个 WiFi 电子立柱将会在 2015 年下半年架设并投入使用，随后将会在纽约市五个区逐步架设 1000 多个 WiFi 立柱。这项计划也呼应了美国政府提出的频谱分享模式，追求更快的 WiFi。

（四）颁布电子标签法

2014 年 11 月 28 日美国总统奥巴马签署了《电子标签法案》（*E-Label Act*）。该法案是由参议员戴柏费舍尔和杰伊洛克菲勒于 7 月提出的，2014 年秋季由美国联邦通信委员会（FCC）的工程与技术办公室（OET）公布。法案是给予一些消费电子制造商更灵活地在其产品上标记数字标签的新的指南。

该指南建议所有带有一个整体（不可移动）屏幕的设备现在可以在其屏幕上显示数字标签，并且最多经过三个步骤就可进入设备菜单。用户手册必须包括访问该 FCC 要求的信息，或者该信息可以在设备的网站上显示。带有 FCC 信息的可移除的标签在运输和销售时，应仍然加贴在产品或者包装上。以前，FCC 要求需要进行 FCC 认证的设备应有一个列明 FCCID 以及其他任何操作要求的固定铭牌或蚀刻标签。电子标签法案允许设备厂商将

FCC标记、ID串码和其他标签写入软件菜单，而无须印或贴在设备上。这项变化可以让电子产品更容易生产，并且降低产品成价。

二 2014年日本推动产业发展的政策措施

（一）推出《网络安全基本法》，保障信息安全

2014年11月，日本国会众议院全体会议表决通过了《网络安全基本法》。该法案的通过旨在加强日本政府与民间在网络安全领域的协调和运作，更好地应对网络攻击。该法案由自民党、公明党、民主党等跨党派国会议员联合提出，此前，日本国会参议院已先行表决通过了这一法案。

《网络安全基本法》规定，日本政府将新设以内阁官房长官为首的“网络安全战略本部”，统一协调各部门的网络安全对策。该部门还将与日本国家安全保障会议、IT综合战略本部等其他相关机构加强合作。该法案还规定电力、金融等重要社会基础设施运营商、网络相关企业、地方自治体等有义务配合网络安全相关举措或提供相关情报。此外，该法案提出将协助中小企业制定网络安全措施。

（二）积极促进国内数字内容出口，通过税收保护国内产业

2013年2月，日本首相安倍晋三提出“酷日本战略”，这一战略旨在向海外推介日本动漫、电影与音乐产业，并被认为是日本经济增长的重要方向之一。酷日本推进机构于2013年11月由日本政府出资300亿日元设立，17家民间企业共同出资85亿日元参与。2012年和2013年，该战略推进预算经费分别为336亿日元和254亿日元。2014年4月，“酷日本战略”再度确立了在今后5年内将投资1500亿日元的计划。其中日本政府通过投入5年以上的长期投资，以补充需在短期内回收资金的民间投资的不足。酷日本推进机构对电影、电视、漫画和音乐等单独业务也将提供资金支持。“酷日本战略”的推动与实施，将加大日本电影、电视节目、动漫等信息消费内容

向海外的推广力度，有助于广播、网络、软件等相关产业的发展。

2014年1月，日本政府出台政策，计划最早从2015年开始，对来自海外通过互联网向日本发送的音乐和电子书籍等内容征收消费税。由于此前来自海外的电子书等的交易无须支付消费税，对日本国内企业造成不利影响。对于面向个人的交易和企业的交易将采取不同的征税方式：面向个人方面，纳税方为发送内容的海外企业，如亚马逊等，这些在日本国税当局注册的海外企业需缴纳税金。面向法人方面，接受内容的国内企业将支付消费税。国内企业向发送商用软件等内容的海外企业支付的金额不含消费税，但需要向日本的国税当局缴纳消费税。日本原计划从2014年4月起开始实施这一计划，但是由于来不及处理相关事宜，实施日期被推迟，新措施将赶在预定把消费税税率提高至10%的2015年10月之前实施。

（三）公布电器环保指令，为新能源汽车提供高额补贴

2014年7月，日本公布了合理使用和适当管理氟碳化合物法案的内阁令法规。根据该法案，制定了多项家电产品必须达标。这些产品包括家用空气调节器、商业或办公室用工业空气调节器、机动车辆空气调节器、冷凝机组和冷冻机组等。法案旨在促进目前指定的使用氟碳化合物的产品转换成非氟碳化合物或低氟碳化合物产品，并且促进其宣传，使氟碳化合物的使用合理化。

同月，首相安倍晋三表示将为每辆氢燃料电池汽车至少补贴200万日元（约合人民币12万元）。8月，日本政府宣布将为购车者提供每辆车300万日元（约合人民币18万元）的补助。根据日本经济产业省的补贴金额推算办法，首先要找出氢燃料电池与同级汽油车之间的销售差价，然后从差价中减去10年内因使用氢气代替汽油作燃料而降低的运营成本，所得金额的三分之二即为补助金。作为日本最大的行业，日本汽车工业要在全世界继续保持领先的地位，就必须在燃料电池动力车（FCV）方面引领世界。日本政府希望该政策能推动燃料电池车的普及，以在相关技术领域引领世界。日本政府计划2016年3月底前在东京、大阪、名古屋等城市建成100座加氢站；到2025年，通过补贴等方式使燃料电池汽车价格能够与油电混合动力汽车相竞争。

（四）调整电价政策，光伏产业将受影响

2014 年 10 月，日本经产省宣布正在研究暂停认证新的大规模光伏发电设施。此前，电力公司均是以政府方面规定的优厚价格收购可再生能源发电产生的电力，此项制度被称为“固定价格收购制度”。受始于 2012 年的“固定价格收购制度”的推动，向政府申请认证可再生能源的发电商数量激增，在短时间内给光伏发电业务带来了大量投资。光伏发电的投资不断加大，为日本光伏产业的发展提供了动力。经产省准备提出“固定价格收购制度”的修改方案，并在年内敲定具体举措。受此影响，现有运营商的新增建设已经被冻结，同时光伏发电产生的电力的收购价格将被逐步下调。由于日本光伏市场准入门槛高，日本本土企业占有较大市场份额，此次调整将波及日本国内光伏企业，对其发展产生负面影响。

三　2014年欧盟推动产业发展的政策措施

（一）欧盟发布多个新指令，加强电磁兼容与无线设备监管

欧盟于 2014 年 2 ~ 4 月密集更新了多个 CE 指令以取代旧 CE 证书。这些指令包括：①更新了低电压 LVD 指令。发布 2014/35/EC 指令，替代 2006/95/EC，该指令涵盖了所有交流供电电压为 50V ~ 1000V、直流供电电压为75V ~ 1500V 的所有用电设备，具体包括的机电产品有家电设备、照明电器及其附件、音视频设备、信息技术设备、电动工具等。②更新了电磁兼容（EMC 指令）。发布 2014/30/EU 指令，用以替换原有的 EMC 指令 2004/108/EC，新指令将于 2016 年 4 月 20 日起执行，各成员国必须在 2016 年 4 月 19 日前完成立法程序。③更新了无线设备（RTTE）指令。发布 2014/53/EC（RED）指令，替代原来的 1995/5/EC 的 RTTE 指令，在 2016 年 6 月 13 日后，所有使用旧无线设备 RTTE 指令（1995/5/EC）所发

放的证书均正式作废。

一系列新指令的实施，对所涉及的设备（主要是无线与通信设备）提出了一系列更高的要求，尤其是在供电、电磁兼容等方面。新指令加大了电子信息产品在欧盟的准入门槛高度，也为欧盟成员国电子信息产品的生产提出了更高的要求，其影响广泛且深远。

（二）欧盟强制安装汽车电子装置，出台公共信息管理指南

欧盟于2014年10月宣布，自2014年11月1日开始，所有在欧盟范围内销售的新车都必须配置车身电子稳定系统（Electronic Stability Program，ESP）。根据欧盟新法规，即日起所有新注册的车辆总重量在3.5吨以下的轻型商用车、乘用车都必须配备ESP系统。另外，该法规将在一年后针对其他车辆同样适用。ESP系统如今被视为仅次于安全带之后最重要的汽车安全组件，ESP系统的设置同时需要其他多种汽车电子部件的配合。由于欧洲的汽车电子产品具有全球领先优势，这一规定对其汽车电子的发展，具有积极的促进作用。

欧盟《公共部门信息再利用指令》于2003年12月31日生效，2013年6月修订后的版本获得欧洲议会通过。该指令的颁布与实施，极大地促进了电子信息技术在信息化方面的应用及推广。2014年7月，欧盟委员会又发布一项指南，旨在帮助各成员国按照新修订的《公共部门信息再利用指令》，充分利用气象数据、交通数据和房地产信息等公共部门信息。指南覆盖了使用公共信息的部分原则、如何对信息再利用进行收费等内容。新指南将通过促进公共信息的开放，以提供给移动应用程序开发商、创新型增值服务提供商及产品制造商更多的发展机遇，有助于鼓励增加对电子信息行业的投资。

（三）德国积极推动高科技战略，新版法案影响太阳能企业

2014年9月，德政府内阁审议通过了新的高科技战略，力图将新的科研成果尽快转化为产品和服务，以确保德国成为创新的领导者。德国早在

2010年就推出了“高科技战略2020”，该战略注重以人为本，强调技术变革为人类服务，重点关注气候/能源、保健/营养、机动性、安全性和通信5个领域。在每一个领域，德国都确定了一些“未来项目”，其中与电子信息产业密切相关的项目包括：通信网的有效保护、互联网的节能、全球知识的数字化及普及等。在此次通过的新的高科技战略中，进一步强调了五个方面：一是未来优先解决的主要任务，包括数字经济和社会、可持续经济和能源、创新型劳动市场、健康生活、智能化移动性、民生安全；二是便捷产学研之间的交流与成果转化；三是加大资金扶持力度，增强创新活力；四是改善政策环境；五是加强政府与各参与方的对话。

德国自2000年开始实施《可再生能源法》以来，可再生能源发电量占总发电量的比率已经从2000年的6%上升到2013年的约25%，其中大部分是来自光伏发电。但由于政府和民众所负担的比重越来越高，自2009年以来，德国逐步对可再生能源政策进行调整。2014年6月，德国联邦政府通过了《德国可再生能源改革计划》，对目前的可再生能源政策进行了彻底改革。此次改革的核心内容有：一是减小补贴的力度和范围；二是强制实施可再生能源企业直销电和市场补贴制度；三是对发电主体自用的发电部分也征收可再生能源附加费；四是增长通道被进一步强化。政策的调整将间接影响到德国国内光伏企业的发展。

（四）英国启动机器人战略，投资开发统一物联网标准

2014年10月，英国政府发布了首个官方机器人战略，并提供财政支持，确保其机器人产业能够和全球领先的国家展开竞争。英国技术战略委员会已经拨款2.57亿美元用于发展机器人和自主系统（RAS）。英国政府希望通过RAS战略，使其能够在2025年获得估值约1200亿美元的全球机器人市场10%的份额。基于电子信息技术的机器人控制技术，是机器人的核心要素之一，此举将对英国本土电子信息技术在工控领域的发展起到积极的作用。

2014年10月，英国技术战略委员会宣布，向由英国电信、劳斯莱斯、

处理器厂商 ARM 和军工厂商 BAE 等 40 余家英国公司组成的 HyperCat 联盟注资 160 万英镑，用于研发 HyperCat 标准，为物联网开发一种通用规范。至此，该联盟共获得英国政府总额达 800 万英镑（包括前期的 640 万英镑）的资助。目前，该联盟正在与其他国家的标准化组织合作推动对 HyperCat 的采纳，包括：美国的工业互联网联盟、信息社会高级开放标准组织（OASIS）、新加坡的春天集团，以及国际标准化组织/国际电工委员会第一联合技术委员会（ISO/IEC JTC1）等。2015 年，英国标准协会将正式发布 HyperCat 标准，届时该标准将成为一个独立的、公众可用的规范。

四　2014年韩国推动产业发展的政策措施

（一）发展5G 网络，加速信息网络基础设施建设

2014 年，韩国政府宣布投资 1.6 万亿韩元（约 19 亿新元），在 2020 年实现第五代移动通信（5G）商业化的目标。韩国 5G 科技发展总体规划的主要内容为“未来移动通信产业发展战略”，决定以 2020 年实现 5G 服务商业化为目标进行大规模投资。

韩国政府于 1990 年推出 2G 服务、2000 年推出 3G 服务、2010 年推出 4G 服务，这些举措推动了韩国经济的快速增长，2014 年韩国提出发展 5G 服务，将进一步增强其通信服务能力，扩大服务市场。2014 年 1 月韩国未来创造科学部公布了具体措施，并指出新的 5G 服务将比目前的第四代移动通信（4G）服务快大约 1000 倍，下载一部 800 兆字节（megabyte）的电影使用 5G 服务的用户只需 1 秒钟的时间，而 4G 用户则需花 40 秒的时间。韩国 5G 战略未来发展目标是积极与欧洲以及中国开展技术交流和合作，加强与海外研究机构的联合研究，将中小企业参与 5G 研发的比重从目前的 25% 提高到 40%。韩国政府将在今后 7 年内向研发、标准化、基础构建等领域集中投资 5000 亿韩元。此外，韩国政府还将组建产学研 5G 论坛直属推进小组，推进 5G 与其他产业的融合。试验网络将于 2015

年 12 月进行 pre－5G 核心服务的试运行；2017 年 12 月起提供 5G 核心服务的模拟服务后，于 2018 年在平昌冬奥会期间试运行。到 2020 年，韩国将力求实现未来社会网络服务、移动立体视频、智能服务、超高速服务、超高清和全息图五大核心服务的商业化，这将使韩国成为世界终端市场第一、国际标准专利竞争力第一，在世界设备市场份额升至 20%，创造 1.6 万个工作岗位。预计到 2026 年，韩国将累计创造出 476 万亿韩元的 5G 设备市场和 94 万亿韩元的消费市场。

此外，2013 年 5 月，韩国三星电子公司成功测试了 5G 技术。该公司采用一种毫米波的技术，测试人员用 64 个天线组，克服“不利传播特性”，在约 2 公里的距离内，每秒钟传输超过千兆字节数据。该公司表示，新技术有望最早于 2020 年推向商业市场。

（二）出台新兴服务业发展方案，支持科技基础技术研发

2014 年 8 月 3 日，韩国企划财政部、金融委员会、文化体育观光部、保健福祉部、教育部、未来创造科学部在贸易投资振兴会议上联合公布发展新兴服务业方案。该方案将涵盖保健医疗、旅游、内容提供、金融、教育、软件和物流七大产业，目的在于培育韩国国内新的经济增长点，进一步释放国内市场。软件方面，拟将创意、制造业、信息通信技术与软件相结合，为软件企业提供新的发展空间，进一步将软件与信息服务业提升至国家战略高度，通过强有力的资金支持为其发展提供良好的基础，并从 2015 年起继续加大在信息技术领域的投资；韩国还将进一步重视软件教育，积极开展全民信息化教育，将大量启用外籍软件工程师，到海外设立软件研发学院，通过资金辅助、财税激励以及加强人才和技术供给来促进本国软件与信息服务业的发展。此外，此方案中软件方面将进一步与“文化立国”方案挂钩，实施了一系列政策以加快创意集群的建立和发展，针对创意园区制定资金税收扶持政策，吸引优秀创意企业入驻。目前，韩国 10 个创意产业园区中的创意集群已经形成了良好的规模效益。

同时，韩国政府计划于 2015 年投入 10.4 亿美元用于科学技术基础研

发。韩国政府还将在未来发展动力创造、软件、资讯及服务业、物联网及3D打印技术、创业及中小中坚企业等领域分别投入1.7亿韩元、2974亿韩元、2354亿韩元、453亿韩元和1.3亿韩元。韩国政府还公布了“第三个中小企业技术革新五年计划”，计划到2018年将中小企业技术提升至世界顶级水平的90%，并将出口规模提升至1400亿美元。

（三）积极支持本土企业“走出去”，扶持本土基础软件企业

2014年11月，韩国未来创造科学部在首尔举办了首届韩国—英国信息通信技术（ICT）政策会议。未来部旗下新兴企业支持部门——未来全球创业支援中心和伦敦发展促进署签署了关于合作支持创业的协议。两大机关决定，2015年在伦敦举办投资推介会，以及就韩国风险企业进入英国等共同关心的问题开展合作。为此，两大机关将促进韩国新兴风险企业和伦敦技术社区的互相交流，共享两国最新信息，并在本国新兴企业进入对方国家时提供相关信息。签署这份协议后，韩国新兴企业进军英国的步伐有望加快，有利于韩国企业更深层次地进入欧洲市场。

此外，韩国政府以微软不再继续支持Windows XP为由，全面放弃微软的操作系统。韩国政府希望摆脱对微软的依赖，积极扶持本土企业，并于2020年转向开源软件，从而避免依赖某一特定的操作系统软件。从2015年开始，韩国将开发基于开源的操作系统，该系统将在韩国的10所公立和私立机构进行测试，而韩国政府将为员工培训和系统提供支持。到2018年，韩国政府将评估是否进一步推广这一开源系统。

五　2014年印度推动产业发展的政策措施

（一）全新打造两个电子信息产业集群，出台政策积极扶持

2014年2月3日，印度信息产业部计划预计投入8.5亿卢比（约1420万美元）再次打造两个电子制造业集群（EMCs），地点定在班加

罗尔和迈索尔。同时，计划在该邦其他地区建立电子系统设计和制造业集群。

为打造这两大集群，中央政府将投入5亿卢比（约830万美元），邦政府将投入1.9亿卢比（约320万美元），产业界将投入1.6亿卢比（约270万美元），集群所在的卡纳塔克邦政府为吸引投资，将拿出10%或5000万卢比（约83万美元）对电子系统设计和制造企业（ESDM）进行补贴，并将研发支出的20%或年营业额的2%（1000万卢比）返还企业。卡纳塔克邦是印度首个制定了完整的电子系统设计和制造业（ESDM）发展政策的邦，此次建设目标将创造24万个就业机会，到2020年实现地区产值占全国总出口目标（800亿美元）的五分之一。同时，邦政府还将为这类企业在产品营销、推广活动、打造世界品牌等方面参与国际市场竞争，提供50%费用的资金支持。此外，邦政府计划将该邦打造成为知识产权和知识经济的全国领导者，最高将为企业补贴专利申请费用的50%，包括申请、授权委托书、搜索、维护等，对国际专利申请的补贴上限为50万卢比（约8333美元），对国内专利申请的补贴上限为10万卢比（约1667美元），还最多为企业提供专利申请75%的费用正式授权后，退还其余25%的费用。中央政府对高附加值产品进行有效保护，将优先考虑邦内的电子系统设计和制造企业及其产品，力争到2020年该邦电子系统设计和制造业（ESDM）实现国内专利申请数3000个、国际专利申请数2000个。

（二）政府强力推出一系列新政，重振以制造业为核心的经济体系

2014年6月，印度政府提出了新的工作思路，把遏制通货膨胀作为工作的重中之重，将着重提高农产品的供应；同时，新政府还承诺创造透明、公平、可预期的政策环境，简化税制，改善经商环境；发展劳动密集型的制造业，创造就业机会，创立世界级的投资和工业区，建设运输及工业走廊，将印度打造成具有竞争力的制造业中心；建造一套钻石四边形的高速铁路

网。到2022年，印度每户家庭都拥有自己的住房，并且通水、通电、有厕所等。这些措施的实施将提高百姓的生活质量，进一步释放居民的消费潜力，有利于拉动消费类电子产品的需求。

此外，9月25日印度总理莫迪在首都新德里宣布了名为“在印度制造”的一系列新政策，旨在增强在印度投资兴业的吸引力。这项新政将给有意在印度投资的国内外企业提供一站式服务，并调整劳动法律和税收政策，简化审批程序，吸引各界在印度投资设厂，增加当地就业。新政策主要涉及25个行业，包括汽车、化工、制药、纺织、信息技术、港口、航空、旅游、铁路、再生能源、采矿及电子产业等。

（三）将新能源领域作为重点，全力打造太阳能发电产业

位于印度拉贾斯坦邦的6个国企表示，将成立合资公司，联合建立世界上最大的单一地点巨型（4GW）太阳能发电项目。合资公司中，巴拉特重型电器有限公司（BHEL）占26%的股权，印度太阳能公司（SECI）占23%的股权，桑珀尔盐业公司（SSL）、印度国家电网和Satluj Jal Vidyut Nigam机电工程公司（SJVNL）各占16%的股权，3%的股权来自拉贾斯坦邦电子和仪器有限公司（REIL）。该项目占地1.9万英亩，其中，由巴拉特重型电器有限公司提供设备、印度国家电网提供电力输送、印度太阳能公司提供电力销售、桑珀尔盐业公司进行操作和维护、Satluj Jal Vidyut Nigam机电工程公司提供项目管理。

这6家国有企业于2013年8月开始谋划该项目，在2014年1月共同签署了谅解备忘录，并得到了印度政府内阁的批准。印度重工业和公共企业部还将为太阳能项目设立专门资金，第一期大约投入750亿卢比（约12.5亿美元）。同时，印度政府积极争取从世界银行贷款5亿美元，以尽快启动该项目。

该项目建设周期为7～8年的时间。初始阶段预计在3年内完成，将形成1000兆瓦的输电能力，第二阶段将建成3000兆瓦的输电能力。该太阳能光伏电站将采用晶体硅技术的光伏组件，设计工作寿命为25年，如果全面

建成完工，该电站将成为世界最大的光伏电站，年发电量约为64亿千瓦时，预计每年可以减少400万吨的二氧化碳排放量。

六　2014年中国推动产业发展的政策措施

（一）推进电子信息产业转型升级

2014年，中国继续推进电子信息产业转型升级，出台了推进企业兼并重组、加速宽带网络建设、淘汰高耗能老旧电信设备、创新投融资机制等一系列相关政策。

为营造良好的市场环境，充分发挥企业在兼并重组中的主体作用，3月24日《国务院关于进一步优化企业兼并重组市场环境的意见》出台，重点提出了加快推进审批制度改革、改善金融服务、落实和完善财税政策、完善土地管理和职工安置政策、加强产业政策引导、进一步加强服务和管理、健全企业兼并重组的体制机制等方面的措施意见。

1月16日，为加快提升城市宽带发展水平，推动我国城镇化和信息化同步发展，促进经济转型和信息消费，工业和信息化部与发展改革委联合印发《创建“宽带中国”示范城市（城市群）工作管理办法》。5月15日，工业和信息化部、发展改革委、教育部、科技部、财政部等14个部门联合印发《关于实施“宽带中国”2014专项行动的意见》，指出2014年主要引导目标是：宽带网络能力持续增强，新增FTTH覆盖家庭3000万户，新建TD-LTE基站30万个，新增1.38万个行政村通宽带；惠民普及规模不断扩大，发展固定宽带接入用户2500万户，发展TD-LTE用户3000万户；宽带接入水平进一步提升，使用8Mbps及以上接入速率的固定宽带接入用户占比达到30%；创建示范效果初步显现，推动创建20个以上“宽带中国”示范城市（城市群）。以上一系列政策措施有力地推进了中国宽带网络建设进程。

为推动电信网络高耗能、老旧设备退网，构建绿色电信网络，4月9

日，工业和信息化部发布了《高耗能老旧电信设备淘汰目录（第一批）》，包括移动通信基站、交换网络两大类34项设备（产品）。

为充分发挥社会资本特别是民间资本的积极作用，11月26日国务院印发《关于创新重点领域投融资机制鼓励社会投资的指导意见》，指出推进信息和民用空间基础设施投资主体多元化，鼓励电信业进一步向民间资本开放，吸引民间资本加大信息基础设施投资力度，鼓励民间资本参与国家民用空间基础设施建设。

（二）大力促进细分行业发展

2014年，中国政府积极出台扶持政策，推进彩电、手机、广播电视、物联网、集成电路等行业的发展。

彩电产业方面，为深入实施彩电行业品牌发展战略，促进彩电产业加快转型升级，3月6日工业和信息化部发布《关于加快我国彩电行业品牌建设的指导意见》，主要内容包括：实施以品牌引领转型升级的发展战略，增强品牌意识；充分发挥企业主体作用，完善品牌建设机制；增强企业核心竞争力，提升品牌价值；规范市场秩序，优化品牌成长环境；提高品牌经营能力，强化品牌优势；完善质量、服务和诚信体系，保障品牌信誉。

手机产业方面，为推动我国由手机制造大国向手机品牌强国转变，3月16日工业和信息化部发布《关于加快我国手机行业品牌建设的指导意见》，指出建设企业主体、政策引导、多方参与、协调联动的手机品牌建设体系，形成有利于优势品牌成长、特色品牌发展的政策环境；手机产品的质量效益和市场表现进一步提升，在高端市场实现突破；手机企业品牌意识、产品定义和设计能力、技术和商业模式创新能力、产业链整合能力、市场营销能力显著增强，逐步形成品牌影响力和盈利能力达到全球领先水平的手机企业。

广播电视产业方面，为推进AVS+自主创新技术在广播电视领域的产业化应用，以应用促进产业发展，4月18日，工业和信息化部与国家新闻出版广电总局联合发布《广播电视先进视频编解码（AVS+）技术应用实施指南》，按照“快速推进、平稳过渡、增量优先、兼顾存量”的原则，明确了分类、分步骤推进 AVS+在卫星、有线、地面数字电视及互联网电视和 IPTV 等领域应用的时间表。

集成电路产业方面，为加快推进我国集成电路产业发展，6 月 24 日工业和信息化部经国务院同意正式发布《国家集成电路产业发展推进纲要》，提出到 2015 年集成电路产业发展体制机制创新取得明显成效，建立与集成电路产业规律相适应的管理决策体系、融资平台和政策环境，全行业销售收入超过 3500 亿元；到 2020 年，与国际先进水平的差距逐步缩小，全行业销售收入年均增速超过 20%，企业可持续发展能力大幅增强。10 月 14 日，工业和信息化部宣布国家集成电路产业投资基金于 9 月 24 日正式设立，基金实行市场化运作，推动企业提升产能水平和实行兼并重组、规范企业治理，形成良性自我发展能力。

光伏产业方面，9 月 4 日《国家能源局关于进一步落实分布式光伏发电有关政策的通知》正式发布，针对制约当前分布式发电市场发展的诸多因素进行全面政策调整。通知提出，未来将在纳入规划的分布式光伏发电示范区，探索分布式光伏发电区域电力交易试点，屋顶电站在项目备案时可选择“自发自用、余电上网”或“全额上网”模式。该政策通过进一步理顺电价补贴这一关键杠杆因素，将大力推动我国分布式光伏项目商业模式的成熟。10 月 11 日国家能源局、国务院扶贫开发领导小组办公室联合印发《关于实施光伏扶贫工程工作方案》，决定利用 6 年时间组织实施光伏扶贫工程，将扩大光伏市场新领域。

（三）加大信息安全保障力度

2014 年 2 月 27 日，中央网络安全和信息化领导小组第一次会议召开，中央网络安全和信息化领导小组成立。会议审议通过了《中央网络安全和信息化领导小组工作规则》《中央网络安全和信息化领导小组办公室工作细则》《中央网络安全和信息化领导小组 2014 年重点工作》。领导小组将着眼国家安全和长远发展，统筹协调涉及经济、政治、文化、社会及军事等各个领域的网络安全和信息化重大问题，研究制定网络安全和信息化发展战略、宏观规划和重大政策，推动国家网络安全和信息化法治建设，不断增强安全保障能力。中央网络安全和信息化领导小组办公室由国家互联网信息办公室承担具体职责。8月2日，国务院授权重新组建的国家互联网信息办公室负责全国互联网信息内容管理工作，并负责监督管理执法。8月7日，国家互联网信息办公室发布《即时通信工具公众信息服务发展管理暂行规定》，对即时通信工具服务提供者、使用者的服务和使用行为进行了规范，推动即时通信工具公众信息服务健康有序发展。

为维护网络和信息安全、净化移动互联网环境，4月21日，工业和信息化部联合公安部、工商总局发布《打击治理移动互联网恶意程序专项行动工作方案》（以下简称《方案》），指出将发现处置一批感染规模较大、危害严重的恶意程序；督促应用商店建立健全移动应用程序安全管理机制；查处一批利用恶意程序从事违法犯罪的案件；打击利用恶意程序非法牟利行为；提高用户安全防护意识；推动建立恶意程序治理的长效机制。《方案》发布后，各地纷纷开展打击治理移动互联网恶意程序行动，成效显著。

七　2014年中国台湾推动产业发展的政策措施

（一）大力扶植LED产业，启动“水银路灯落日计划”

近年来，中国台湾当局积极推进LED产业发展。2008年开始推动LED交通信号灯计划，使中国台湾成为全球第2个全面使用LED交通信号灯的地区；同年率先制订LED路灯标准（CNS15233），并开始推动LED路灯示范计划。这一系列的政策使得中国台湾的LED产业取得了重大的发展成就。中国台湾光电科技工业协进会提供的数据显示，2014年中国台湾LED产业的产值将居于全球首位，有望突破50亿美元。

2014年中国台湾当局继续加大对LED产业的扶植力度，于11月14日启动“水银路灯落日计划”，预计在未来两年内投入新台币54.9亿元（折合人民币约10.97亿元），协助岛内各地在2016年底将所辖69.2万盏水银路灯替换为LED路灯。计划实施完成后，中国台湾将成为全球第一个全面淘汰水银路灯的地区。预计每年节电可达6.4亿度，每年可节省新台币11亿元（折合人民币约2.20亿元）电费及新台币3.46亿元（折合人民币约6916万元）维护费，5年保修期内共可节省财政支出达72.3亿元（折合人民币约14.45亿元），以此减轻中国台湾当局的财政负担。

此外，中国台湾还在研究出台民众购买LED灯泡补助计划。同时，为了保障消费者使用安全，中国台湾“经济部”标准检验局（BSMI）特为LED灯泡拟定统一的电磁兼容性和安全规范标准，自2014年7月1日起对LED灯泡商品实施强制性应施检验，测试项目包含安全、性能及电磁干扰，并对未经检验即上市销售且经查证属实的厂家，将依法处以新台币20万元以上、200万元以下的罚款。

（二）聚焦移动通信关键技术，“深耕4G、布局5G”

随着4G在全球电信市场日渐普及，下一代移动宽带网络技术5G成为各方关注的焦点。早在2013年8月底，中国台湾当局就表示要在半年内提出“2020年TW－5G战略方案”，以尽早确立通信产业发展方向。

2014年1月，中国台湾当局召开“5G发展产业策略会议”，会议宣布中国台湾将成立专责单位，投向4G、5G发展的基金达新台币150亿元，其中每年至少投入新台币20亿元进行5G研发。未来中国台湾当局秉持“深耕4G、布局5G”的理念，计划三年内让4G在台湾岛内开花结果、防止运营商转嫁不合理成本给消费者，同时加速5G布局。

在4G方面，预期未来一两年，在六大运营商相互竞逐下，岛内4G基础建设布建、覆盖率将大为提升，中国台湾当局也将协助完善4G环境，避免运营商转嫁成本给消费者。在5G方面，中国台湾未来的发展方向为：第一，审视中国台湾的产业特性与需求，聚焦特定领域，在关键子领域塑造竞争优势；第二，开发5G共通研发平台及建构实验网，深入培育中国台湾5G通信自主技术与布局标准知识产权；第三，由业界优势企业领军，整合中国台湾的产、学、研力量，投入全球共同研发；第四，推动成立中国台湾通信标准联盟，建构区域型标准，成为通信特定子领域标准制定的关键第三方。

（三）加强两岸产业合作，实现双赢

近年来，两岸科技交流与合作得到两岸科技主管部门负责人的高度重视，在两岸科技、产业及学术界的共同努力和推动下，合作领域日趋广泛，交流形式愈发多样，合作渠道不断拓宽，从最初的人员交流逐步向寻求实质性合作转变，为推动两岸的科技进步及经济社会发展做出了积极贡献。

当前，中国台湾正在积极推动发展六大新兴产业和十大重点服务业，而大陆地区也在培育发展新兴产业，并把推动产业转型升级作为带动经济发展的重要任务。2014年12月10日，“海峡两岸新兴产业发展合作研讨会”在台北举行，来自海峡两岸新兴产业主管部门、相关行业协会、研究单位和企业界的200多位代表参加了研讨会。中国台湾方面表示，两岸产业合作空间巨大，成果丰硕，尤其是在无线城市和通信产业方面，中国大陆地区的核心网络和基站优势，可与中国台湾的终端和小基站以及创新应用服务互补，并表示未来两岸还可以在智慧教育、智慧医疗、智慧城市等方面进行更多的合作；我国工业和信息化部副部长苏波也对未来两岸的发展寄予厚望，提出要扩大合作领域、加强技术经济交流，形成优势互补，实现双赢。此次会议对进一步深化两岸在新兴产业领域的合作起到了积极的推动作用。

在区域合作方面，闽台合作交流效果显著。2014年6月“第六届海峡论坛·2014年海峡科技专家论坛”在福建厦门成功举办，两岸科技社团进行了10个科技、经济合作项目的签约，并有50对闽台科技社团达成合作协议或意向；9月，2014年度“促进海峡两岸科技合作联合基金项目”评审会在福州召开，中国台湾的51家单位积极响应，参与项目评审的科学家近200人。这一系列的活动对推动闽台各学科融合发展、实现两岸携手共赢起到十分重要的作用。

专 题 篇

Featured Topics

B.18

日本电子产业应对危机的举措和效果分析

李宁宁*

摘 要： 自进入21世纪，日本电子产业开始出现衰退迹象。尤其是金融危机后，更是陷入全面衰退。为应对危机，日本各界采取了力度空前的调整和变革措施，以期恢复产业发展活力。从政府层面，实施了以“安倍经济学”为代表的一系列超常规经济政策；从企业层面，各大公司都在积极进行战略调整和业务转型；从制度层面，日本政府和企业都在积极改进传统的创新模式和组织形式。日本作为电子信息领域唯一曾经在规模、体系和能力上都全面接近美国领先地位的国家，

* 李宁宁，工业和信息化部电子科学技术情报研究所工程师，研究方向：产业政策。

其转型调整的成效和未来发展的布局，对我国电子信息产业的发展具有重要的启示和借鉴意义。

关键词：日本　电子产业　ICT 增长战略

20 世纪 90 年代初，日本泡沫经济崩溃，随即陷入了长久衰退之中。2008 年美国次贷危机、2009 年欧洲债务危机及 2011 年海啸引发的核事故，都严重冲击了日本经济，给日本电子产业造成了恶劣影响。日元大幅升值、产业创新方向不能适应市场需求、国际竞争势力此消彼长等不利因素，致使日本电子产业全面衰退，尤其是到了 2012 年，各电子巨头集体曝出巨亏。面对空前危机，国家、产业、企业积极应对，试图扭转不利局面，重振辉煌。本文将对 2012 年以来日本电子产业应对危机的举措进行梳理，结合衰退原因，分析其应对举措的思路、方向及效果，进而对日本电子产业发展前景进行预判。

一　近年日本电子产业大幅衰退

（一）总产值在震荡中下滑

早在 2000 年，日本电子产业就呈现出下滑的迹象，电子产业的国内产值在 2000 年达到峰值（大约 26 万亿日元）后就开始下滑，虽然期间有小幅波动，但在 2012 年跌至谷底，还不到顶峰时的一半（12 万亿日元以下），出现了 10 年减半的惨痛衰退（见图 1）。

早在 21 世纪初，日本电子产业就采取措施，积极改革，但是由于其固有的制造模式曾取得过巨大成功，改革阻力重重，并没有取得实质性进展。因此，虽然在 2004 年、2007 年和 2010 年出现了阶段性小峰值，但后来又开始减少。尤其是 2010 年后，日本电子产业的产值更是出现全

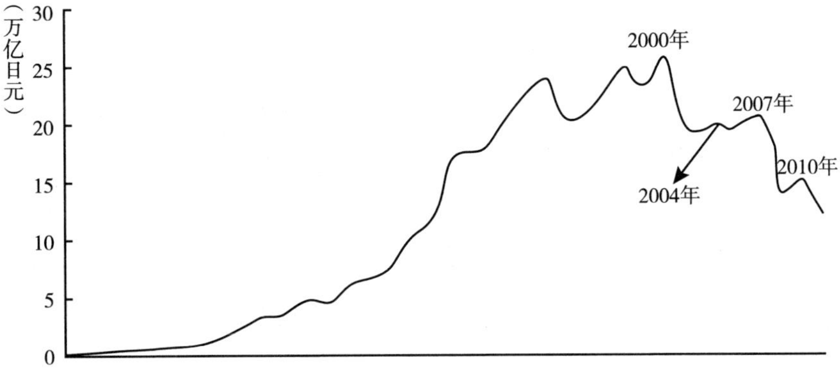

图1　日本电子产业的产值走势

资料来源：日本经济产业省机械统计、日本财务省贸易统计。

面下滑，陷入了史上最严重危机，年降幅超过10%。根据日本电子信息产业协会公布的数据，日本曾经引以为豪的消费电子降幅最为明显，2011年和2012降幅分别达到34%和28%。2010～2012年日本电子产品产值情况如表1所示。

表1　2010～2012年日本电子产品产值情况

单位：亿日元，%

类　别	2010年	增长率	2011年	增长率	2012年	增长率
消费电子	23944.6	8.0	15732.0	-34.3	11247.9	-28.4
工业电子装备	46716.0	5.5	41232.7	-10.9	40673.3	-2.9
计算机及相关设备	15687.66	9.9	12546.13	-19	12013.41	-3.9
电子元器件	82656.7	19.0	73420.6	-11.9	66241.9	-10.2
分立半导体	11317.28	32.7	10906.08	-3.7	9247.39	-14.0
集成电路	26799.51	14.0	22283.11	-19.1	19141.22	-16.2
液晶装置	15457.44	24.2	14520.22	-6.1	12486.57	-13.8
合　计	153317.2	12.8	130385.4	-15.1	118163.2	-10.0

资料来源：根据日本电子信息产业协会公布的数据整理。

（二）各细分行业衰退严重

日本总务省2012年8月公布的日本信息通信技术（ICT）相关产品国际竞争力调查结果显示，与2008年相比，只有极少数ICT产品出口份额占世界相应产品出口份额的比重上升，其余大部分产品都呈现下降趋势。其中，日本ICT产业中具备较强出口竞争力的产品只有数码相机和分立半导体；保持一般出口竞争力的产品只有打印机、广播设备和其他半导体，其他产品如智能手机、计算机等，日本企业已经不再具备优势。

具体来看，衰退表现最为明显的是视听产业，其次是半导体产业和计算机及通信产业。

视听产业主要包括上游液晶面板业和下游彩电整机业。液晶面板业方面，日本曾经几乎完全占领液晶面板市场，不过在随后的发展过程中，投资失期、决策失误、落后于市场变化等因素导致其被韩国厂商反超，再加上中国台湾液晶面板业的强劲发展，日本液晶面板业的市场占有率一路下滑。2011年，日本仅存的尚有竞争力的夏普面板销售仅1500万片，同比降低30个百分点；而索尼也于2011年12月将其与三星合资的S-LCD公司50%的股份出售给三星，退出液晶面板业务。彩电产业方面，受金融危机爆发和韩国彩电业快速发展影响，日本彩电产品需求大幅下滑，市场份额不断减少，自2011年起，彩电巨头集体出现巨亏，日本彩电业陷入历史低谷。2012年1月，日立宣布停止生产电视机，彻底退出电视制造；2012年5月，东芝关闭国内的电视机生产业务，仅维持海外工厂运转；而索尼的电视部门，更是从2004年起，连续9年出现亏损。

半导体产业方面，根据市场分析机构IC Insights发布的数据，2011年，日本半导体产业市场占有率从全盛时期的52%跌至15%，落后于韩国的16%，退居世界第三。日本前三大半导体供应商中，东芝的全球排名由2010年的第3名下降到2011年的第4名，2012年下降至第5名，且半导体业务利润大幅下滑；瑞萨电子的全球排名从2010年的第5名下降至2012年的第6名；尔必达的全球排名由2010年的第11名下降到2011年的第15

名，乃至到2012年宣告破产。

计算机产业方面，日本计算机的品牌影响力逐渐减弱，出口额快速下降，到2011年，日本计算机整机产品进口量为出口量的4倍，东芝、索尼等品牌PC出货量连年下滑，NEC的PC业务则被联想集团收购，日本国内计算机及相关零部件的制造转移至亚洲新兴国家或地区。对于手机产业，虽然封闭的发展模式奠定了日本手机厂商在本土的领导地位，但同时也导致其国际竞争力较弱，几乎没有海外市场。

（三）各电子巨头陷入亏损

伴随着不景气的宏观经济及市场疲软，日本各大龙头电子企业纷纷陷入巨亏甚至破产的境地，产业出现持续衰退。

以彩电业三大巨头为例，索尼2008财年（2008年4月1日至2009年3月31日）出现14年来第一次年度净亏损（989亿日元），此后连续4个财年亏损，2011财年更是出现公司成立以来最严重的亏损，净亏损额高达4567亿日元；松下在2012财年（2011年4月1日至2012年3月31日）和2013财年，分别巨亏7721.72亿日元和7542.5亿日元，创下日本制造企业年度亏损纪录；夏普2012财年（2012年4月1日至2013年3月31日）运营亏损1462亿日元，净亏损5453.47亿日元。

此外，2012财年（2012年4月1日至2013年3月31日），任天堂亏损364亿日元，连续两年亏损；瑞萨电子运营亏损232亿日元，虽然较2011财年的568亿日元有所降低，但净亏损由626亿日元进一步扩大到1676亿日元。尔必达在连续五个季度亏损后，于2012年2月27日申请破产保护，最终被美国美光收购。

二　日本坚守固有模式导致其落后于竞争对手

随着时代发展，新技术、新产品不断出现，消费者对产品的需求会不断变化，有的产品会逐渐失去市场，这是由产业发展规律所决定的。以电脑市场为例，随着智能手机和平板电脑的发展，传统PC销售正在下降，这种发展趋势是不可控的，也是各国电子产业共同面临的问题。除此之外，日本电子产业衰退更多的是在激烈的国际竞争中、在此消彼长的实力变化中，自身优势不再突出而劣势逐渐放大，最终被美、韩等竞争对手超越。

（一）环境变化，旧有优势渐成桎梏

1. 过度重视技术研发

日本电子企业的特点是追求技术的极致，它们一直处于技术发展的最前沿。在技术起步及发展时期，这种特质促使企业不断研发，技术水平远远领先于竞争对手，并给企业带来丰厚的利润，如在液晶面板起步及规模发展阶段，夏普凭借其领先的技术，牢牢占据高端市场，获取高额利润；而索尼凭借其特丽珑技术，在电视市场上长期领先于对手。到了技术成熟及变革时期，精益求精、要求技术领先的特质则会影响企业决策，迫使其忽视市场的变化，试图在日渐成熟的技术上取得突破，这时必然会出现类似规模不经济的情况，投入极大却收效甚微，最终失去市场，出现衰退，如索尼因持续投资特丽珑而错过了平板电视发展、松下因坚持等离子而最终退出了电视市场，当年凭借液晶取得成功的夏普也因在液晶上的过度投入而陷入衰退。

2. 刻意追求高端市场

日本电子企业的另一个显著特点是追求品质的极致，日本制造很多时候是工艺一流、质量优质的代名词。日本大多数企业实行全面质量管理（TQC），通过抓住质量管理这个中心环节，带动企业经营管理的全部链条。但是，全面质量管理的触角延伸到了对供货方的引导和控制，从订货企业到外协企业构成了一个过于庞大的管理体系。一个产品的各个环节都要反复地单体测试、结合测试、系统测试，因此普遍存在产品线过长的问题。这在当年，有效地保证了出厂产品的质量，树立了日本制造的品牌，但是在产品升级换代非常快的今天，很容易因过长的产品生命线而导致新产品延迟推出，从而使日本企业陷入经营困境。

此外，日本产品的精益求精也导致其定位于高端市场，致力于攫取高额

利润。在其产品领先于时代时，该举措确立了日本电子企业位于价值链顶端的地位，如1984年索尼的随身听主打产品WM－D6C价格可以高达64000日元；而随着市场竞争加剧，各厂商产品性能之间的差距逐渐缩小，日本电子企业或者产品性能类似但定价高于同类产品，或者性能过剩远超市场需求，最终导致其市场占有率减小。

3. 封闭式的发展战略

日本采取封闭式的发展战略，从产业角度而言，是为外国产品进入本国设置障碍以保护国内市场，如在2G时代，日本手机业采用的通信标准是封闭的，这一封闭标准使得诺基亚、摩托罗拉等手机厂商无法进军日本手机市场，也使得NEC、松下等日本手机厂商巩固了其在本土市场的领导地位；从企业角度而言，则是希望独占市场，引领产业发展，如由于其技术领先性，索尼研制出的WalkMan成为行业标准，其特丽珑技术也成为电脑显示器或电视的标配。

这种策略在当年取得了巨大成功，但是在更加重视开放和合作的今天，则显得不合时宜，如松下布局等离子电视时采取封闭战略，不愿意分享等离子技术，最终导致等离子彻底失去市场。

4. 坚持终身雇佣制度

终身雇佣制保证了工人的忠诚度，提高了企业的竞争力，这曾经是日本企业的制胜法宝。但是随着劳动人口的减少和人工成本的增加，这种不能随意解雇工人、即使解雇也要提供高额赔偿金的制度导致人工费用越来越高，企业人力成本居高不下。长远来看，终身雇佣制会导致企业的发展缺乏灵活性，难以及时调整企业的结构及业务方向。

（二）此消彼长，市场竞争日益激烈

技术的快速发展、产品的逐渐同质化以及竞争对手的崛起，给日本电子产业带来巨大冲击。在电视行业，面临韩国三星与LG的崛起，日本松下、索尼、夏普等公司的电视部门受到剧烈冲击，其液晶电视产品相比韩国三星、LG的同类产品明显竞争力不足；同时，中国家电企业发展势头强劲，日本企业也面临来自海信、长虹、TCL 等中国企业的激烈竞争。在半导体领域，日本凭借其竞争力超越了美国，随后又被竞争力更强的韩国所超越。

此外，日元大幅升值、宏观经济萧条、自然灾害频发使得日本电子产业雪上加霜。受 2011 年日本地震、海啸以及停电影响，日本电子企业的多家工厂一度停止生产，如日本半导体芯片生产线在本土分布较广，地震期间多家配件厂停产，对产业造成了巨大冲击。

深入分析上述原因，其中，封闭的发展战略、体制机制过于僵化、日元的升值属于内部发展环境，重视技术研发、追求卓越品质等属于产业自身竞争力问题，而市场竞争加剧、宏观经济萧条及天灾等则属于外部发展环境。

三　国家、产业、企业积极应对危机

2012 年底日本第 96 任首相安倍晋三上台后，为了改变经济持续通货紧缩的现状，实施了一系列刺激经济的政策，被称为“安倍经济学”，其目标是在未来 10 年将人均收入提高 150 万日元，实现实际 GDP 平均增长 2%、名义 GDP 平均增长 3%。安倍经济学分为货币政策、财政政策和产业政策三部分，其中货币政策旨在通过推出“无限期量化宽松”政策，维持基准利率在 0～0.1% 不变，在两年内将基础货币量扩大一倍；财政政策主要是通过“15 个月预算”，扩大公共建设等财政支出，让日本至少实现 1.5% 的 GDP 增长率；产业政策（复兴日本战略）包括吸引民间资本加速进入以绿色节能环保为重点的新兴产业，促进蓄电池技术、新型材料等的研发普及，解放劳动力市场，在东京、大阪等中心城市建立“国家战略特区”。此外，产业界、企业界也积极行动，在做好自身改革的同时，积极寻求新的增长点，在资金紧张的情况下，反而加大对绿色环保等新兴产业的投入以应对危机。

（一）产业出台政策，扶持新兴产业

1. 发布《ICT 增长战略》

2013 年 7 月，日本总务省发布了《ICT 增长战略》，希望通过 ICT 促进

日本经济增长并为国际社会做出贡献，使日本成为全球最具活力的国家。相关项目包括开创具备增加值的新产业、解决社会难题、完善ICT通用基础设施建设三个方面，具体内容涉及国家层面和官产学研究两个层面。国家层面实施的环境建设行动计划包括城市建设ICT、基于ICT的创新、信息安全建设、开放数据和大数据四个方面，基于官产学合作开展的项目包括超老龄社会ICT、资源问题ICT、向海外推广日本的广播内容、提高播放内容的水平、基于ICT创新、城市建设ICT和地理空间ICT七个方面。

2. 出台光伏产业新政策

由于能源消耗的不可持续性，基于拉动内需和降低日本国内石油等能源消耗的考虑，日本在2013年继续推出多项措施，在光伏、电网等多个领域提供政府补贴，希望刺激国内消费，降低对进口能源的依赖，促进绿色节能环保产业发展。虽然日本光伏市场补贴额度从2012年对大型电站补贴42日元/千瓦时降至2013年的37.8日元/千瓦时，但由于补贴起点高，日本仍是目前全球补贴政策最优厚的地区。较高的补贴使当地开发商更加重视产品质量，从而推动产业向绿色节能环保方向发展。同时日本经济产业省计划向借用住宅屋顶空间发展太阳能的公司提供低息贷款。根据提议，这些公司将出售安装在住宅屋顶上的太阳能电池板产生的电力，房主每年将获得1万日元（约97美元）到2万日元的租金补助。

（二）企业进行转型，发展绿色事业

虽然在刚进入21世纪时，日本电子巨头就已开始了转型之路，如松下于2000年对其传统的事业部制进行改革，索尼在出井伸之时代收购美国哥伦比亚公司、改革董事会、减员增效等，但是由于当时各公司经营能力尚佳，未遭遇危机，改革并不彻底。面对此次空前的危机，各电子巨头加紧调整策略，加大了改革力度，其中企业对绿色节能环保产业的重视尤为突出。

1. 松下：加强环保解决方案

为应对金融危机后出现的产业困局，除裁员、出售大楼、实施GT12计划外，松下于2013年3月28日发布了截至2016财年（2015年4月~2016

年3月）的中期经营计划。公司加快布局整体能源解决方案，强化住宅相关业务，并转换业务结构，重点发展节能环保产业。

松下重新引入了事业部制，将所有业务划入涵盖家电产品、环保解决方案、数码影音及汽车和工业系统的四大事业集团，希望摆脱对以电视机为中心的消费类产品的依赖，强化住宅和汽车用电池等电子产品相关业务，以家电本身乃至住宅为对象，将“节能”“创能”“蓄能”设备与系统连接起来，通过合理化的能源管理，实现能耗的降低。松下提出了“家庭整体 CO_2 ±0”的生活方式，并推出了零排放概念的环保房屋。

2. 索尼：完善低碳产业链条

索尼曾于2010年发布了“环境零负荷”的愿景目标，从气候变化、资源、生物多样性、化学物质四个方面出发，致力于到2050年在整个业务活动和产品的整个生命周期范围内实现“环境零负荷”。

在改革电子业务的同时，索尼没有放弃企业责任，仍然积极推进环保事业。索尼对原材料和零部件中包含的化学物质进行全球范围的管理，大幅削减可能影响环境的物质的使用，或寻找替代物质。同时，索尼还积极开发环保产品和环保技术。例如，在材料方面，索尼独自研发了10年以上的SoR Plas再生塑料，可以实现99%的循环再利用率，并将该材料应用于电视、数码相机、数码摄像机等多种产品的生产制造中。

3. 夏普：扩大环境共享价值

在2013年5月公布的中期经营计划（2013～2015年）“复苏和增长”战略中，夏普提出了“扩大环境共享价值”的目标，将“健康·医疗”“机器人技术”“智能住宅/汽车领域/办公室”“食品/水/空气的安全放心”和“教育”确定为未来重点事业领域，统称“工业解决方案事业”。

在回收再利用方面，夏普努力开发废液晶面板的再利用技术，曾开发了将废液晶面板玻璃作为环境净化材料进行再利用的技术；在节能技术方面，除对具有低耗电性能的氧化物半导体“IGZO”进行研发及产业化外，还研发电视、空调、洗衣机等主要家电产品的节能化。面对空气质量问题，夏普还开发了具有抑制祛除空气中浮游病毒及霉菌作用的独创的净离子群技术。

四　2013年日本电子产业逐步回暖

在安倍经济学的作用下，日元对全球主要货币大幅贬值，2013 年日本国内生产总值同比增长 1.6%，显示出了较好的复苏势头。此外，日元贬值令出口类企业盈利前景向好，使得日本厂商海外资产的价值持续提升，带动日本股市连创新高，企业信心提振，电子产业呈现复苏迹象。

（一）电子产业初步回暖

2013 年，日本电子产业出现回暖迹象，虽然产值仍有缩水，但降幅较上年同期有很大程度的收窄，尤其是液晶面板产业，产值增长 20.9% 至 15105.7 亿日元，增速较上年增加 34.7 个百分点。截至 2013 年底，日本电子产品产值为 113540.9 亿日元，比 2012 年同期的 118163.2 亿日元降低了 3.9%。其中消费电子降幅最大，总产值仅 8232.9 亿日元，降幅达 27.3%，较上年降低 1.1 个百分点；工业电子装备次之，产值由 40673.3 亿日元降为 37511.8 亿日元，同比降低 7.8%；电子元器件有小幅增长，产值由 66241.9 亿日元小幅增长 2.3%，达到 67796.2 亿日元。

表 2　2013 年日本电子产品产值情况

单位：亿日元，%

时间	产值	增长率	时间	产值	增长率
2013 年 1 月	8244.9	-14.6			
2013 年 2 月	8679.2	-19.9	2013 年 1 ~ 2 月	16924.1	-17.4
2013 年 3 月	10738.0	-15.3	2013 年 1 ~ 3 月	27662.1	-16.6
2013 年 4 月	7997.8	-5.4	2013 年 1 ~ 4 月	35659.8	-14.3
2013 年 5 月	8571.2	-3.3	2013 年 1 ~ 5 月	44231.0	-12.4
2013 年 6 月	9238.2	-10.3	2013 年 1 ~ 6 月	53469.1	-10.8
2013 年 7 月	7983.4	13.7	2013 年 1 ~ 7 月	53524.4	15.4
2013 年 8 月	9328.2	1.7	2013 年 1 ~ 8 月	72526.6	-9.3
2013 年 9 月	9742.6	46.3	2013 年 1 ~ 9 月	70636.2	19.5
2013 年 10 月	9809.5	3.0	2013 年 1 ~ 10 月	93770.5	-5.0
2013 年 11 月	9844.8	3.6	2013 年 1 ~ 11 月	103615.23	-4.2
2013 年 12 月	9925.6	9.8	2013 年 1 - 12 月	113540.9	-3.2

资料来源：根据日本电子信息产业协会公布的数据整理。

虽然整体来看，2013 年日本电子产业产值仍处于缩水状态，但细化到每个月，从 2013 年 7 月开始，单月的电子产业产值呈增长态势显示日本电子产业有所复苏。

从对外贸易来看，日元的大幅贬值给电子企业带来机会，根据日本电子信息产业协会公布的数据（见表 3），自 2013 年 5 月起，日本电子产品出口恢复正增长，但增长幅度远小于进口，日本电子产品对外贸易持续逆差。

表 3　2013 年 1 ~ 12 月日本电子产品进出口情况

单位：亿日元，%

时　间	进口额	增长率	出口额	增长率
2013 年 1 月	7787. 84	20. 0	6101. 89	3. 2
2013 年 2 月	6813. 22	7. 6	6482. 93	-8. 4
2013 年 3 月	7880. 58	10. 9	7970. 58	-2. 6
2013 年 4 月	7123. 85	11. 3	7247. 34	-0. 1
2013 年 5 月	7935. 59	21. 7	7429. 27	9. 1
2013 年 6 月	7999. 98	22. 7	7931. 32	4. 7
2013 年 7 月	7983. 35	13. 7	7797. 88	8. 5
2013 年 8 月	7369. 23	21. 2	8173. 37	11. 1
2013 年 9 月	9742. 57	46. 3	8199. 47	5. 4
2013 年 10 月	9337. 41	25. 4	8120. 09	11. 7
2013 年 11 月	9791. 72	24. 1	7757. 96	8. 9
2013 年 12 月			7882. 67	11

资料来源：根据日本电子信息产业协会公布的数据整理。

（二）各细分产业表现各异

在各方努力下，部分细分产业出现了复苏。

液晶面板产业复苏明显。2013 年，日本液晶面板产业产值较上年增长 20. 9%。其中，夏普的液晶面板业务在 2013 财年上半年（2013 年 4 月 1 日至 9 月 30 日）扭亏为盈，这主要得益于夏普强化中小液晶面板业务，加上大型液晶面板销售好转，销售收入同比增长 46%。

半导体产业和集成电路产业产值有不同幅度的增长。2013 财年上半年

(2013 年 4 月 1 日至 9 月 30 日)，东芝 NAND 闪存所属的电子元器件部门业绩出色，销售额同比增加 42%，达 8786 亿日元，营业利润同比增加 312%，为 1137 亿日元；硬盘等存储器业务虽然受到个人电脑需求减少的影响，但仍确保了利润；系统 LSI 也在第二季度扭亏为盈。2013 财年上半年，日立存储器解决方案业务的销售额增长 14%。2013 财年第一季度（2013 年 4 月 1 日至 6 月 30 日)，瑞萨电子销售额同比增长 6.7%，达到 1991 亿日元，实现营业利润 98 亿日元，连续三个季度确保了营业利润。

由于市场需求变化、企业竞争激烈等，还有部分产业未见成效。

计算机及相关设备产业没有起色。受智能手机和平板电脑的冲击，日本计算机及相关设备产业没有起色，甚至有恶化趋势。日本电子信息产业协会公布的数据显示，2013 年 1 ~ 10 月，日本计算机及相关设备产业产值降低 25.6%，而上年同期的降幅仅 3.9%。

彩电产业仍不景气。夏普的液晶电视在欧洲、美洲地区销售低迷，松下的电视业务营收有所减少，东芝的液晶电视业务以北美为中心出现减收，索尼的液晶电视销售量也有所下降。

具体到各电子企业，2013 财年上半年（2013 年 4 月 1 日至 9 月 30 日）东芝销售额同比增加 13%，为 30392 亿日元，营业利润同比增加 54%，为 1056 亿日元；松下销售收入 37063 亿日元，同比增长 102%，营业利润 1466 亿日元，同比增长 168%，净利润达 1693 亿日元，实现扭亏为盈；夏普营业收入约 13400 亿日元，营业利润 338.15 亿日元，净利润亏损 43.3 亿日元，较上年缩减 2832.5 亿日元；索尼销售收入 30331 亿日元，出现净亏损 158 亿日元。

（三）主要受益于日元贬值

综观日本电子产业应对危机的举措，无限期的量化宽松政策缓解了日元升值给电子企业带来的压力，使得企业成本下降，目前日本各大电子巨头业绩普遍好转，这很大程度上是受益于汇率的利好；复兴日本战略中提出的解放劳动力市场、建立国家战略特区等，目的在于打破封闭的发展环境，改善体制机制僵化的问题；《ICT 增长战略》、光伏新产业政策等直接作用于相关产业，有助于改善产业环境，引导企业向绿色节能环保方向发展；各电子企业的转型策略，则是从内部提升产业竞争力，以便更好地适应市场。

总体来看，日元贬值带来的效果是最快也是最明显的。安倍经济学实施以来，日元兑美元贬值20%以上，这使日本企业的成本下降20%左右，对日本电子企业的海外业务影响非常大。汇率变化对电子产业的影响是短期的，其促进作用的大小，与进出口商品的需求弹性有关，而商品的需求弹性又与商品是否可替代有关。长远来看，产业要复苏，企业要盈利，最关键的还是要提高产品的竞争力。

五　未来日本电子产业仍将大有作为

虽然日本电子产业有一定衰退，但是长远来看，其仍然具有很强实力，处于产业链、价值链的最高端，在业界占有重要地位。预计未来日本电子产业将呈现如下发展趋势。

日本将延续其产业链向上游变迁的趋势，由制造环节持续转向附加值更高的上游设计环节。20世纪90年代以来，面对日本、德国等国家在产品精益制造方面的冲击，美国电子制造业不再局限于保持产品上的优势，而是将竞争的核心集中在对技术和资本要求较高的关键零部件上，实现了向产业链上游关键技术环节的转移。与美国当年衰退又崛起的路径类似，日本虽然在整机制造环节有所衰退，但其仍然占据着产业链上游的关键技术，未来这一趋势将延续并将加剧。

随着个人消费电子的没落，日本将转向发展新能源、医疗等绿色环保产业，延伸产业链。一方面是由于政府的外在推动，日本政府高度重视绿色可持续发展事业，在福岛核泄漏事故后，通过上网电价补贴等政策激励可再生能源发展，以减少对核电站的依赖，还为企业制定了严格的碳排放标准；另一方面是由于企业的内在驱动，企业不仅具有节能减排的社会责任，而且发展绿色产业能够降低企业成本，给企业带来较高利润，因此，虽然面临危机，但日本电子企业在精简业务的同时仍然坚持加大对绿色环保业务的投入。目前，索尼、松下等企业在绿色产业方面已取得一定成绩，如松下的太阳能电池已成为其业务线上极其重要的一环，索尼公司也在其日本以及全球的机构中积极推广太阳能、风能、地热能和生物质能等能源的使用，作为其有效减少温室气体排放努力的一部分。彭博社数据显示，日本可能成为仅次于中国的全球第二大太阳能市场，日本商业和公用事业规模的项目将促进太阳能发电装置达到6.1~9.4吉瓦。

上述发展趋势中，绿色环保产业不仅是未来日本电子产业发展的重点方向，也是重塑日本企业辉煌的可能性所在。随着全球可利用的资源逐渐减少和环境的逐渐恶化，资源节约型、环境友好型的绿色环保型产业必将成为全球电子产业的发展方向。由于在该领域起步较早、实力较强，未来日本很有可能从该领域崛起，再次回归产业领先地位，引领产业发展。

B.19

中国智能手机领域专利发展态势及措施建议

刘晓馨*

摘　要：当前，全球智能手机领域专利战硝烟不断，专利成为打压竞争对手、抢占市场空间的有力武器。通过 IPC 分类号及关键词联合的检索方法对我国国家知识产权局专利检索系统中的数据进行分析，可以看出我国智能手机专利水平显著提升，但专利竞争力仍显薄弱，产业发展面临严峻的专利风险，需要从政府、企业、技术等多重角度为产业发展提前布局。

关键词：中国　智能手机　产业专利水平　海外诉讼

随着全球智能手机产业由爆发期进入成熟期，市场竞争日益激烈，全球智能手机领域专利战硝烟不断，专利成为打压竞争对手、抢占市场空间的有力武器，也成为我国智能手机产业发展过程中所面临的巨大威胁。因此，深入分析我国智能手机领域专利情况，了解我国智能手机企业专利持有特点，提前筹划，对于推动我国智能手机产业可持续性发展具有重要的意义。

---

* 刘晓馨，工业和信息化部电子科学技术情报研究所高级工程师，研究方向：电子信息产业、信息通信、经济运行。

一　检索方法

本文选用我国国家知识产权局专利检索系统，系统共收集了103个国家、地区和组织的专利数据，专利库中数据范围如表1所示，搜索截止时间为2013年12月31日。

表1　专利数据范围

国　别	数据范围	国　别	数据范围
中　国	1985～2013年	德　国	1670～2013年
美　国	1790～2013年	瑞　士	1888～2013年
日　本	1913～2013年	俄罗斯	1993～2013年
韩　国	1973～2013年	欧　洲	1978～2013年
英　国	1782～2013年	世界知识产权组织(WIPO)	1827～2013年
法　国	1855～2013年	其　他	1827～2013年

在检索方法上，采用IPC分类号和关键词相结合的检索方法。根据筛选，与智能手机领域相关的IPC分类号相对集中，具体有：H04Q7/32、H04W88/02、H04W88/04、H04W88/06、H04M1/73、H04W52/02、G06F3/041、G06F3/042、G06F3/043、G06F3/044、G06F3/045、G06F3/046、G06F3/047。

表2　智能手机检索关键词

类　别	中文关键词	英文关键词
智能手机	手机、掌上、移动、无线、智能、手持、便携、行动、终端、电话、设备、装置	SMARTPHONE、MOBILE、WIRELESS、CELLULAR、PORTABLE、HAND、HELD、HANDHELD、HANDY、PHONE、STATION、TERMINAL、EQUIPMENT

二　我国智能手机产业专利水平显著提升

近年来，随着我国对知识产权的重视程度逐步增加，我国知识产权水平显著提升，专利数量屡创新高，自 2011 年起即超越美国成为全球最大的专利申请国。作为全球最大的智能手机市场，我国智能手机产业专利数量无论是申请总量还是国内企业申请量均不断增加，实现了量的突破。

（一）国内企业申请量不断增加

近年来我国智能手机领域专利申请量持续增加，截至 2013 年 12 月 31 日，我国共有 40514 件智能手机相关专利，其中国内申请 27052 件，占 66.77%，国外申请 13462 件，占 33.23%，国内企业申请总量高于国外企业。在我国，自 2005 年开始国内企业专利申请量首次超过国外企业，此后际联运国内企业专利申请量一直领先于国外企业；在增速方面，国内外智能手机专利申请均保持较高的增长率，其中国内平均增长率为 47.71%，国外为 20.68%，除 2009 年、2011 年、2012 年外，国内企业专利申请量的增长速度均大于国外企业。

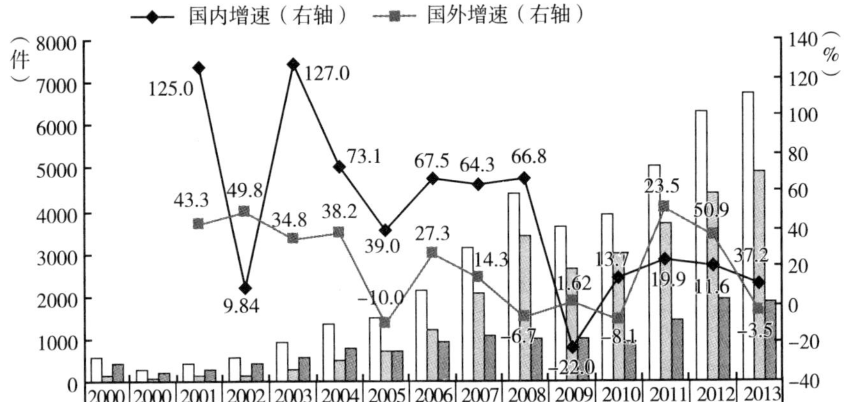

	2000年前	2000年	2001年	2002年	2003年	2004年	2005年	2006年	2007年	2008年	2009年	2010年	2011年	2012年	2013年
□整体（左轴）	550	257	413	570	893	1341	1462	2157	3081	4359	3605	3881	5049	6295	6736
国内（左轴）	150	54	122	134	305	528	734	1230	2021	3371	2601	2959	3657	4385	4894
国外（左轴）	400	203	291	436	588	813	728	927	1060	988	1004	922	1392	1910	1842

图 1　国内外智能手机专利申请情况

（二）发明专利数量占绝对优势

我国智能手机专利申请中，发明专利数量占绝对优势。在 40514 件智能手机相关专利中，发明专利34724件，占85.71%；实用新型5790件，占14.29%；外观设计0件。国内企业申请的27052件专利中，发明专利21448件，占79.28%；实用新型5604件，占20.72%。发明专利所占比例明显高于实用新型专利。这一专利构成说明智能手机领域的技术含量更高，相应的专利技术竞争也更为激烈，同时发明专利占比的不断提升，也说明我国智能手机企业的技术创新力度也有所加大。

（三）专利申报主体高度集中

就区域分布来看，北京、上海、广东、台湾及江苏是我国国内智能手机专利的主要产出地，其专利申报量占国内企业智能手机专利申报总量的85%。国外企业方面，在我国申请智能手机专利的国家比较多，申请量相差较大，总量从几千件到几件不等，目前在我国申报数量排名前五的国家是日本、韩国、美国、芬兰、瑞典，这五个国家在我国申请的智能手机专利数量达到国外专利申请总量的87%，其中日本、韩国、美国三国的申报总量占比达到79%。

此外，我国智能手机领域专利主要集中于少数大企业手中，专利集中度高。在我国国内企业申请的27052件智能手机专利中，华为、中兴、联想、宇龙四家智能手机企业共申请智能手机领域专利10469件，占国内智能手机专利申请量的38.7%，其中华为、中兴的智能手机专利申请量为8464件，占四大企业申请总量的80.85%。

（四）热点技术专利布局持续推进

目前，我国智能手机企业不断提升技术水平，热点技术领域的专利布局持续推进，在人机交互、应用与服务等领域专利数量、质量均有显著提升。

在智能手机人机交互技术领域，根据国家知识产权局的数据，来自美国、韩国和日本的申请人掌握了人机交互领域绝大多数的专利，相对而言，我国在人机交互领域的专利申请总量较少。但随着近几年的研究投入，我国智能手机企业在该领域的研发实力不断增强，已产生了一些具备一定竞争实

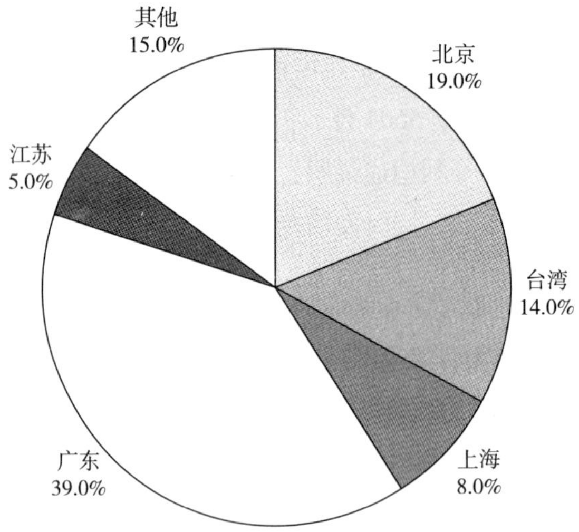

图2　国内企业智能手机专利申请区域分布

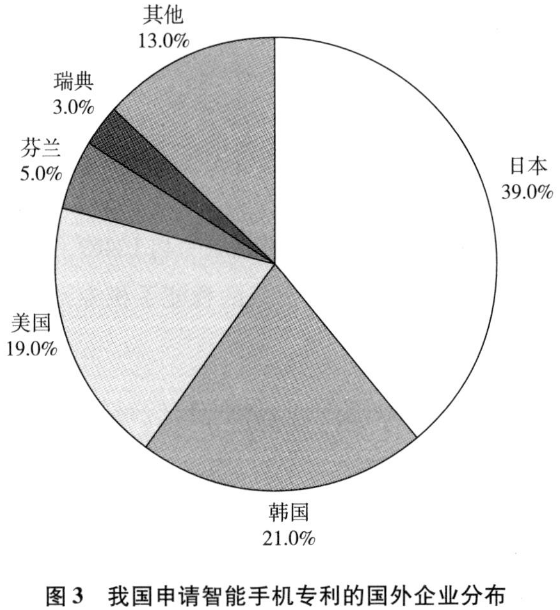

图3　我国申请智能手机专利的国外企业分布

力的智能手机制造厂商。就具体技术来看，在人机交互技术的三大分支——触控技术、感应技术和语音识别技术中，我国企业在前两个技术分支上的研发实力正不断增强，已具备了一定的市场竞争力。根据国家知识产权局的数据，触控技术和感应技术在2004年以前，国内的专利申请量较少，2005年开始稳步增长，并不断加速，甚至超过了来自国外的专利申请量。

在应用与服务技术领域，视频通话、手机电视、推送（PUSH）、基于位置服务（LBS）、近场通信（NFC）是当前的市场热点，也是我国智能手机厂商的优势和机会所在。根据国家知识产权局的统计，从全球来看，应用与服务专利申请量中兴排名第三，仅次于三星、LG，华为排名第六。

三　我国智能手机产业专利竞争力仍薄弱

近年来，我国智能手机产业抓住由功能机向智能机转型升级的机遇迅速崛起，以“中华酷联”、小米为代表的国产品牌手机企业发展壮大，产销量跻身全球前十，在国内市场也具有绝对优势地位。与我国智能手机企业市场占有率稳步提升相对应的是，我国智能手机产业整体专利竞争力依然薄弱，尽管目前我国智能手机专利数量大幅度提升，但距离由量变产生质变，从而最终达到利用高质量专利保护自己、产生效益仍有一定差距。

（一）专利申请以国内为主，海外布局不足

以“中华酷联”、小米为代表的我国智能手机企业智能手机专利申请均以国内为主，海外布局不足。截至2013年12月31日，华为技术有限公司、中兴通讯股份有限公司、联想集团有限公司、宇龙计算机通信科技（深圳）有限公司、北京小米科技有限责任公司共申请智能手机领域相关专利10510件，其中国内申请5624件，占53.51%，国外申请4886件，占46.49%，国内申请量高于国外，企业专利布局仍以国内为主。

（二）专利申请起步晚，早期专利积累欠缺

基础专利是指设备兼容某一技术标准所必须使用到的那些技术专利，在技术标准具备重要话语权的通信行业，企业拥有的基础专利质量和数量从一

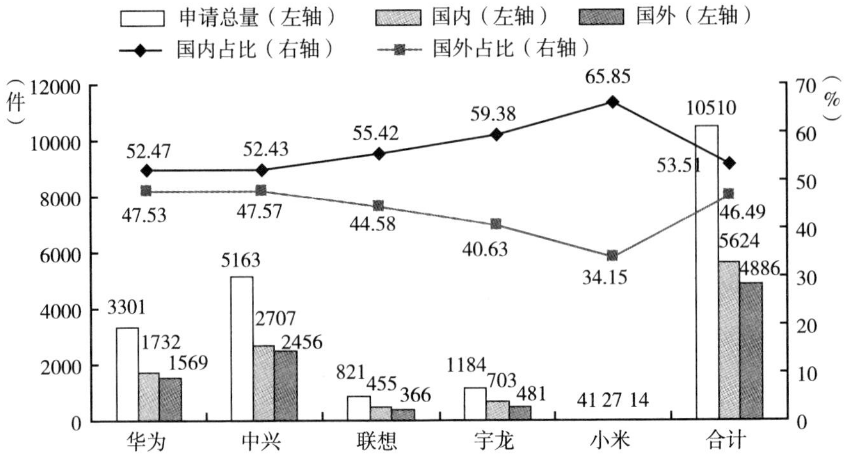

图 4　我国典型智能手机企业智能手机专利申请情况

定程度上反映出该企业的创新能力和技术实力。一项专利最终演变成技术标准往往需要很长的时间，因此当前通信技术标准所涉及的基础专利大多提前十几年就已开始布局，在推动专利演变成技术标准后，专利持有企业在该行业则拥有极大的话语权。我国手机产业起步较晚，在第一代、第二代移动通信发展时基本无相关专利，更无从谈及参与标准制定。进入智能机时代，我

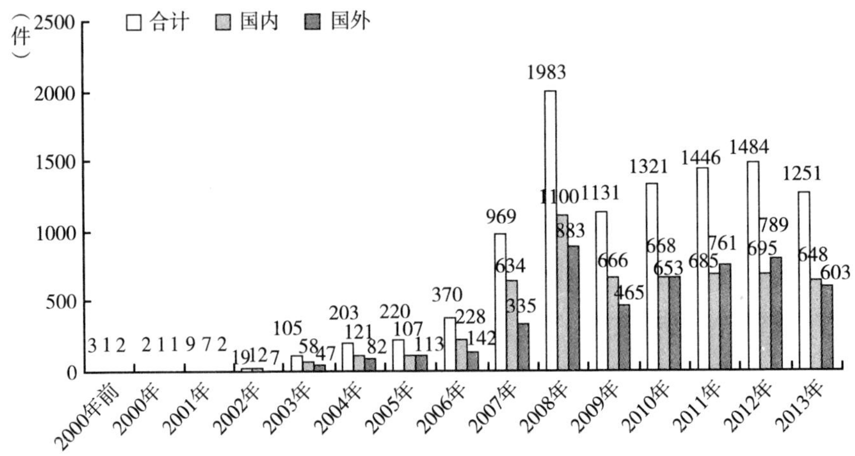

图 5　我国典型智能手机企业年度智能手机专利申请情况

国智能手机企业大多从2006年起才开始着手智能手机领域专利申请，华为、中兴、联想、宇龙及小米五家智能手机企业，2000年以前所申请的智能手机专利仅有3件，且均为华为公司所申请，2006年前共申请智能手机领域专利370件，自2007年起开始大幅度上升，早期专利积累薄弱。

（三）专利运营经验不足，缺乏整体专利战略

目前，智能手机领域专利诉讼、专利收购案例频发，专利运营经验和诉讼应对能力成为提升专利水平的重要因素。相比美、欧、日、韩等国家和地区，我国智能手机领域专利运营经验仍显不足，国内高校、科研院所、企业的专利不能有效组织运营。此外，在专利诉讼应对方面，除华为、中兴在海外专利诉讼方面有一定的经验，尚可以应付来自国外的专利诉讼，联想、宇龙、小米等厂商专利诉讼应对经验仍显不足。这些专利运营经验和诉讼应对能力的缺失成为我国智能手机领域当前难以扭转知识产权被动局面的一个重要因素。

此外，我国智能手机企业缺乏整体专利战略布局意识，由于专利布局投入巨大，回报周期长，在企业经营中得不到重视，企业更看重近期能带来直接收益的应用性专利，对于那些可能对行业发展产生深远影响的重要专利投资不足。同时，专利不仅是智能手机企业的核心竞争力，更是一种优质资产，专利投资及运营是智能手机企业补足短板的重要途径。近年来智能手机领域专利收购案件频发，多项事实证明专利购买是短期内增强专利实力的有效方式。而我国企业一方面缺乏高质量专利的信息来源，另一方面对于利用收购来解决专利问题重视不够，缺乏前瞻性。

（四）部分热点技术专利储备不足，技术创新能力相对较弱

就智能手机的人机交互、应用与服务以及低功耗设计三大热点技术领域而言，目前我国在人机交互领域的触控技术、感应技术和应用与服务领域的专利储备有明显进展，但人机交互领域的语音识别技术和低功耗设计领域的专利储备依旧不足。

在语音识别技术领域，我国智能手机企业在2000年就有了一定的专利申请量，此后专利申请量也在不断增长，但由于起步相对较晚，和国外手机巨头相比，还存在一定的竞争压力。在低功耗设计领域，韩国和日本拥有绝对优势，我国该领域的申请人主要是中兴和华为，但申请量及专利质量与韩、日相比存在差距，该领域技术创新能力相对较弱。

四　我国智能手机产业发展面临严峻的专利风险

尽管目前我国智能手机产业专利实力有了一定的增强，但产业整体竞争力依然薄弱，与国外智能手机业巨头相比仍存在很大差距。随着智能手机领域竞争日益加剧，专利更是成为国外智能手机企业打压竞争对手、争夺市场份额的有力武器，专利纠纷及专利诉讼数量显著攀升，我国智能手机产业发展面临着严峻的专利风险。

（一）借专利费抢占市场，国内企业利润不断降低

目前我国智能手机企业大多以国内市场为主，国产智能手机集中于中低端市场。随着全球智能手机产业趋于成熟，欧美市场趋于饱和，国外智能手机厂商必将对我国市场份额进行争夺，三星等国际智能手机品牌厂商已陆续推出千元智能手机，中低端智能手机市场竞争日益激烈。尽管国际巨头在我国的专利布局力度弱于欧美主要市场，同时受国内法律条款制约和政策保护，我国智能手机企业在国内市场不会面临毁灭性打击，但我国智能手机产业量大利薄现象严重，其高额的专利许可费将进一步挤压我国智能手机企业原本就狭窄的利润空间。

（二）海外拓展风险加大，产业沦为世界代工厂威胁激增

目前，我国国内市场已成为全球智能手机厂商数量最多、竞争最激烈，同时也是利润最低的主要区域市场。而根据IDC数据，华为、联想、

中兴、酷派、TCL 等越来越多的中国厂商都进入全球出货排名前 10 位。在国内市场逐渐饱和、盈利压力加大和开展高端品牌的促使下，国产品牌厂商都加紧海外布局。联想甚至出资 29 亿美元收购摩托罗拉移动正式开拓海外市场。

随着我国智能手机企业拓展海外市场、开发高端品牌的力度不断加大，将不可避免地与苹果、三星公司等国外巨头展开竞争，而我国智能手机企业普遍海外专利布局不足，一旦其发展威胁到国外巨头利益，在脱离了国内政策保护的情况下，将面临高额的专利费用。具体来说，一部售价 150 美元的国产智能手机，目前要缴纳的专利费用包括：高通按照手机售价收取 4% ~5%，爱立信按照手机售价收取 3%，诺基亚按照手机售价收取 2% ~3%，微软以每台 Android 手机 5 美元、平板电脑 10 美元的价格收取专利许可费用，也就是说，每部销往海外的国产手机将面临超过 10% 的高额专利缴纳费用，高于国产手机厂商目前的自主利润率。这将直接导致我国智能手机产业步当年 DVD 产业后尘，利润均被海外专利拥有者获取，整个产业彻底沦为世界代工厂。

（三）海外诉讼风险不断提高，龙头企业恐遭灭顶之灾

一直以来，专利都是打压竞争对手、保护自己、获取利润的有力武器，在智能手机领域这一现象更为突出。以苹果和 HTC 的专利诉讼案为例，作为源于中国台湾的科技企业，HTC 曾凭借其超前的战略眼光和一流的创新能力，从最初的代工厂逐渐成长为全球领先的智能手机厂商。作为当时安卓阵营的最强大力量，苹果公司发起了对 HTC 的专利侵权诉讼，与苹果公司的专利诉讼成为 HTC 发展道路上的重要转折，败诉后，HTC 遭到了在美国境内禁止销售的严厉制裁，整个公司受到沉重打击。与 HTC 发展相类似，尽管我国智能手机企业海外拓展步伐不断加快，但海外专利布局不足，同时缺乏专利诉讼经验，在面对专利诉讼，尤其是海外专利诉讼时，常处于被动境地，很多企业根本没有应诉抗辩能力，有的则是中途而退，大部分案件没有进入实质审理程序就已终结，涉外诉讼局面被动。一旦我国智能手机龙头

企业的海外拓展步伐威胁到国际巨头的利益，严厉的专利诉讼制裁将威胁到我国企业的海外市场，甚至遭受灭顶之灾。

（四）技术发展不均衡，产业竞争动力不足

当前智能手机领域的热点技术集中在人机交互、应用与服务以及低功耗技术领域，这三大热点技术水平代表了智能手机产业的核心竞争力，也是当前专利诉讼频发的领域。目前，我国仅在应用与服务领域具有优势，在人机交互以及低功耗技术领域专利储备依旧不足，尤其是在语音识别和低功耗技术领域，技术创新能力相对薄弱，专利储备量少，这直接影响到我国智能手机产业的未来竞争力，在世界各国抢占产业制高点的竞争中后发乏力，动力不足。

五 立足当下，着眼未来，为产业发展提前布局

专利是产业研发和创新能力的重要衡量标准，专利布局更是着眼未来的一场“圈地运动”。随着全球智能手机产业步入发展趋缓的成熟期，我国智能手机产业迎来了难得的战略性机遇期，整个产业蕴藏着巨大的发展潜力，与此同时，随着我国智能手机企业市场份额的不断提升，产业规模的不断壮大，我国智能手机产业所面临的专利风险也在不断增加。因此，立足当下，着眼长远，针对产业发展提前进行专利布局，对于我国智能手机产业来说至关重要。

（一）充分发挥政府作用，为产业发展创立良好条件

在我国智能手机专利水平不强的条件下，充分发挥政府的行业指导作用，通过使用其他产业政策、行政审查手段和国际商贸规则来实现对国外企业的制衡。合理运用规则和政策工具，对国外企业可能造成的不正当竞争、垄断和违法违规行动进行必要的调查，为我国智能手机产业发展创造良好的条件和公平竞争的环境。

（二）收紧外观设计和UI专利授权，促进产业合理竞争

近年来，针对外观设计和人机交互等UI层面的专利诉讼频发，成为国外巨头进行专利进攻和防御的主要工具，其中人机交互最有可能成为纠纷中的主要进攻手段，并且已经成为行业事实标准。我国相关主管部门应适当收紧对外观设计和人机交互等UI层面的专利授权，仔细研究、考量外观设计和人机交互领域专利授权范围和条件，减少对事实上标准化的技术和方法进行专利授权，避免过于宽泛的专利授权范围在抑制创新的同时进一步抬高垄断者的市场统治力，从而促使产业合理竞争。

（三）加大外围应用型专利研发，注重消化、吸收、再利用

依据我国智能手机产业基础核心专利缺失的现状，制定防御型专利布局策略，围绕核心基础专利，加大外围应用型专利申请，提高应用型专利质量，对核心基础专利形成围堵，从而达到与对方基础专利交叉许可的目的。推行专利回输战略，充分利用现有高质量专利，在其基础上进行消化、吸收与提升，形成自己的专利技术，促进自身专利实力的快速增强。

（四）成立国家级专利运营公司，积极推动专利收购

联合政府和民间企业力量，成立国家级专利运营公司，构建囊括产业链各个环节的专利池，提高专利组织运作能力，帮助企业建立自身的知识产权保护体系和专利战略体系，同时在遇到针对我国企业的专利诉讼时，拿专利池中的专利统一应诉和开展专利谈判。重视利用收购来解决专利问题这一有效途径，积极推动企业开展收购和联合收购。

（五）布局前瞻性技术，抢占未来发展先机

发挥政府的主导作用，加强专利战略的顶层设计，集中优势力量，扶持

重点企业进行技术攻关，制定着眼于产业未来的专利布局战略规划，积极推动重点领域的技术攻关，加强前瞻性技术布局，加快人机交互技术的研发步伐，积极推动语音识别技术发展，积极布局基础性专利，充分利用本土化优势发展应用与服务技术，重视专利部署，从多角度入手低功耗设计，根据自身实力选择适当的研发路线，为产业的未来发展提前谋划。

B.20

后发追赶式国家和地区半导体产业发展模式的特点及路径选择

孟 拓*

摘 要： 半导体产业是高技术产业发展的核心，发展半导体产业具有十分重要的战略意义。当前，我国的半导体产业正处于后发追赶的阶段，发展路径的选择对我国快速实现产业追赶及核心关键技术的突破具有重大意义。日本、韩国和中国台湾在发展半导体产业方面有着不同的后发追赶的成功经验，对其发展战略及模式进行共性分析可知，后发国家和地区经济追赶战略的实现最终还是需要依赖于技术的赶超。

关键词： 半导体产业 后发追赶 高技术产业

半导体产业是典型的知识和人才密集型高技术产业，向来是高技术产业发展的核心。日本、韩国和中国台湾作为在半导体领域成功发展的后发追赶式国家和地区，其半导体产业发展模式十分值得借鉴和学习。本文通过对日本、韩国和中国台湾的发展模式进行分析，总结其存在的共同特点，以期对我国半导体产业的发展模式及路径选择提供借鉴。

---

* 孟拓，工业和信息化部电子科学技术情报研究所助理工程师，研究方向：产业经济运行。

一 日本——电子立国战略，群体式发展模式

二战以后日本依靠科技立国，迅速成为世界经济大国。为了弥补在半导体技术上与美欧的差距，日本走出了一条“引进—消化—吸收—创新”的半导体技术进步之路，用较短的时间完成了欧美用几十年的时间才完成的半导体工业体系所需的技术跨越。20 世纪 80 年代，日本的半导体技术已经处于世界领先水平，成为欧美等国争相学习的样板与标杆。日本的半导体产业发展模式如下。

（一）高起点、高目标，推动全产业链、全产品门类共同发展

日本是率先渗透到高技术核心的后发追赶式国家，同时也是目前后发追赶式国家中唯一曾超越美国的国家。在获得美国仙童公司的半导体技术之后，日本政府立刻将该技术视为“电子工业时代产业的粮食”并深知其对国家经济发展的重要性，因此最初就将追赶的目标定为美国，并下定决心动用各方面的力量将整个产业做大做强。日本政府将发展半导体产业上升到国家战略的高度，通过专门制定相关法规及国家计划，对半导体产业链的各个环节、半导体全产品门类进行全面的投入及发展，进而推动了整个产业的协同发展。

（二）以政府为主导，出台一系列的相关政策，助力产业发展

日本政府坚持电子立国的发展战略，以政府为主导，出台了一系列相关政策，助力产业发展。第一，充分利用各种经济手段（补贴、银行低息贷款、各种税收优惠等）促进产业发展，并通过对贸易保护主义的灵活运用，将“幼稚产业”培育成具有独立竞争能力的“成熟产业”。第二，充分发挥大企业和企业集团在资金、人才等方面的优势，促使其与专业化企业和中小企业合作，形成门类齐全、配套完全的协作网，共同促进产业发展。第三，组织国家研究项目，建设高新技术开发区，为产业集群式发展创造条件。

（三）充分发挥行业组织的纽带作用，形成产业集群发展

行业组织作为产业和政府之间的沟通纽带，在协调各企业利益、达成产业内部的相互谅解等方面都起着相当重要的作用，不但有利于企业和政府部门的密切合作，也能够促进众多公司形成具有强大竞争力的企业联盟，推动产业发展。例如，1948 年日本电子工业协会（EIAJ）成立，1958 年日本电子工业发展协会（JEIDA）成立等，这类机构促使公司之间能够自行组织发展，实现行业组织与众多公司的成功合作，共同制定战略规划。其中，行业组织由日本通产省提供战略领导，公司则由企业联盟提供商业运作。企业联盟中的公司既是竞争关系也是合作关系。这种竞争合作机制不仅促进了企业自身的创新，还推动了日本半导体产业的迅猛发展与快速升级。

二　韩国——品牌超越战略，集中式发展模式

韩国的半导体产业自 1965 年起步，经历了 20 年的后道封装、产品代工及全工序生产实践以后，于 20 世纪 80 年代才开始进入存储器的自主开发阶段。从引进技术到消化吸收、从单纯的整机组装到研发一些技术等级较简单的芯片，每一个阶段都离不开韩国政府所发挥的积极推动作用。为了实现自主创新和掌握自主知识产权技术的根本目标，韩国政府通过各种方式支持与引导大企业逐步提升自主创新能力，并最终掌握高端核心技术。韩国的半导体产业发展模式如下。

（一）以大企业为主体，政府提供资金及政策支持

韩国半导体产业的发展是靠大企业来实现的。由政府选定重点大企业，集中扶持发展半导体行业，以此来提升韩国半导体产业的技术水平和竞争力。韩国政府通过宏观调控政策，引导资金的流向，把 95% 的资金提供给大企业，充分保证大企业优先发展，以便其更有效地与国外跨国公司抗衡。

（二）官产学研通力合作，共同推进技术创新

韩国政府通过出台技术开发及人才培育方面的政策，鼓励并推动了官产学研通力合作，使之共同推进技术创新。例如，20 世纪 80 年代中期至 90 年代初期，韩国政府制订了“超大规模集成电路技术共同开发计划”，以国家电子研究所为主，三星、现代、LG 等大企业组成半导体研究开发组织，集中人才、资金，进行从 1M 到 64M 的 DRAM 核心基础技术的开发，政府承担了大部分新技术开发风险，企业在此基础上继续大规模投资，开发生产技术和工艺技术。为持续地保持并强化竞争优势，韩国政府通过了“新一代半导体基础技术开发项目”，并于 1997 年成功地开发出了 256M DRAM 的基础技术和 1G DRAM 的先进基础技术，2001 年 4 月在业内最早开发出了 4G DRAM，不仅在技术上处于国际领先水平，而且通过工业企业和研究机构的共同参与，培养了一些尖端技术人才。2003 年，通过国内 SoC 设计技术人才培养和基础建设，在汉城大学、全北大学、庆北大学三所大学强化技术研究力量。2001～2005 年推动“半导体设计人才培育项目”的实施，支持韩国半导体企业的技术创新。1988～2003 年，韩国三星集团技术创新能力不断增强，特别是 1997 年，其专利申请数量近 3 倍于 1996 年。综合申请数目和公告数目，可反映韩国官产学研通力合作对韩国的半导体产业技术发展产生了显著的效果。

（三）企业自身进行集中式发展，走品牌超越之路

就企业自身而言，韩国的半导体企业受政策的影响，都专注于发展存储器制造这个高起点的产品，筹集巨资，大力引进国外技术、吸引海外韩裔高级科技人才回国，组织自主开发。如此，韩国几个主要的电子企业用较短的时间就掌握了关键的设计和工艺技术，开发出足以在国际市场上占有一席之地的产品系列，形成了具有韩国特色的追赶模式和创新体系，即集中式发展模式。然而，伴随着韩国半导体产业的发展，韩国企业并没有建立起自己的

品牌地位，留给消费者的印象大多是“更为廉价”，在这种情况下，韩国的大企业（如三星、LG）踏上了品牌超越之路。20 世纪 90 年代至今，短短 20 余年，三星就从“二流企业”跃居为世界顶尖的集团，其中三星电子半导体的销售额已连续多年位居全球第二。

三　中国台湾——工业化战略，代工式发展模式

中国台湾在发展半导体产业的过程中，通过产业激励政策和打造开发区，构建稳定优良的创业环境（如著名的新竹工业园区），吸引投资者，以国际代工为基本市场定位，逐步积累经验，形成快速发展之势。中国台湾通过对自主关键技术的研发和各项优惠政策，特别是重视、鼓励与美国产业聚集地（尤其是硅谷）的技术交流和跨洋合作，吸引华裔企业家和科学家前来创建集成电路企业和设计公司，形成产业聚集效应，并逐渐发展起对工艺技术和产品的自主研发。中国台湾的半导体产业发展模式如下。

（一）行业组织与中小型企业密切合作，共同促进产业发展

中国台湾半导体产业的发展过程是行业组织和中小型企业密切合作的过程。由于中国台湾缺乏大型综合性的电子企业，只能采取行业组织与发达国家的企业进行合资经营的方式来设立公有企业，以达到“示范效果”，从而引导私营企业为进入半导体产业投入大量的资金。这些行业组织首先获取有关技术，然后积累产品和工艺方面的经验，改进有关技术，最终将这些技术迅速推广到私营企业中去，在某些情况下甚至自建企业（如联华电子）进行发展。随着联华电子的成功示范，行业组织的技术扩散与衍生企业的步伐不断加快。例如，工研院 1982 年衍生中国台湾第一家集成电路设计公司——太欣半导体，1994 年又衍生成为世界先进集成电路公司等。中国台湾资讯工业策进会则是于 1988 年通过投资的方式与 IBM 共同成立了合资公司——宏慧资讯系统公司。据统计，这一时期行业组织协助产业成立或直接

衍生企业近150家。这些企业多数具备较为成熟的先进技术，具备较强的市场竞争力，为中国台湾半导体产业的发展不断注入新的力量。

（二）产业结构极具平衡，全产业链协同发展

与竞争对手韩国不同，中国台湾的半导体产业拥有极为平衡的产业结构，这种产业结构由许多大企业共同支撑，尽管这些企业最初并不起眼，但后来通过不断发展壮大（如台积电），其生产业务也涵盖了集成电路生产的各个领域。由于中国台湾整个半导体产业涵括了整个附加价值链的各个阶段，减少了从地区之外进口重要部件的需要，同时产业的可持续发展能力也得以加强。

（三）创新产业发展模式，走品牌代工的发展道路

中国台湾在发展半导体产业的过程中，可以说是另辟蹊径，创新了半导体产业的发展模式，走出了一条不同于任何国家的品牌代工发展道路，其中最具代表性的企业为台积电。台积电于1986年创立，是世界上第一家纯粹的半导体代工企业，并将高利润的SoC业务作为其专注的领域。目前，台积电占据了全球60%的代工市场份额，在整个半导体代工行业中的地位举足轻重。

四　日本、韩国、中国台湾半导体产业发展模式选择的共性分析

技术是促进经济发展的关键因素。就半导体产业而言，以日本、韩国和中国台湾为代表的成功追赶型国家和地区的追赶进程表明，后发追赶式国家和地区经济追赶战略的实现最终还是需要依赖于技术的赶超。尽管日本、韩国和中国台湾在半导体产业发展模式上存在差异，但作为后发追赶式国家和地区，它们之间还是存在以下共同特点。

（一）三个国家或地区都是在当时的历史条件之下，成功建立了符合本地区情况的半导体产业发展模式

通过对日本、韩国和中国台湾半导体产业发展模式的总结，可以发现，在发展半导体产业的过程中，其产业组织的模式都是十分清晰。第一，日本、韩国和中国台湾在选择自身的发展模式时，都是结合了当时国家或地区内外的发展环境，具有一定的时代性。例如，日本半导体产业发展得最早，那时的国际贸易还不像今天这样发达，封闭式的发展还不会受到国际社会的强烈指责；而韩国和中国台湾的半导体产业是伴随着当时欧美国家降低生产成本的需求而发展起来的。第二，政府（当局）部门有着很清晰的阶段性目标及发展规划，并在一次又一次的产业升级过程中，完善体制与制度，形成良好的、能够促进产业发展的组织形式。如日本的产业集群竞争合作式、韩国的以大企业为中心的战略联盟式、中国台湾的行业组织与小企业密切合作式。第三，在产业成长的过程中，日本和韩国都使用了各种手段来保护本国的“幼稚产业”。例如，日本为排斥外国竞争者进入本国市场，制定高额关税；韩国在20世纪70年代迫使合资企业中的外方撤资，留出空间给本国企业，也坚持技术转移的进口替代政策，让外资企业能够进入本国市场（特别是在信息通信领域），并对半导体产品征收关税，但是到了20世纪80年代中期，韩国放松了对贸易和资本的管制，采取了自由化政策。

（二）三个国家或地区的发展模式都有效地集聚了产业所需的各方面资源

三个国家或地区都充分发挥政府（当局）与市场的相互协调作用，共同推进产业发展。就政府（当局）而言，更多的是制定产业发展规划，通过提供相应的政策及资金支持引导企业朝着既定的方向发展。例如，日本政府的《电子工业振兴临时措施法》（1957年）、《特定电子工业及特定机械工业振兴临时措施法》（1971年）、《特定机械情报产业振兴临时措施法》

（1978 年）及《科学技术基本法》（1995 年）等都在总体上加强了日本企业的竞争力，并在政府的支持和引导下加强科技发展的规划，确保研发经费的投入，从人才、信息、基础设施等方面营造良好的环境。就企业而言，在享受政府（当局）提供的优惠政策及资金扶持的同时，往往加紧进行资金投入、技术研发及产品转化的产业技术升级，并将新产品迅速投入市场中去回收资金，再开展新一轮的产业技术升级。例如，韩国在开展半导体内存芯片研发的过程中，从 4M DRAM 到 16M DRAM，再到 256M DRAM，韩国企业在一次又一次的产业技术升级中实现了对先进技术的成功追赶。就行业组织而言，则是发挥着政府（当局）及企业之间的桥梁及纽带作用且效果卓著，这一点在日本和中国台湾半导体产业的发展历程中尤为明显。日本是利用行业组织将企业聚集成产业集群的形式，通过产业集群中企业之间的竞争与合作，共同提高技术实力，推进产业发展；中国台湾则是通过行业组织的带动作用，吸引中小企业投资半导体产业，并通过设立公有公司进行技术的传播与扩散，推进产业发展。

（三）三个国家或地区都充分重视企业在产业发展中的重要性，培育了一批有代表性的大企业

无论是日本、韩国依靠大企业来发展半导体产业，还是中国台湾吸引中小企业对半导体产业进行投资，其发展的主体都是企业本身，企业是行业发展的中坚力量。在日本群体式发展的过程中，企业联盟在推进半导体产业发展的过程中作用显著。日本政府在促进产业发展的过程中，充分尊重市场经济的发展规律，发挥市场在资源配置中的重要作用，鼓励企业联盟中的公司通过竞争和合作的方式，研发新技术、开发新产品，并在全球半导体市场竞争中占据一席之地，发展得较为成功的公司有富士通、日立、三菱、东芝、松下、索尼、夏普等。在韩国集中式发展的过程中，以大企业为主体的品牌超越之路更是将企业作为推动产业发展的核心。韩国的大企业从位于产业链“后端”的封装和测试业务入手，通过不断的努力，进入“前端”的芯片制造业务及与之相关电路模板生产、芯片生产、专用材料和设备的供应业务，

进而成功跻身于世界半导体供应商的前列，如三星和LG。在中国台湾代工式发展的过程中，尽管行业组织在引进技术、构建产业发展模式方面有着不可磨灭的作用，但是其产业发展的落脚点最终还是在企业身上，并通过企业的发展来实现代工式的发展模式，如台积电和台联电都成长为国际知名的代工企业。

B.21
国外医疗电子产业发展现状及启示

王慧娴*

摘　要：近年来，人们对医疗电子产品的需求不断扩大，带动了全球医疗电子市场规模的快速增长。随着医疗电子产业新技术、新产品不断涌现，全球整体医疗水平也得到了根本性的提高和改善。美国、欧盟、日本、韩国及部分新兴市场国家在积极推动相关技术创新的同时，不断地调整发展战略及模式，以促进本国或地区医疗电子产业的蓬勃发展。

关键词：医疗器械　便携式医疗设备　eHealth战略　医疗电子产业

随着人们生活质量的不断提高，全球范围内对医疗电子产品的需求持续扩大，由此带动了医疗电子市场规模的快速增长。与此同时，医疗电子产业的发展得到了世界各国的普遍关注，美国、欧盟、日本、韩国及部分新兴市场国家在积极推动相关技术创新的同时，不断地调整发展战略及模式，以促进本国或地区医疗电子产业的蓬勃发展。

一　主要国家和地区医疗电子产业发展情况

（一）美国医疗电子发展现状

美国医疗电子行业拥有强大的研发实力，很多医疗器械产品技术处于世

* 王慧娴，工业和信息化部电子科学技术情报研究所助理工程师，研究方向：通信技术与产业研究。

界领先水平，如植入性电子医疗器械（心脏起搏器、心房除颤器、人工耳蜗等）、植入性血管支架、大型电子成像诊断设备（CT、PET、MRI 等）、远程诊断设备和手术机器人等。与此同时，美国的医疗服务公司也具有领先的技术优势，研发了有 RFID 芯片的手术用棉球、药签、纱布器械等物品，以此跟踪监测医疗全过程，保证医疗过程中医疗物品的卫生和安全，防止发生医疗事故。

美国也是全球最大的医疗器械市场，目前全球约 50% 的医疗器械都产自美国。健康医疗在推动美国经济中起着至关重要的作用，占据了美国 2.7% 左右的 GDP，并提供了近 2 万个就业机会，美国医疗技术产业产生了 54 亿美元的贸易顺差。近年来，美国医疗技术产业保持了大约 6% 的年均增长率，远高于美国的经济增长水平。

（二）欧盟医疗电子发展现状

欧盟主要通过制定国家发展战略、实施国家层面电子健康计划等途径来推动医疗电子产业发展。作为欧盟“2020 战略”七大旗舰计划之一，欧盟在线医疗（eHealth）近年来发展迅速，在欧盟及成员国的普及范围愈加广泛，已成为欧盟卫生医疗体系不可分割的重要组成部分，其拥有覆盖全民的健康信息网络、电子健康档案、远程医疗服务、移动医疗设备和通信、健康监测和生活方式管理等系统功能。

德国是欧洲医疗技术的创新中心，德国医疗器械行业把销售盈利的 8% 用于研发，且研发效率最高，鼓励企业创新，针对不同需求推出定制服务和增值服务。目前，德国拥有全球仅次于美国的医疗器械产业规模，约有 170 多家医疗器械生产商，其中绝大部分为中小规模公司。德国是欧洲最大的医疗器械生产国和出口国，目前德国生产的医疗器械产品中大约有 2/3 用于出口。

法国是仅次于德国的欧洲第二大医疗电子产品生产国，其一直致力于远程医疗领域的研究，并大力兴建“电子医生”网络。目前法国很多门诊医生已被纳入到远程医疗体系中，并且配备了“电子医生”的医疗系统。“电子医生”技术分为两类：一类是将医疗电子数据（包括 X 光片、CT 扫描图等）传输到另一个地方，从而实现异地诊疗；另一类是面对面的可视化技术。

英国政府一直致力于建立“国民卫生服务”（NHS）体系的国家 IT 发展计划，吸引众多信息科技企业、通信企业参与医疗电子信息化的建设。英国构建了国家虚拟宽带网络，该网络能够将英格兰和苏格兰两地的医院和上百万员工连接起来，并且实现病人病历在不同医院之间的迅速转移；建立了国家病历中心 Spine，该中心是病人资料的数据库，储存有病人的基本信息、病历档案等信息。

（三）日本医疗电子发展现状

2004 年，日本提出了 U-Japan 基于物联网的国家信息化战略，要求加强信息通信技术在医疗护理中的应用。2009 年 7 月 6 日，作为 U-Japan 战略的后续战略，日本 IT 战略本部发表了“I-Japan 战略 2015”，提出重点发展的业务包括医疗保健等三大核心领域。2011 年 5 月，日本 IT 战略本部公布了在医疗领域的 IT 战略，提出了“我的医院遍布各地”（My Hospital Everywhere）的理念。基于该战略，个人不仅能从医疗机构获取医疗及健康信息，而且还能通过电脑等信息终端来维护和管理这些信息。

同时，日本已将电子信息技术应用于医疗、看护、护理等相关产业，日本电子巨头正在加大力度进军医疗市场。松下推出其全新的生物样本库保解决方案、实验室产品解决方案、药房自动化产品及手术室产品等电子医疗产品。索尼等企业加速进军移动医疗市场，推出血压计、血糖计、无线睡眠监控机、无线慢跑监控机、无线饮食监控机等产品。索尼公司还与奥林巴斯共同宣布成立索尼奥林巴斯医疗解决方案公司。多家传统日本电子企业也竞相推出创新医疗产品。随着移动医疗的蓬勃发展，且医疗产品与智能手机的连接越来越紧密，移动健康医疗成为日本医疗电子产业发展的一个重要方向。

（四）韩国医疗电子发展现状

当前，韩国大力发展医疗电子产业，由政府主导制定相关法律和规划，同时予以经费支持。在政府的强力推动下，韩国已经完成了两个（1991 ~

2000 年和 2001～2010 年）卫生信息系统 10 年计划。当前的重点为标准化和司法问题（如隐私等方面的立法）等信息化基础工作，以及公私立医院系统的整合。

韩国 95% 的医院和诊所可以通过网络链接到医疗保险部门进行结算，而且大多数三级医院已经安装了医嘱录入系统，其中 1/3 安装了图片文件交流系统（PACS）。目前在韩国已经有多家大、中型医院拥有运作信息化项目的成功经验。

（五）新兴市场国家医疗电子发展现状

印度医疗工业发展水平比较落后，总体特点是“小而散”，大多数企业的雇员只有十几人至几十人，但印度医疗产品除少数产品从海外进口外，基本上可以自给自足。印度政府在引导医疗电子产业发展方面，一是引进国外技术及资金，加大与国外著名公司合资合作的力度，为国外客商提供了非常优惠的条件；二是大力扶持民族工业和私营企业，为本国企业、医院及护理中心购买国外先进设备提供便利与支持，也为其合资合作研发新产品、开办工厂与医院提供政策扶持，初步形成了一套完整的医疗仪器与设备的生产、采购、分销体系。

俄罗斯医疗电子产业发展相对落后，但对医疗电子的需求较大。近年来，俄罗斯的医疗器械市场规模年均增速为 10%～12%，这主要是由于国家加大了对医疗行业的投资，国家采购占医疗器械市场总量的 80% 以上，其余为私人设备医疗防治机构采购。俄罗斯政府计划到 2020 年将全部采购本土生产的医疗产品。

巴西也在推进医疗电子产业的发展，在一些贫民窟使用“便携式”医疗电子设备来监测其病患情况，以提高民众获得医疗保健支持的机会，同时减少医疗保健支出。便携式医疗已为巴西公共卫生系统每年节约数十万美元。同时，巴西是拉美地区最大的医疗器械市场，预计 2016 年巴西医疗器械市场总规模将在 80 亿美元以上，发展速度较快。

南非在非洲的医疗电子产业发展方面走在了前列，远程医疗平台在南非得到了推广和使用，并取得了良好的效果。通过远程医疗平台，患者和医生都可以使用移动设备把病例上传至服务器，建立和充实病例档案，从而进行远程的咨询和病例管理。

二　国外医疗电子产业发展特点

（一）市场规模持续增长

根据市场研究机构 Databeans 的统计，全球医疗电子支出每年以 15% 的速率不断增长，其中家用和便携市场成长速度最快，年复合成长率高达 16%。总体来看，全球各国医疗电子的主要发展领域包括以下几方面：①个人电子健康档案；②健康在线；③基本医疗管理；④家庭保健；⑤医院和病人的管理；⑥远程医疗和远程会诊；⑦继续医学教育；⑧政府监控与管理。

从区域结构来看，美国、欧洲和日本仍是医疗电子的主力市场，但随着这些地区医疗电子体系日趋完善和市场规模的持续扩大，其增长空间和潜力已十分有限，而一些新兴的区域市场，如以中国、印度等为代表的亚太地区，一方面由于其所具有的人口优势，另一方面在经济快速成长的带动下，医疗电子市场一直保持着较高的增长速度，成为带动全球市场增长的重要区域。

（二）技术水平不断提升

近年来，医疗电子产业新技术、新产品不断涌现，使全球整体医疗水平得到了根本性的提高和改善。一是计算机和信息技术得到广泛应用，远程会诊、远程监护、电子病历等都已开始逐渐普及。二是医学影像技术取得了长足的发展，随着分辨率的不断提高，一些成像系统已具备了显微分辨能力，将活体影像学带进了基础科学，使其可以深入到细胞、分子水平，即成像技术从宏观进入了微观，医学影像进入了新时代。三是家用医疗电子产品技术发展日新月异，便携性、低功耗及高可靠性成为家用医疗电子产品的技术进步方向。

未来全球医疗电子技术水平将继续演进，硬件性的产品更加智能化，内部功能更为复杂，操作方式更趋简单化；创新开发将使医疗电子产品的集成化和复合型趋势更加明显；技术发展也将进一步提高临床诊治在时间和空间上的精确性。

（三）各国政府高度重视行业发展

市场需求的快速增长刺激了各国在医疗电子领域的投入力度。美国通过发布经济刺激法案和新医改方案等措施，促进了医疗电子的创新与应用。欧盟通过制定 eHealth 战略、建立虚拟医院等方式，推进欧盟卫生医疗体系建设。日本先后提出了 U-Japan、I-Japan、医疗领域 IT 战略等，加强了信息通信技术在医疗领域的利用。韩国已完成两个卫生信息系统 10 年计划，在医院信息化等领域取得了丰硕的成果。印度、俄罗斯、巴西、南非等新兴市场国家也通过积极引进国外技术、大力扶持本土企业、强化大型设备政府采购、分发便携式医疗电子产品、推广远程医疗平台等方式，推动医疗电子产业发展。

三　国外医疗电子产业发展对我国的启示

（一）做好顶层规划，制定产业发展战略

美国的医疗电子产业具备强大的竞争力，这与其对行业极具前瞻性的战略和规划密不可分。早在 2005 年 8 月，美国就成立了国家健康信息技术协调办公室，下设战略、标准、协调计划和政策研究 4 个部门，领导全国发展互联健康信息技术基础设施。近年来，美国继续从医疗电子发展的组织保障、制度创新、卫生信息系统设计以及对医疗服务供方采取一定的经济激励约束机制等方面促进电子信息技术在卫生医疗领域中的运用。2009 年 2 月 17 日，奥巴马总统签署了美国经济刺激法案。除了扩大医疗保险的覆盖面、

增加贫困人口医疗保险的投入外，美国联邦政府还投资190亿美元用于促进卫生信息化的发展，尤其是促进电子健康档案的使用。2010年美国新医改方案再次强化了电子信息技术在医疗改革中的支撑和推动作用，计划于2015年开始全面推行统一的电子健康档案制度。但从我国来看，虽然近年来我国医疗电子产业发展步伐加快，但由于缺乏统筹规划和顶层设计，目前各地区和机构在推动医疗电子产品及系统应用时，大都根据自身需求独立建设，难以实现高效的信息交换和共享，进而导致医疗电子产业发展呈现割据状态。因此，我国应积极做好医疗电子产业的战略规划，合理布局，做好各项业务应用系统的需求分析、统筹设计及信息资源的整合利用，整合各方力量，打破业务领域壁垒，避免重复建设和短期行为。

（二）以市场为导向，推进行业技术创新

当前，各主要国家的医疗电子技术创新均注重以市场需求为导向。比如，美国政府将远程医疗列为重点推动项目之一；欧盟RFID技术在药品管理上得到了广泛的应用；日本则以远程医疗为主推动智慧医疗。英特尔、苹果、微软、谷歌等IT行业巨头也纷纷开始布局可穿戴设备的发展，以实现对人体健康的智能感知和控制。与此同时，众多医疗服务公司也将新技术应用于需求巨大的电子健康医疗，研发了有RFID芯片的手术用棉球、药签、纱布器械等产品。我国医疗电子产业目前已开始进入以中档产品为主向高档产品发展，由小变大、由弱变强的新阶段，国家已经加大了对医疗电子研发的投入。然而，从国内医疗电子行业发展所面临的各种问题来看，只有建立以企业为主体，市场为导向，产、学、研、用相结合的技术创新体系，充分整合社会资源，以群体优势带动产业发展，才有可能更好地向国际水平靠近，并获得更快速的发展。

（三）完善相关政策，营造良好的发展环境

德国医疗电子产业在全球范围内具备领先优势，这主要得益于德国政府为本国企业营造了良好的发展环境。德国联邦经济部和卫生部推出“健康

经济出口计划”，帮助德国企业发展潜在客户。德国政府还建立了基金会，企业专利可获50万欧元的健康研发资金，并且设有联邦药品和医疗器械局，由医疗专家、工程师等组成，并进行监管。就国内而言，当前，医疗电子设备在日常生活中的广泛应用以及医疗电子产业的蓬勃发展已受到我国政府的高度关注，相关部门先后出台了一系列政策法规来推动医疗电子产业的发展，包括《医疗器械科技产业“十二五”专项规划（2011～2015）》《医药工业“十二五”发展规划》《“十二五”期间深化医药卫生体制改革规划暨实施方案》《关于促进健康服务业发展的若干意见》等。但总体而言，我国医疗电子产业及其相关软环境和服务市场的政策覆盖面尚不宽泛，针对性仍待加强，总体推动效应还不够明显。从今后发展来看，我国还应进一步完善产业政策，充分利用财税、专项资金、投融资等手段，为医疗电子产业发展创造良好的环境，从而促进本土企业发展，提高产业整体的竞争力。

B.22

游戏机核心芯片发展历程与未来动向

闫 洪*

摘 要： 作为一种深受人们喜爱的娱乐电子产品，游戏机已经走过了30多年的发展历程。相对于计算机、手机等电子产品，游戏机更新换代的速度慢、周期长，但其各代产品间的技术跨越十分明显。在游戏机中，提供运算功能的CPU、负责图形处理的GPU以及存储动态数据的DRAM是核心部件。在游戏机的发展过程中，无论是CPU位数的翻番还是主频的提高，无论是GPU支持显示分辨率的增加还是处理速度的攀升，无论是DRAM类型的变化还是容量的激增，都受益于集成电路的发展，游戏机核心芯片的变迁从一个侧面反映了集成电路技术的进步。游戏机核心芯片的发展特点是：更新换代慢，性能提升明显；按需配置，注重优化；采用成熟技术，降低采购成本；装机量相对较小，但生命周期长。游戏机核心芯片的发展趋势是：CPU架构趋同，但继续保持独立；GPU性能卓越，但各有侧重；存储容量大增，并支持多任务运行。

关键词： 游戏机芯片 CPU GPU DRAM

2013年，新一代电视游戏机开始发售，截至2014年4月，IBM的XBOX ONE销量达到500万台，而截至2014年8月索尼的PS4销量已经突

---

* 闫洪，工业和信息化部电子科学技术情报研究所高级工程师，研究方向：半导体。

破1000万台大关。2014年，全球两大游戏厂商IBM与索尼的游戏机产品已经通过合资公司的形式在上海自贸区正式开展业务，无论是消费者还是政府管理部门对游戏机的关注度均在不断加强。

游戏机是一种深受人们喜爱的娱乐电子产品，从最早出现的简易型电视游戏机开始，到任天堂红白机的热销，再到索尼PS与微软XBOX系列游戏机的风靡，游戏机走过了三十多年的发展历程。作为一种独特的电子整机产品，游戏机的产品形态、产业模式等一直具有独特之处。由于游戏机行业所具有的特点，游戏机产品更新换代速度远远不如计算机、手机等电子产品快，每代产品在定型后能保持数年不变，一代产品甚至能够维持近十年的生命周期。虽然游戏机的换代周期长，但各代产品间的技术跨越十分明显，每一代产品的推出不仅采用了当时最成熟的技术，而且新技术的应用甚至领先于同时代的PC机。

游戏机产品与PC机具有极为相似的计算架构，但游戏机与PC机之间的区别也十分明显，PC机强调的是通用性，而游戏机则注重专用性，从产

图1 XBOX ONE与PS4硬件配置

品形态上讲，游戏机可以看做是一种针对游戏功能而制造的专用 PC 机。与 PC 机一样，游戏机的硬件中各种芯片是其核心部件，而其中最主要的芯片则是提供运算功能的 CPU、负责图形处理的 GPU 以及负责动态数据存储的 DRAM。虽然游戏机产品的形态在几十年间发生了巨大的变化，但这三类核心芯片一直存在，同时也是其各代产品间性能提升的标志。

一　游戏机核心芯片发展历程

（一）游戏机 CPU 发展历程

世界上第一台电视游戏机是 1972 年由 Magnavox 公司推出的“奥德赛”。这种最早期的游戏机只具有简单的运算与图形处理功能，还没有 CPU 等概念的电路出现。1979 年雅达利游戏机诞生，这种游戏机具有 8 位的 CPU，可以支持 8 种色彩，并且有了简单的音乐。1983 年日本任天堂公司推出了著名的 FC（Family Computer）游戏机（俗称“红白机”），这款游戏机是这一代游戏机的代表性产品，它仍是基于 8 位 CPU。1990 年任天堂又在 FC 的基础上再度推出了 16 位的 SFC（Super Family Computer）。至此，游戏机完成了从 8 位机向 16 位机的过渡。

1994 年索尼发布了 PS 游戏机，它使用的 R-3000A CPU 主频达到 34MHz，运算速度为 30MIPS。同一时代还有任天堂的 N64，使用了主频为 94MHz 的 32 位 R4300i CPU；世嘉的土星使用了主频为 29MHz 的 32 位 CPU SH2。在这一阶段，游戏机的 CPU 已经进入 32 位阶段，主频也均达到数十兆赫兹（MHz）水平。此后，游戏机 CPU 进入了 32 位百兆赫兹（MHz）阶段，如索尼于 2003 年发布的 PS2，CPU 主频 295MHz，任天堂 2006 年发布的 Wii，CPU 主频 729MHz。在此后的新一代游戏机产品中，CPU 性能再度提高。2006 年索尼 PS3 发布，其 32 位的 Cell 处理器主频上升到了 3. 2GHz，微软 XBOX 的 32 位 Xenon CPU 主频同样达到 3. 2GHz。在主频达到吉赫兹（GHz）水平之后，游戏机 CPU 又向多核方向发展，主频不再继续提高甚至开始降低。

2013年前后，最新一代的游戏机开始上市，代表性的产品是微软的XBOX ONE与索尼的PS4。两者的CPU主频均为1.6GHz，而且均采用AMD公司Jaguar架构的8核CPU，计算能力分别为1.23TFLOPS与1.84TFLOPS。

游戏机CPU性能提升经历了从计算位数的提高到主频提高再到核心数上升的几个阶段，每一代产品的CPU性能均有大跨度的提升。

（二）游戏机GPU发展历程

游戏最主要的标志是其图像的品质，游戏图像的优秀程度往往是游戏爱好者选购游戏机时最先考虑的因素之一，而游戏机图像处理芯片GPU是决定图像优秀程度的关键所在。在游戏机刚刚出现的年代，图形显示简单，不需要专门的电路用于处理图像，而随着游戏画面质量的不断提高，分辨率逐渐上升、色度逐渐增多，专门用于处理图像的GPU开始出现，并逐步成为游戏机中发展最快的一类芯片，而三维（3D）游戏的出现更是加快了游戏机GPU的发展。

在早期的游戏机中，图形处理是由CPU完成的。当时任天堂FC的图像质量为256×240/16色，任天堂SFC图像质量为512×448/256色，这一时代的游戏机没有独立GPU电路。在90年代中期，索尼PS、世嘉SS、任天堂N64等32位游戏机的图像已经达到640×480的水平，色深也达到了8位，此时专用的图像处理电路开始应用在游戏机中，但由于电路还很简单，其图形处理能力不强。

2000年前后，新一代游戏机出现，这一代产品的图形水平大大提高，已经达到1024×768水平，色深达到16/32位，专用的GPU普遍出现。索尼PS2的GPU为GS，主频为147.5MHz支持16位色；任天堂NGC的GPU为ATI的Flipper，主频162MHz支持16位色；微软XBOX的GPU为NVIDIA的NV2A，支持32位色多边形处理能力达到1.165亿/秒。2005年开始，新一代的游戏机纷纷上市，由于同时代正是数字化平板电视开始大发展的年代，游戏机的图像处理能力进一步提高，达到了480p/720p

的水平。索尼 PS3 采用的 RSX 专用 GPU，运行频率为 550MHz，浮点运算能力达到 1.8TFLOPS。任天堂 Wii 采用 ATI Hollywood GPU，运行频率 243MHz。微软 XBOX 360 的 GPU 是基于 ATI R500 的定制芯片，运行频率 500MHz。

2013 年，在微软与索尼发布的最新一代游戏机产品 PS4 与 XBOX ONE 中，图形处理能力达到了游戏机产品的最高水平，两者全部支持 1080p 显示，GPU 水平再度提高。XBOX ONE 采用 AMD GCN 架构 GPU，该 GPU 拥有 12 组计算单元，768 个流处理器。PS4 也是采用 AMD GCN 架构 GPU，该 GPU 拥有 1152 个流处理器。

游戏机图形处理能力的提升，主要是依赖于 GPU 性能的提高，自出现在游戏机产品以来，每一代游戏机 GPU 的性能提升明显，并且逐步成为与 CPU 并驾齐驱的核心芯片。

（三）游戏机存储器发展历程

存储器是游戏机不可或缺的核心芯片，主要负责系统与运算数据的动态存储。在游戏机刚刚出现的年代，作为内存的 DRAM 仅仅是数十 KB 的水平，而作为承载游戏节目的 ROM 存储器，则是游戏机上使用量最大的门类，虽然每个游戏卡的内存量并不大，但众多游戏节目卡使用了大量的 ROM。当游戏机进入光盘时代之后，ROM 节目卡被光盘所取代，游戏机中使用的存储器芯片以各类 DRAM 为主（见表 1）。

表 1　典型游戏机内存容量

游戏机	内存种类	容量	游戏机	内存种类	容量
任天堂 FC		2KB	微软 XBOX	RDRAM	64MB
任天堂 SFC		128KB	索尼 PS3	XDR	256MB
索尼 PS		4MB	微软 XBOX 360	GDDR	512 MB
任天堂 N64	RDRAM	4MB	索尼 PS4	GDDR5	8GB
索尼 PS2	RDRAM	32MB	微软 XBOX ONE	DDR3	8GB

随着游戏机的升级换代，内存类型也紧跟当代的主流类型，内存用量大幅度增加，从 KB 级上升到 MB 级再到 GB 级。相对于 CPU 与 GPU，游戏机存储芯片的发展较为简单，类型不断变化、容量不断跃升是其主要特点。

二　游戏机核心芯片发展特点

在历代游戏机核心芯片的演变与发展过程中，性能大幅度提升是最主要的标志，这均是来源于计算技术与半导体集成电路技术的进步与发展。无论是 CPU 位数的翻番还是主频的提高，无论是 GPU 支持显示分辨率的增加还是处理速度的攀升，无论是 DRAM 类型的变化还是容量的激增，都受益于集成电路的发展，游戏机核心芯片的变迁从一个侧面反映了集成电路技术的进步，同时也具有一些自身的发展特点。

（一）更新换代慢，性能提升明显

电子信息产品多年来的一个显著特点是更新换代迅速，如 PC 机、手机等。与这些产品相比，游戏机的更新换代周期较长，一代新产品的推出短则需要 4～5 年，长则需要 5～10 年。这一现象是由游戏机这种特殊的电子产品的特性所决定的，在芯片上则表现出各代产品间的差别巨大，几乎不存在过渡现象。只要新一代产品出现，所采用的芯片性能便大幅度提高，同时也带来游戏机性能的大幅度提升。在 CPU 上，早期的一些游戏主机为了保证两代产品间的兼容性而采用架构向下兼容的 CPU，而近来的一些产品已经不再顾忌这些，为了提升计算性能而在换代时采用了不兼容的 CPU。微软最新一代的 XBOX ONE 采用了全新的 AMD x86 架构 CPU，上一代 XBOX 360 的游戏已经不能在 XBOX ONE 上运行。GPU 的性能提升更是明显，每一代产品上所采用的 GPU 芯片均能够与同一时代的高端 PC 机相媲美，而且经过优化的专用 GPU 图形处理能力往往高于一般 PC 机。存储器更多地表现在容量的增长上，尤其是在最新一代产品中，8GB 的内存容量已经超过了一般 PC 机 4GB 的标准容量。

（二）按需配置，注重优化

在历代游戏机中，核心芯片不仅注重性能的提升，而且还根据整机总体性能需求去配置芯片，从而保持了游戏机相当长的生命周期。游戏机的CPU与GPU均与PC上所用的芯片不同，由于不需要考虑通用性问题，所以均是定制芯片。在总线架构、输入输出、缓存等方面定制的CPU与GPU芯片均针对整机系统进行了优化，合理裁剪了部分电路并增强了专用电路部分。专用的芯片从参数上看与同一代用于PC上的芯片相差不大，但在游戏运行、图形处理与显示上，效率往往高于后者。如当前的PS4及XBOX ONE的高分辨率三维图像处理能力就明显高于同档次的PC机GPU。专用芯片具有明显的优势，但也为供货商带来了一定的影响，当游戏机厂商选定供货商后，在较长的一段产品周期内，不会再更换芯片的来源，同时当供货商出现供货问题时，游戏机厂商也很难找到替代厂家。不同于CPU与GPU，通用的存储器一般不存在专用性问题，游戏机厂家在设计产品时也注重按需配置，如索尼PS3只采用了256MB的内存，这种配置低于同代的PC机，但已经足够满足系统运行的需要。

（三）采用成熟技术，降低采购成本

由于游戏机是专用产品，其主要目的是满足“游戏”这个基本功能，核心芯片也是围绕这一目的来进行设计的。游戏机核心芯片往往没有使用最尖端的技术，而是注重实用与成本控制。以CPU为例，1983年英特尔80286的主频是6MHz，而同时期任天堂FC的主频仅为1.8MHz；最新一代的索尼PS4、微软XBOX ONE所采用的AMD Jaguar架构CPU仍无法与英特尔的高端PC机CPU相媲美。采用这一策略与游戏机产品的应用密切相关，针对游戏这个比较特定的应用目的，够用、实用是最主要的考虑因素。稳定性也是另一个考虑的重点，成熟的技术对换代周期较长的游戏机来讲十分重要。此外，经过优化的游戏机专用操作系统一旦完成与CPU、GPU等核心芯片及系统的优化适配后几乎不会再进行升级。

（四）装机量相对较小，但生命周期长

据统计，游戏机年度平均销量为百万台水平，偶有超越千万台的优秀表现，这与年度销量动辄上亿乃至数亿（台/部）的 PC 机、电视、手机等大宗电子整机产品的销量无法相比。芯片装机量虽然相对较小却具有相对较长的生命周期，产品一旦定型，数年乃至十年不变，芯片的累计出货量十分可观。以微软 XBOX 360 与索尼 PS3 为例，截至 2013 年 10 月与 11 月，两者历时 8 年的全球累计销量均已突破 8000 万台。细水长流是游戏机核心芯片的典型供货模式，供货商一旦被选定后，均需要有一定的耐心为游戏机厂商常年供货。某些时候由于集成电路技术的变化较快，芯片厂商还不得不改变游戏机芯片的加工工艺，如索尼 PS2 的 CPU 最早的加工工艺为 0.18 微米，后期的芯片则随着加工工艺的进步提升到 90 纳米。

三 游戏机芯片发展新动向

游戏机经历了几十年的发展，从简单到复杂，功能和性能不断提高，虽然诸如输入输出接口芯片、有线/无线通信芯片、音频处理芯片、电源管理芯片等新型芯片逐渐被搭载到游戏机中，但 CPU、GPU、存储器这三类芯片一直是游戏机的核心芯片。游戏机核心芯片随着游戏机的更新换代，继续保持了一贯的发展特点并呈现出一些新的发展动向。

（一）CPU 架构趋同，但继续保持独立

当前具有代表性的游戏机是索尼的 PS4 与微软的 XBOX ONE，目前这两款新产品全部采用了 AMD Jaguar 架构的 CPU。虽然两款 CPU 是两家游戏机厂商分别定制的芯片，但采用的架构相同且技术水平与性能相差无几。以往各游戏机厂商在自己公司游戏机上采用的 CPU 均与别家不同，而且自家的各代产品之间也经常出现互不兼容的现象。此次两大主流厂商则采用同一架构的 CPU，这在游戏机发展史上还是首次出现。CPU 芯片的趋同并不意味

着两种游戏机正在走向兼容，互不兼容、各具特色是游戏机多年来一直秉承的差异化竞争路线，CPU 架构的相同只是反映出当前能够为游戏机提供高性能 CPU 的厂家已经所剩无几。架构趋同还为第三方游戏开发商带来了一些便利，那些为两个平台同时开发游戏的厂商开发游戏时可以减少底层兼容性带来的一些问题。

（二）GPU 性能卓越，但各有侧重

与 CPU 相同，在 PS4 与 XBOX ONE 上也均采用了 ATI（AMD）的高性能 GCN 架构 GPU。由于需要支持 1080p 水平的三维图像的处理，这两款 GPU 的处理能力均接近当前高端 PC 机的 GPU。值得注意的是，两款高性能芯片间还是具有较明显的差异。索尼 PS4 的 GPU 配备了 18 组计算单元，拥有 1152 个流处理器，而微软 XBOX ONE 则配备了 12 组计算单元、768 个流处理器。在同样架构与制造工艺相同的前提下，两者的计算能力大约相差 30%。这一明显差异表明，索尼还是坚守视觉效果优先的战略，而微软仍是要走以游戏内容取胜的道路。

（三）存储容量大增，支持多任务运行

在最新一代 PS4 与 XBOX ONE 上，均采用了 8GB 的大容量内存，这一容量已经明显高于一般 PC 机。虽然内存的单价无法与专用的 CPU 与 GPU 相比，但游戏机厂商也不会随意增加其容量，多余而无用的内存只会增加整机成本。之所以采用大容量的内存，游戏机厂商是有所考虑的。除去游戏内容越来越复杂，需要更大动态存储空间外，多任务是内存量大增的一个重要因素。新一代游戏机均已具备联网与体感功能，在进行游戏的同时还要运行网络连接、体感数据处理等，这些均需要较大的内存空间。

当前正是新一代游戏机销售的旺季，游戏机芯片将在整个游戏机的生命周期内保持较长时间的相对稳定，虽然不排除有所变化的现象发生，但变化只会是微调。在未来新一轮游戏机中，游戏机芯片将随着整机的

变化而发生巨大变化。可以预见，未来一代游戏机将支持更高显示分辨率（4K 或更高）、具有新型输出接口、具备高速有线/无线联网功能并很有可能成为家庭娱乐的中心枢纽。届时的游戏机 CPU 将具备更强的计算能力并与未来高端 PC CPU 水平更加接近。GPU 将采用更新的图形处理技术并为超高清显示提供支持。存储器容量将继续增加，闪存极有可能取代硬盘成为内置存储的主角。随着未来游戏机承载新型功能的增加，集成更多功能的游戏机系统芯片（SOC）将有可能诞生并成为新的核心芯片。

热　点　篇

Hot-spot Reports

B.23

英特尔 Quark X1000

闫　洪*

摘　要：2013 年英特尔公司发布了全新的“Quark”（夸克）处理器架构，Quark X1000 是其首款芯片。Quark 架构的芯片具有低功耗、小内核和架构开放等特性，主要应用方向为工业控制、物联网与可穿戴设备等小尺寸、低功耗高性能的电子产品。英特尔旨在通过 Quark 架构芯片寻求在工业控制、物联网及可穿戴设备领域占据一席之地，Quark X1000 的推出表明英特尔正向一个全新的方向进军。

关键词：英特尔　夸克　处理器架构

* 闫洪，工业和信息化部电子科学技术情报研究所高级工程师，研究方向：半导体。

英特尔 Quark X1000 是英特尔公司在 2013 年 9 月举办的英特尔开发者论坛（IDF）2013 年会上发布的首款基于“Quark”（夸克）架构的处理器芯片，Quark 架构是英特尔同时发布的一种全新的处理器架构。Quark 架构的芯片具有低功耗、小内核和架构开放等特性，主要应用方向为工业控制、物联网与可穿戴设备等小尺寸、低功耗高性能的电子产品。

在 Quark X1000 发布时，英特尔新任 CEO 科再奇宣称：“英特尔将进一步切入更低功耗计算设备领域，塑造并引领计算产业的未来。”由此可见，英特尔公司对 Quark 架构芯片寄予了厚望。在智能手机和平板电脑处理器市场失利之后，英特尔针对移动性更强、更加小巧、功耗更低的应用领域推出了 Quark X1000，力图以此为起点在新的领域占据市场先机，并营造出一个以 Quark 架构为核心的生态环境。英特尔的 Quark 是一种开放性的架构，公司允许客户对架构进行扩展并在英特尔的授权下对其进行改造设计，这是英特尔首次在处理器芯片上采取这样的策略。

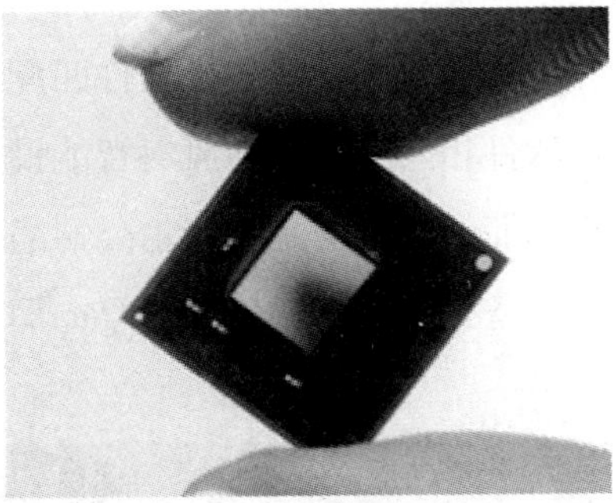

图 1　Quark 芯片发布会与 Quark 芯片

一　简介

Quark 架构芯片是至今为止英特尔最小的处理器芯片，和英特尔此前推出的凌动（Atom）系列相比，Quark 架构的芯片尺寸和发热量更小。英特尔展示的 Quark X1000 芯片核心尺寸仅为凌动的 1/5，而功耗仅为 1/10。

Quark X1000 基于英特尔第一代奔腾的 ISA 指令集，为32 位单核心单线程，主频最高可达到400MHz，芯片可以支持多种存储接口、总线接口及开源的 Linux 系统。Quark X1000 可以流畅地运行 Windows 98 系统并勉强运行 Windows XP 系统。

英特尔没有透露 Quark X1000 的制造工艺，据业内估计，这款芯片将采用32nm 的技术制造。英特尔官方虽然没有给出 Quark X1000 的具体功耗数据，但据业内专家的推算，其功耗将低至几百毫瓦。

二 主要特点

Quark X1000 具有以下主要特点。

适用于恶劣环境：Quark X1000 具有数据纠错功能，可适用于工厂车间等恶劣环境，并为需要连续运行的设备提供数据处理的完整性、运行的可靠性和稳定性。

与操作系统及防病毒软件匹配：Quark X1000 可与现有的软件平台及防病毒软件相匹配，包括风河智能设备软件平台以及迈克菲嵌入式体系，风河与迈克菲的技术均是英特尔公司通过收购的方式获得。

具备扩充与定制特性：Quark X1000 是英特尔 Quark 架构的首款芯片，

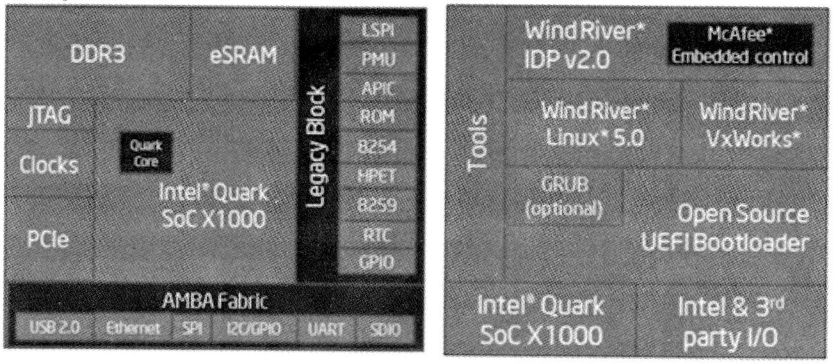

图 2 Quark X1000 芯片架构与软件平台

用时具备 Quark 架构芯片的扩充与定制特性。Quark 架构芯片允许客户通过架构中的扩展接口将自己的功能模块集成至 Quark 芯片中，Quark 芯片也可以由第三方厂商根据自己的需要，在英特尔的技术专利授权下对其进行改造设计。这种开放的方式是目前 ARM 公司所采用的商业模式，对一直采用封闭方式的英特尔来说还是首次。

三 推广与应用前景

2013 年 10 月，英特尔宣布与基于开放源代码的软硬件平台 Arduino 合作，共同推出集成了 Quark X1000 的开发板“伽利略”（Galileo）。伽利略开发板具有高性能的计算能力以及 Arduino 软件开发环境的易用性，并可以采用 Mac OS、微软 Windows 和 Linux 操作系统编程，伽利略可被设计成为与 Arduino 生态系统兼容的软硬件产品。英特尔希望通过这一开发板调动开发者的兴趣，打开通往可穿戴计算设备的大门。在同月举办的罗马创客节上，英特尔 CEO 科再奇宣布，将在未来 18 个月内向全球 1000 所大学捐赠 5 万个英特尔伽利略开发板。2013 年 12 月英特尔与广东东莞签订合作协议在松山湖建立“英特尔夸克应用研究院”，同时还将建立松山湖智能终端创业孵化器，把研究院的技术转化为产品。此外，在 2014 年 1 月的 CES 大展上，英特尔展示了基于 Quark 芯片的计算平台 Edison 以及几款基于 Edison 的产品原型。

图 3　Quark X1000“伽利略”开发板与基于 Quark 芯片的 Edison

英特尔推出的 Quark 架构，主要方向是工业、互联网及可穿戴设备等，这些应用场合对极低功耗与极小尺寸及稳定性均具有极其严格的要求。当前，在这些应用领域，发展速度极其迅猛，需求也十分旺盛，ARM 架构的产品已经开始进入这些领域并抢占了先机。随着新型电子产品形态及应用形式的不断出现，以 Quark 架构芯片为基础的电子产品将在这些应用领域具有极大的发展潜力。

值得注意的是，英特尔在 Quark 芯片的推广上第一次采用了开放性策略，这种开放的做法与此前英特尔封闭的策略大相径庭。如果得到下游厂商的广泛支持，英特尔将有可能打造出一个开放式的生态圈，这将对 Quark 架构芯片的推广起到巨大的推动作用，使得英特尔在极低功耗芯片方面占据市场先机。

【点评】 英特尔推出 Quark 架构芯片，力图在工业控制、物联网及可穿戴设备领域占据一席之地，Quark 芯片小尺寸、低功耗、高性能的特性使其具备了应用于这些领域的基础条件。同时，英特尔采取的开放性策略也十分有助于产品的应用与推广。在失去平板电脑与智能手机处理器市场先机后，英特尔正凭借 Atom 芯片全力追赶，Quark 的推出表明英特尔又在向另一个全新的方向进军。由于目前 Quark X1000 仍没有大规模生产，相应的最终产品仍处于开发之中。

B.24

4K 超高清电视

马 琳*

摘　要：4K 超高清电视是采用 4K 分辨率的电视，其显示总像素数量达到 800 万以上。采用 4K 技术的电视分辨率高，可以为观看者提供比全高清电视更加精细的优质图像，从本质上提升了大尺寸电视的观看效果。当前，4K 超高清电视的商业化进程已迅速经过起步阶段并进入增长阶段，相关的产业链环节也开始快速升级。随着 4K 超高清技术的不断完善与产业化进程的加快，其产品成本将会逐步下降，预计未来几年 4K 超高清电视产业链将走向成熟。

关键词：4K　电视　超高清　分辨率

一　概念及特点

4K 超高清电视是采用 4K 分辨率的电视。超高清电视是继高清电视、全高清电视之后的新一代高分辨率电视，其屏幕的物理分辨率是全高清电视（1920×1080）宽高的各两倍、面积的四倍，显示总像素数量达到 800 万以上。

在数字图像领域，像素数一般以 K 为单位，4K 代表水平分辨率约为 4000 像素。但由于行业标准不同，4K 有多种不同物理分辨率规格，如电影行业常见的 Full Aperture 4K（4096×3112）、Academy 4K（3656×2664）

* 马琳，工业和信息化部电子科学技术情报研究所工程师，研究方向：视听产业与技术。

等。而在电视领域，厂商大都采用了4倍于现有主流全高清电视的规格设置，即3840×2160，此分辨率标准的显示比例为16∶9，与720P、1080i、1080P定义的宽高比一致。

采用4K技术的大尺寸电视屏幕分辨率高，可以为观看者提供比全高清电视更加精细的优质图像，从本质上提升大尺寸电视（50英寸以上）的观看效果。4K超高清电视在不损失画质的同时，电视尺寸可以越来越大。目前，一些厂商已经开始推出超过100英寸的商品化电视。

2014年3月，中国电子视像行业协会组织行业内相关企业制定了《4K超高清终端显示技术规范》，明确界定了适用范围、规范性引用文件、专业术语和定义、技术要求、测量条件和方法，就终端设备的外观、接口、显示技术等方面制定了相应的标准。

二　产品及应用

在内容方面，2010年7月，YouTube网站开始提供一些4K分辨率的短片，同时允许已注册用户上传超过1080P分辨率的视频。2012年伦敦奥运会期间，日本NHK和英国BBC两家电视广播机构在英国和日本的公共放映场播放了4K超高清格式的部分赛事。2014年6月，日本开始试播4K超高清电视节目。2014年巴西世界杯期间，国际转播机构首次采用了4K设备拍摄、传输视频信号。

在产品方面，4K超高清电视目前仍未进入大规模消费阶段。虽然早在2008年1月的CES展会上，松下就展出了世界上第一款4K级的150英寸等离子电视，但是直到2012年，4K电视才开始频频亮相。在2012年1月的CES展会上，索尼、东芝、松下、三星、LG等日韩企业都展示了4K超高清电视产品。东芝于2012年第一季度在市场上推出了业界首款民用的4K超高清电视，夏普的90英寸机型也在2012年年中量产并在北美上市。2012年8月，国产品牌康佳、创维相继发布了4K超高清电视，随后长虹、海信等企业的产品纷纷出炉。

在 2013 年 1 月的 CES 上，日韩主流厂商纷纷推出 OLED 与 4K 结合的电视。索尼和松下同时展出了标称世界上最大的 4K 超高清 OLED 电视，这两款电视采用的都是屏幕尺寸为 56 英寸、分辨率为 3840 × 2160 的 OLED 面板，显示画质清晰，肉眼几乎看不出像素点。除索尼和松下之外，在 2013 年的 CES 上还有多家电视企业也推出了 4K 超高清电视，包括三星的 85 英寸 4K 超高清电视 S9、海信的 4K 超高清 3D 智能电视 XT880 系列、东芝的 4K 超高清电视 L9300 系列，以及 LG 84 英寸、55 英寸和 65 英寸的多款 4K 超高清电视。2014 年，我国的多家传统电视机厂商均开始大力推广 4K 电视，互联网公司也开始推出 4K 电视，如乐视公司推出的 X50Air。

三　前景及问题

当前，国内外厂商都已将 4K 超高清电视产品作为推广的重点，越来越多的产品被推向市场，但受限于片源、技术成熟度及成本等因素，4K 超高清电视在短期内仍难以普及并形成主流。

从片源来看，就目前市场而言，720P、1080P 清晰度的高清、全高清视频是主流的视频片源，在这种片源下，用户很难分辨出超高分辨率显示设备与全高清分辨率显示设备之间的差距。同时，欧美发达国家电视台的高清信号多为 720P、1080i，还有少量 1080P，我国目前电视台所放送的高清频道清晰度为 720P。因此，由于节目源的问题，超高清电视的普及还需要很长一段时间。

从技术来看，由于 4K 超高清电视的像素数量超出现有 1080P 分辨率 4 倍以上，像素点之间的间隔更小，厂商往往是在 50 英寸以上的大型液晶面板上着手采用 4K 分辨率技术，这不利于产品的推广。此外，超高清电视产品较高的售价也是阻碍 4K 市场扩张的一个重要因素。

【点评】 当前，4K 超高清电视的商业化进程已迅速经过起步阶段，进入增长阶段。其生态系统已初具雏形，相关的产业链环节也开始快速升级，如网速的提升，片源的制作，存储、传播、配套硬件的升级等。随着4K超高清技术的不断完善与产业化进程的加快，产品成本将会逐步下降，预计未来几年，4K电视技术和工艺也将更新和升级，4K产业链将逐步走向成熟。

B.25

“开放汽车联盟”（OAA）

王志成*

摘　要： 以车载操作系统为核心的智能汽车电子产业将成为未来电子信息产业发展的新领域，全球的信息技术和汽车企业已经为此开始积极布局。2014 年 1 月，谷歌宣布与奥迪、通用、现代、本田等汽车企业以及英伟达组成“开放汽车联盟”，成为继苹果在 2013 年 6 月宣布与法拉利、奔驰、英菲尼迪、捷豹等 12 家汽车厂商成立“iOS in the Car”计划之后，车载操作系统领域的又一重要事件。

关键词： 车载操作系统　汽车　OAA

一　“开放汽车联盟”成立背景

2014 年 1 月 6 日，谷歌（Google）公司宣布与奥迪、通用、现代、本田等汽车企业以及英伟达组成“开放汽车联盟”（Open Automotive Alliance，OAA），共同推进基于安卓的车载操作系统及其应用。这是继苹果在 2013 年 6 月宣布与法拉利、奔驰、英菲尼迪、捷豹等 12 家汽车厂商成立“iOS in the Car”计划之后，车载操作系统领域的又一重要事件。

车载操作系统是汽车和电子信息技术产业共同发展的结果。一方面，汽车用户对车内信息技术应用的兴趣正在持续增加，汽车企业不断尝试采用更

* 王志成，工业和信息化部电子科学技术情报研究所高级工程师，研究方向：半导体。

多的信息技术以满足用户的需求，以此弥补数十年来汽车技术进步缓慢的不足；另一方面，信息技术软硬件供应商与信息服务商也在寻找新的发展热点，智能手机和平板电脑等智能移动终端亟须向新的应用领域扩展，汽车电子毫无疑问成为其重要的选择之一。

与手机操作系统类似，车载操作系统作为智能汽车（或车联网）的重要组成部分，与车用芯片、终端、智能系统、应用开发、网络运营及整车企业等其他环节相互影响并相互促进。因此，组建由各环节参与的产业联盟也就成为行业发展的必然。谷歌的 OAA 以及苹果的“iOS in the Car”正是在这种背景下出现的。

二 “开放汽车联盟”的运作内容

从技术研发方向来看，OAA 目前的工作主要集中在以下三个方面：一是推进现有软件技术与车辆系统的融合并形成标准体系，如车载操作系统与车内空调、音响、车窗等非关键部位的控制连接，车载操作系统与车内相关通信协议的兼容等；二是促进车用软件和芯片的兼容，如谷歌的软件与英伟达芯片的相互兼容等；三是加快基于车载操作系统新技术和新功能的开发，如智能语音识别和视觉识别，以及各种基于汽车的 APP 应用软件开发。远期来看，其主要工作则是进一步将车载操作系统与车辆的关键部位（如油门、方向、制动等）进行连接以及开发无人驾驶系统。

从内部合作模式来看，OAA 属于相对松散的联盟组织，整车企业仅仅承诺在其未来的车辆中一定会有一部分使用谷歌的车载操作系统。各成员在加入 OAA 时，也可以加入其他类似的组织，如本田、通用、奥迪等整车企业既是 OAA 的成员，也是苹果牵头的“iOS in the Car”的成员。同时，OAA 也是开放的组织，除了目前的整车企业和移动处理器芯片企业，还有意吸引高通等通信芯片企业以及 Verizon、Sprint 等网络运营企业的加入，未来还有可能进一步吸纳亚马逊（Amazon）等大数据处理行业的企业加入。

三 “开放汽车联盟”的发展前景

OAA 未来的发展将在很大程度上取决于能否成功应对以下几方面的问题。

一是技术的融合性问题。将汽车控制技术和安卓操作系统技术有机结合起来存在许多难以克服的问题，因为安卓是针对移动终端开发的操作系统，对于控制外部设备并不擅长。要实现对车辆外部设备的控制，需要与车辆的总线对接，这就必须对安卓的底层架构进行深度改造。此外，与手机和平板电脑等不同的是，汽车关系到用户的生命安全，在技术上如何保证对汽车安全性的控制，是 OAA 能否成功的关键。

二是整车企业的态度。作为智能汽车产业的核心环节，整车企业的态度对 OAA 的成功至关重要。目前来看，整车企业对车载操作系统的发展仍持尝试态度，并未计划短时间内将其大范围应用。随着技术的成熟，整车企业会不会抛开电子信息技术企业而自行研发仍属未知。此外，即使整车企业愿意合作，将操作系统与车辆控制系统进行深度连接与适配需要多长的时间，也是决定 OAA 发展快慢的关键。

三是法律法规的修改。汽车的智能化正在对传统的交通法规、保险制度带来挑战。面对使用安卓系统控制的汽车，如何认定交通事故责任、如何对安卓系统控制的汽车进行评估、驾驶者的驾驶资格测试是否需要修改、是否与普通车辆拥有相同的驾驶限制等一系列制度问题，都是人们必须要解决的。从某种意义上讲，OAA 能否快速健康发展，将在很大程度上取决于如何在技术创新与制度之间找到一种平衡。

四是行业的激烈竞争。目前开发车载操作系统的牵头企业不止谷歌一家，微软、苹果等已在此领域展开布局，如苹果最近推出了 Carplay 车载系统，并已联合了十余家整车企业。与这些竞争对手联合的企业已经从整车企业逐步扩展到芯片供应商、运营商和信息服务商等。如何在技术上比对手更先进适用、如何使产业链各环节更多的企业进入自己的生态系统，将是 OAA 需要面对的一大挑战。

【点评】 以车载操作系统为核心的智能汽车电子产业将成为未来电子信息产业发展的新领域，全球的信息技术和汽车企业已经为此开始积极布局。作为一个具有巨大的潜在市场、更高技术创新要求的新产业，其发展对生态系统内的合作的要求也更高，而车载操作系统是凝聚产业生态力量的关键所在。谷歌、苹果、微软等巨头正在以各种方式与整车企业展开合作，以期在这一领域占领先机，OAA 将以安卓系统为核心与其他组织或公司在智能汽车领域展开激烈竞争。目前，基于不同联盟与公司的多种技术方向与解决方案仍处在试验与开发的过程中，各种技术路线与生态系统的竞争已经展开，其前景值得期待。

B.26

近场通信（NFC）

范炳龙*

摘　要：近场通信是一种短距离高频无线通信技术，允许电子设备在10cm内进行非接触式点对点数据传输和交换。近场通信作为一种短距离高频无线通信技术，具有距离短、连接快、点对点通信和安全性高等特点，能够广泛应用于信息传输、门禁系统、电子票证、电子广告和电子支付等领域。随着越来越多的智能手机搭载NFC功能，NFC的应用推广将迎来爆发期。

关键词：近场通信　NFC　无线通信　射频识别　移动支付

近场通信（Near Field Communication，NFC）是一种短距离高频无线通信技术，允许电子设备在10cm内进行非接触式点对点数据传输和交换。NFC技术由非接触式射频识别（RFID）演变而来，并向下兼容RFID。NFC最早于2004年由飞利浦、诺基亚和索尼等公司研发并推动，由于其安全性较高，在移动支付等领域具有良好的应用前景，现已有众多智能手机支持该项技术。

一　技术概况

NFC的工作频率为13.56MHz，符合ISO/IEC18092 NFCIP-1和ISO/IEC21481 NFCIP-2两个国际标准所规定的信息交换和接口协议，支持NFC

---

* 范炳龙，工业和信息化部电子科学技术情报研究所工程师，研究方向：战略规划。

设备实现主动或被动两种通信模式。在被动模式下，发起设备提供通信过程中的射频场，目标设备通过感应电磁场进行数据传输，传输速度有106Kb/s、212Kb/s和424Kb/s三种。在主动模式下，发起设备和目标设备均发射电磁波，传输速度有848Kb/s和1695Kb/s两种。在通信过程中，NFC设备可以在发起设备和目标设备之间切换自己的角色。由于NFC通信距离在10cm以内，能够有效避免信息遭受远程监控和篡改，还可以进行物理安全设置，具有很高的安全性。

二　NFC与其他近距离技术的比较

当前广泛应用的无线通信技术根据传输距离的不同，可以分为远距离无线通信和近距离的蓝牙、Zigbee、NFC及WiFi等（见图1）。

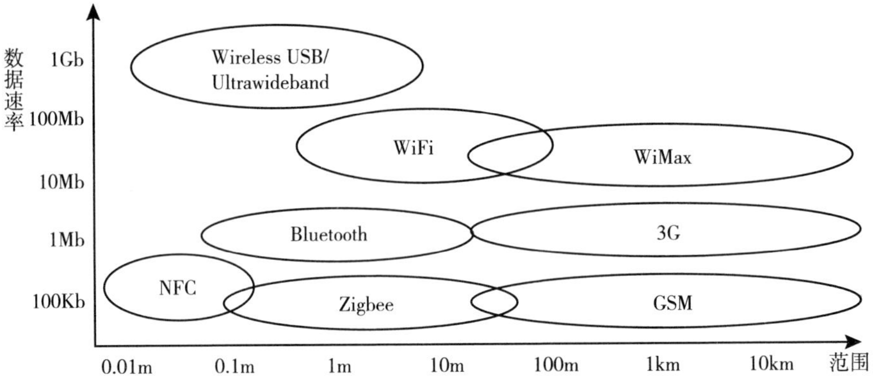

图1　部分无线通信技术比较

在近距离通信技术中，NFC具有传输距离最短、连接速度最快、功耗低、安全性高、通信模式多样、只能进行点对点传输等特点，因而能够较好地应用到对安全性和私密性要求较高的领域（见表1）。

NFC与RFID之间存在极大的相关性，但又有明显的区别。从短距离非接触式识别和传输上看，NFC本质上与RFID没有太大区别，它们都是通过

表1 NFC、蓝牙和 Zigbee 的比较

项目	NFC	蓝牙	Zigbee
网络类型	点对点	一点对多点	一点对多点
距离	≤10cm	最远可达 10m	10cm ~ 100m
速度	最高 1695kb/s	2.1Mb/s	最高 250kb/m
功耗	低	高	低
工作频率	13.56MHz	2.402G ~ 2.480G	2.4GHz,868/915MHz
通信设置时间	<0.1s	3 ~ 10s	15s
安全性	高,硬件集成了智能卡加密芯片	中,软件实现	中,安全秘钥
通信模式	主动—被动 主动—主动	主动—主动	主动—主动
应用领域	非接触式票务、电子支付	移动电话、消费电子	工业控制、环境控制、智能建筑
成本	低	中等	低

无线电波的电磁感应耦合方式传递信息，NFC 是 RFID 在应用模式上的扩展。两者的主要区别在于：第一，NFC 是一种无线连接技术，能够组合电子设备之间的身份识别应用和服务。第二，NFC 只限于 13.56MHz 的频段，而 RFID 的频段有低频（125KHz 到 135KHz）、高频（13.56MHz）和超高频（860MHz 到 960MHz）三种频段。第三，NFC 有效工作距离小于 10cm，更具私密性和安全性，而有源 RFID 传输范围可以从几米到几十米。第四，由于工作频率为 13.56MHz，NFC 与现有非接触智能卡技术兼容，很多厂商和团体都支持 NFC 标准，而 RFID 标准较多，不同行业可以采取不同标准。

三 应用和发展状况

NFC 的应用按类型可分为三种：智能卡模拟、阅读器模拟和点对点数据传输。智能卡模拟是指 NFC 设备可以模拟成一张普通的非接触卡，主要

用于支付、电子票证、门禁和考勤等场合。阅读器模拟是指 NFC 设备可以读取非接触标签中的内容。点对点数据传输是指两个 NFC 设备可以近距离内相互传递图片、音乐、通讯录和游戏等数据。在这三种应用类型中，由于 NFC 具有短距离传输、双向信息交互和设定流程快的特性，非常适合重视交易安全的移动支付领域。

目前，NFC 智能卡模拟主要应用在移动支付方面。日本以索尼公司研发和推广的“Felica”为载体，将 NFC 技术广泛应用到 IC 乘车卡、电子货币、手机支付、ID 卡、家电制品、医疗器械等领域。在美国，谷歌钱包借助安卓系统，通过在智能手机和收费终端内植入 NFC 芯片，完成信用卡信息、折扣券代码等数据交换。2013 年 5 月，中国移动与浦发银行联合推出国内第一张基于手机 SIM 卡的手机支付银行卡，建立了国内第一套 NFC 手机支付系统。同年 7 月，中国移动与北京市政一卡通有限公司联合发布“移动 NFC”手机一卡通，通过刷 NFC 手机可以完成公交、地铁刷卡和超市餐厅的小额消费支付功能。2014 年 3 月，北京市政交通一卡通开通了公交卡 NFC 充值功能。

阅读器模拟目前较多地应用于广告业。英国户外广告公司 Clear Channel 在当地推出了 1 万多个带有 NFC 标签的广告牌，消费者通过 NFC 手机即可读取广告。日本印刷广告公司 Shunkosha 在地铁拉手的带子上安装了名为 Strappy 的产品，其外形为一个长方形的蓝色塑料盒，乘客手机接近 Strappy 时，能够接收到广告主的网址、广告、优惠券、视频或者其他营销材料。

点对点数据传输目前主要应用于蓝牙设备连接和 NFC 设备之间的数据传输。在 2013 年 1 月美国电子消费展上，索尼推出了搭载 NFC 功能的蓝牙音响，用户直接通过 NFC 就能够实现蓝牙的搜索配对和快速桥接。美国 BWH 医院的 NFC 药物追踪系统使用谷歌 Nexus 7 和 NFC 标签采集、存储每个病人的医疗数据及用药情况，为医生提供病人用药信息管理。

【点评】NFC 作为一种短距离高频无线通信技术，具有距离短、连接快、点对点通信和安全性高等特点，能够广泛应用于信息传输、门禁系统、电子票证、电子广告和电子支付等领域。当前，NFC 的各项应用都已经展开，随着越来越多的智能手机搭载 NFC 功能，NFC 的应用推广将迎来爆发期。但是，NFC 最具潜力的移动支付功能与现金或信用卡支付相比尚无明显优势，基于 NFC 支付需求的爆发还有待于消费者支付习惯的培养和 NFC 各利益相关方之间的协调。

B.27

第五代移动通信技术（5G）

王慧娴*

摘　要：第五代移动通信技术（5G）作为未来新一代移动通信技术，与3G、4G相比，网络传输速率和网络容量将大幅提升。在强大的带宽及传输速度的支持下，更多的新型移动业务将得以成熟应用，移动互联网、物联网等产业的发展空间也将再度扩展。当前，5G已逐渐成为各国政府、通信设备厂商及运营商关注的新焦点。

关键词：5G　多天线技术　物联网

一　概述

第五代移动通信技术（5G）是第四代移动通信技术（4G）之后未来的新一代移动通信技术。虽然5G的技术规范与标准还没有明确，但与3G、4G相比，其网络传输速率和网络容量将大幅提升。在未来5G网络强大的带宽及传输速度的支持下，更多的新型移动业务将得以成熟应用，移动互联网、物联网等产业的发展空间也将再度扩展。

二　技术方向

移动通信经历了从第一代移动通信系统（1G）到第四代移动通信系统

* 王慧娴，工业和信息化部电子科学技术情报研究所助理工程师，研究方向：通信技术与产业研究。

（4G）的发展。历代移动通信系统都有其典型的标志性技术，如1G的模拟蜂窝技术、2G的时分多址（TDMA）和频分多址（FDMA）技术、3G的码分多址（CDMA）技术、4G的正交频分复用（OFDM）和多入多出（MIMO）技术。

目前5G关键技术的研究方向主要包括：①新型信号处理技术，如更先进的干扰消除信号处理技术、新型多载波技术等；②超密集网络和协同无线通信技术，如小基站（Small Cell）的优化；③新型多天线技术，如有源天线阵列、三维波束赋形、大规模天线等；④新的频谱使用方式，如TDD/FDD的融合使用、实现频谱共享的认知无线电技术等；⑤高频段的使用，如6GHz以上高频段通信技术等。

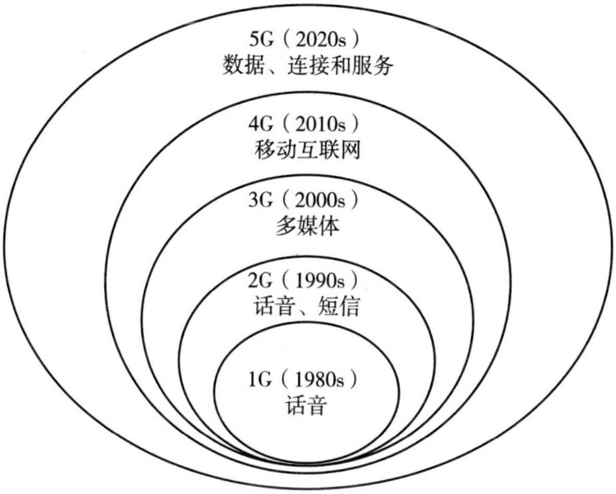

图1　移动通信技术演进概览

三　发展现状

近年来，一些国家和地区已开始5G项目研发和战略布局。欧盟2012年11月宣布启动名为METIS的项目，旨在推动5G标准的统一化，参与项目的成员包括爱立信、阿尔卡特·朗讯、诺基亚等通信设备厂商，德国电信、意大利电信、法国电信等运营商以及欧洲众多的研究机构。2014年3

月，英国与德国宣布，将加强在5G研究上的合作，并共同推进欧洲电信市场一体化。韩国政府于2014年初公布了以5G发展总体规划为主要内容的“未来移动通信产业发展战略”，计划在2020年推出全面的5G商用服务，并将为此投资1.6万亿韩元（约合90.3亿元人民币）。

国内方面，2013年2月，由工业和信息化部、发展改革委、科技部共同支持成立了IMT－2020（5G）推进组，工作组下设技术组、需求组、频谱组和标准化组，对5G领域的主要课题进行研究。此外，我国还通过进一步推动“新一代宽带无线移动通信网”国家科技重大专项、启动“863”计划5G系统前期研究等多种途径，全面发力5G相关研发及产业化，支持5G技术发展。

与此同时，三星、华为等通信设备厂商也开始抢占5G产业先机。三星目前已采用一种毫米波的技术，通过64个天线组（用于确认客户端的位置并交换信号），克服了高频段不利于信号传播的难题，在测试中实现了28GHz频段下1Gbps的下载速率。华为早在2009年就开始研发5G，并分别于2011年和2012年的移动世界大会上展示了其峰值速率达50Gbps的5G原型机基站。2013年，华为宣布继续投资6亿美元用于5G技术的研究与创新，并计划于2018年开设全球首个5G试验区，争取在2020年实现5G的规模化商业部署。

在移动运营商方面，2014年2月，由中国移动、日本NTT DoCoMo、美国AT&T、法国电信、沃达丰等19家运营商组成的下一代移动通信网络联盟（NGMN）宣布发起针对5G的全球项目，将重点推动5G技术研发和技术标准的制定。NGMN还计划在2014年底前发布行业白皮书，阐明5G在技术和其他生态系统方面的需求，以支持5G的标准化及2020年之后的相关发展工作。

然而，尽管各国政府、通信设备厂商及移动运营商都已经积极开始了针对5G的研究，但业界对于5G的关键技术和标准制定等问题仍未形成统一共识。从历史规律来看，每一代移动通信技术从研究、论证、测试到商用，都需要经历一个漫长的过程，如在GSM部署之后，国际标准化组织就积极开展了对于 WCDMA 的研究，而到 2001 年其才开始商用部署；而 LTE 从研发到商用也经历了近 10 年的时间。

表 1　移动通信技术标准制定时间与商用时间

项目	标准	标准制定时间	商用时间
3G	CDMA2000	2000 年	首次:2000 年 8 月韩国三星实验网 规模化:2004 年
	WCDMA	2000 年 3 月	首次:2001 年日本 NTT DoCoMo 公司 规模化:2003 年
	TD-SCDMA	2006 年 2 月	首次:2008 年 规模化:2011 年
4G	LTE Advanced（LTE FDD 和 LTE TDD）	FDD: 2010 年 12 月 6 日 TDD: 2012 年 1 月 18 日	FDD:首次:2009 年 12 月 14 日 规模化:2010 年 TDD:首次:2012 年 2 月 24 日 规模化:2013 年 12 月
	WiMAX-Advanced	2007 年 10 月	首次:2008 年 规模化:2011 年

总体来看，5G 目前的发展尚处于概念性研究阶段，未形成 ISO、IEC、ITU 等国际标准化机构正式发布的实质性成果，而随着 4G 逐渐进入规模商用，5G 作为全球业界最新关注的重点，将具有广阔的发展前景。

四　应用前景展望

5G 是面向未来发展的新一代移动通信系统，具有频谱利用率高和低功耗的特点，在传输速率和资源利用率等方面较 4G 系统将有大幅提升，其无线覆盖性能和用户体验也将得到显著提升。同时，5G 将与其他无线移动通信技术密切结合，构成新一代无所不在的移动信息网络，满足未来移动互联网流量大幅增加的需求，并对经济社会的发展产生重要影响。

未来的 5G 技术将面向五个主要应用场景：一是超高速接入，为移动宽带用户提供高速数据网络接入；二是支持大规模人群，为高人群密度地区或场合提供高质量移动宽带体验；三是随时随地的高质量网络，确保用户在移动状态仍享有高品质的通信服务；四是超可靠的实时连接，确保新应用和用户在时延和可靠性方面符合严格的标准；五是无处不在的物—物通信，确保高效处理多样化的大量设备通信，包括机器类设备和传感器等。

在频谱资源方面，5G 有望打破现有频谱资源的制约，将应用频谱拓展到 90GHz 频段并推进全频谱通信的实现，届时，频谱资源紧缺的问题将得以缓解。在带宽容量方面，5G 将可提供超级容量的带宽，短距离传输速率将达到 10Gbps，是目前 LTE 的 100 倍。在应用方面，5G 在更为强大的网络传输速度支撑下，可构成海量连接并促进更多新型移动业务的成熟应用。

【点评】 当前，5G 作为未来新一代移动通信技术，逐渐成为各国政府、通信设备厂商及运营商关注的新焦点。欧盟、韩国等政府均对 5G 技术研发开始进行积极引导，三星、华为等设备厂商以及中国移动等运营商也已纷纷开展 5G 相关技术的先期研究工作，但 5G 的研究尚处于萌芽期，业界对于 5G 的关键技术、标准制定等问题尚未达成共识。我国在 2G 空白、3G 突破、4G 拥有一席之地之后，已开始更加超前地投入到 5G 的研究之中，并取得了一定进展。面对国际上新一轮的技术变革与挑战，我国应进一步加大政策支持力度，紧抓 5G 发展机遇，及早谋划与布局，注重技术创新，广泛开展合作，争取在未来新一代移动通信标准中获得更多的国际话语权。

B.28 GPS Ⅲ

刘晓馨*

摘 要: GPS Ⅲ，即第三代全球定位系统（Global Positioning System），是美军的下一代GPS卫星导航系统。GPS Ⅲ项目计划起源于对现有GPS系统的改进和升级，升级后的系统定位精度、抗干扰能力及卫星寿命都将获得大幅度提升。GPS Ⅲ系统将是迄今为止最先进的全球定位系统。它将进一步巩固美国在全球导航定位市场的领先地位。

关键词: GPS Ⅲ　卫星导航系统　全球定位系统

一　概念

GPS Ⅲ，即第三代全球定位系统（Global Positioning System），是美军的下一代GPS卫星导航系统。

GPS Ⅲ项目计划起源于对现有GPS系统的改进和升级。美国GPS全球定位系统是美军在全球执行作战任务的基石，是其实现战略目标的重要信息基础设施。自1978年首颗卫星升空至今，GPS卫星共发展了三代，第一代为试验卫星，又叫原型卫星，第二代为工作卫星和现代化改进卫星，第三代即为美军正在发展的GPS Ⅲ系列卫星。

---

* 刘晓馨，工业和信息化部电子科学技术情报研究所高级工程师，研究方向：电子信息产业、信息通信、经济运行。

截至2014年5月，美国一共发射了66颗GPS卫星，在轨运行33颗，包括Block Ⅱ、Block ⅡA、Block ⅡR、Block ⅡR-M和Block ⅡF，最新的一颗是2014年5月16日美国空军发射的第六颗GPS ⅡF卫星。目前GPS在轨卫星数量超过GPS星座实现全球覆盖所需的24颗的数量。

表1 GPS系统卫星情况

单位：颗

代数	卫星用途	卫星类型	卫星数量	发射时间
第一代	试验	Block Ⅰ	11	1978～1985年
第二代	工作	Block Ⅱ，ⅡA	9，19	1989～1997年
	现代化改进	Block ⅡR，ⅡR－M，ⅡF	13，8，12	1997～2014年
第三代	GPS Ⅲ	Block Ⅲ	32	2014～2020年

美军在很大程度上依赖GPS卫星进行导航、目标跟踪、导弹和火炮制导等作战任务，近年来原有GPS导航系统逐渐暴露出一些弱点，主要集中在抗干扰能力上。原有GPS卫星发送的信号能被较强的信号“欺骗”，同时GPS系统信号也能被小型低功率的设备干扰。为替代老旧的GPS卫星，进一步提高导航信号精度和抗干扰能力，美军早在2005年就开始启动新一代GPS Ⅲ导航卫星的研发工作，2008年洛克希德·马丁公司赢得竞争成为主承包商。

二 技术改进

GPS Ⅲ的技术改进主要体现在以下三个方面。一是进一步提高导航定位精度和数据传输速率。GPS Ⅲ卫星除采用3台铷原子钟作为时间基准外，还预留了一个空白插槽，以便采用精度更高的氢原子钟，从而进一步提高授时精度。根据预测，GPS Ⅲ卫星的定位精度将由现有的6米（20英尺）提升至0.63米（2英尺），授时精度将小于10ns。同时，GPS Ⅲ卫星将使用Ka和V波段通信，以满足精密测距和高速数据传输的要求，其星地链路上下行数据传输速率分别可达200Kbps和6Mbps。

二是彻底实现了民用频段和军用频段的分离。由于最初设计留下的限制，现有的GPS卫星未能做到军用和民用频段的彻底分离，迄今为止仍是通过在军用P码上加上一些额外的干扰来实现。在GPS Ⅲ系统中，这种状况得到彻底改进，民用和军用频段得到了分离，并增加了专门的L1C民码信号频段。根据美国和欧盟达成的协议，确定GPS Ⅲ与欧洲伽利略两个卫星导航系统在民用领域使用相同的无线电频率，用户可以同时接收到两个系统在全球范围内发出的信号，从而得到更加优质、准确的导航定位服务。GPS Ⅲ系统大幅度增强了信号发射强度，提高了抗干扰能力，卫星寿命也有所延长。

三是具备星座联网功能和一箭双星发射能力。从第9颗卫星开始，GPS Ⅲ卫星将增加新型波形发生器，在提供新的导航信号的同时，可以实现星座联网功能，在不发射新卫星的情况下，为整个星座提供功能升级的能力。第9颗以后的GPS Ⅲ卫星还对卫星发射平台进行了重新设计，目的是使其具备一箭双星的发射能力，从而使每颗卫星的发射成本降低5000万美元。

三　项目进度

根据从先前GPS项目吸取的经验，美国空军开始对GPS Ⅲ实施“回归基础”（back to basics）的采购方案。该战略强调在全尺寸GPS Ⅲ卫星样机的系统工程、工业部件标准、研制中的投资，从而显著降低风险，提高生产可预测性，增强任务保障，降低全项目成本。

GPS Ⅲ卫星将分A、B、C三种型号进行采办，计划采购共计32颗。其中GPS ⅢA卫星增加了新的民用L1C信号，并增强了地面覆盖军码的抗干扰能力，共采办8颗卫星。GPS ⅢB将实现交叉链接的指挥与控制结构，将采办8颗卫星。GPS ⅢC卫星将配备一个高功率的点波束，用来传递更为强大的军码信号，从而增强抗干扰能力，将采办16颗卫星。

为了配合 GPS 下一代地面站的建设工作，首颗 GPS Ⅲ卫星预计在 2014 年抵达美国卡纳维拉尔角空军基地，计划于 2015 年发射。GPS Ⅲ项目关键进度如表 2 所示。

表 2　GPS Ⅲ项目进度

时　间	项目关键进度
2008 年 5 月	洛克希德·马丁公司获得 GPS ⅢA 卫星合同
2008 年 11 月	洛克希德·马丁公司完成 GPS Ⅲ集成基线评审
2009 年 6 月	洛克希德·马丁公司 GPS Ⅲ研发按计划进入关键设计评审阶段
2010 年 6 月	洛克希德·马丁公司成功完成 GPS ⅢB 系列卫星的关键需求评审工作
2010 年 8 月	洛克希德·马丁公司成功完成项目关键设计评审
2012 年 1 月	美国国防部与洛克希德·马丁公司签订了制造 GPS Ⅲ系统第 3 颗和第 4 颗卫星的合同
2012 年 11 月	洛克希德·马丁公司完成 GPS Ⅲ非飞行卫星测试平台导航有效载荷的热真空试验
2013 年 2 月	美国空军授予洛克希德·马丁公司第 5 至第 8 颗 GPS Ⅲ卫星生产合同
2013 年 4 月	洛克希德·马丁公司开始对 GPS Ⅲ卫星进行不飞行卫星试验平台的无回声试验
2013 年 9 月	洛克希德·马丁公司和雷声公司成功完成了 GPS Ⅲ卫星及其操作控制系统第三次发射和早期轨道操作合练
2013 年 10 月	洛克希德·马丁公司 GPS Ⅲ卫星同先前的在轨卫星成功完成了后向兼容测试

四　影响

美国 GPS Ⅲ卫星是迄今为止最先进的全球定位系统卫星，升级后系统定位精度提高 3 倍，抗干扰能力提高 8 倍，卫星寿命延长 25%，技术性能将获得大幅度的提升；同时，将实现军码和民码的彻底分离，在提高军用信号安全性的同时，必要时可降低战区民码精度甚至将信号中断，使利用 GPS 民码制导的武器失效。GPS Ⅲ成功部署后将有利于美军继续拥有和保持全时空的信息优势，为美军实施精确打击、夺取信息化战争制高点奠定坚实的基础。此外，GPS 系统在民用领域也占据垄断地位，作为全球使用最为广泛的卫星导航系统，GPS 系统的商用推广取得了极大的成功，在我国卫星导航市场占据绝对优势地位。兼容欧洲伽利略卫星导航系统民用信号后，GPS Ⅲ将为用户提供效果更佳的导航定位服务，从而进一步巩固其在全球导航定位市场的统治地位。

【点评】 GPS卫星导航系统已成为美军高技术战争的重要基础设施，定位与授时精度的提高、抗干扰能力的加强、卫星寿命的延长是新一代GPS Ⅲ系统超越当前GPS系统的突出特点。军用与民用频段的分离，将易于防范当前共用信道导致的保密性、易受干扰性与易受攻击等潜在威胁，同时也为其在民用市场继续保持领先打下基础。当前在全球定位市场中，现有的GPS系统仍是领先者，而GPS Ⅲ系统仍会将这一优势继续保持下去。

B.29

曲面电视

闫 洪*

摘 要： 曲面电视（又称“弧面电视”）是在平板电视基础上发展出来的一种新颖的电视机，其最显著的特点是具有弧形的显示屏。曲面电视的出现是当前电视机产品形态的一种改良和革新，新颖的显示方式为观众带来了独特新奇的视觉效果。相对于传统的平板电视，曲面电视可以使观看者具有影院化的体验，但由于屏幕存在曲度，偏离中心位置的观看者很不易得最佳观看效果。因受制于成本与价格、观看习惯等因素，曲面电视将是电视产品中一个小众产品而不会成为市场主流。

关键词： 曲面电视 平板电视 OLED LCD

曲面电视（又称“弧面电视”）是在平板电视基础上发展出来的一种新颖电视机，其最显著的特点是具有弧形的显示屏。在近年平板电视的发展中，大屏幕、高清、LED 背光、4K、3D 显示等技术不断出现，平板电视性能持续提高，功能也不断增强，而曲面电视的出现则改变了电视机的外部形态，给消费者带来了一种全新的视觉感受。

自 2013 年年中开始，全球多家电视机制造商先后在市场上推出了基于不同技术的曲面电视，产品上市后受到广泛关注。一些支持者认为这是电视

* 闫洪，工业和信息化部电子科学技术情报研究所高级工程师，研究方向：半导体。

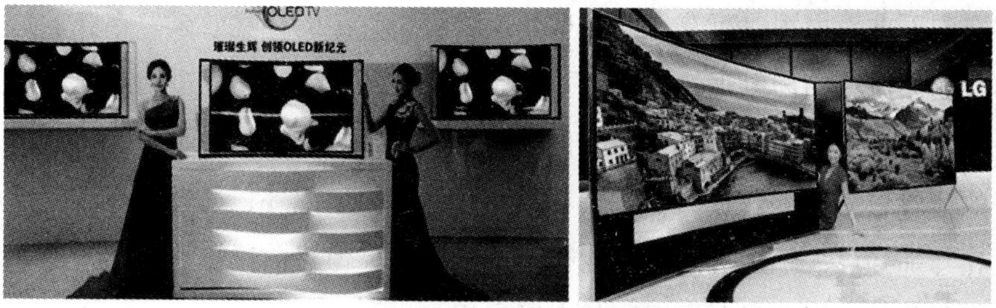

图1　三星与 LG 的 OLED 曲面电视

机的一项重大革新，是一类极具市场前景的产品；而另一些业者则持怀疑态度，认为这只是一种“噱头”产品，市场前景不佳。

一　技术原理与特点

与人们在现实生活中所观察的实际景象不同，平板电视的图像是以平面的方式展现给观众，而人的视网膜是接近弧形的，因此平面图像通过视网膜传递到大脑的图像其实是扭曲的。曲面电视则根据科学算法、按照视网膜的角度将电视屏幕制作成弧形，由此使电视画面与视网膜“平行”，让画面真实地通过视网膜传递至大脑，使人们能更加舒适地观看电视并强化视觉效果。

当前已经有基于两种不同类型显示屏的曲面电视出现。业内最早推出的是基于 OLED（有机发光二极管）技术的曲面显示屏，由于 OLED 具备柔性、可弯曲的特点，比较容易制作成弧形。另一种则是通过将现今主流的 LCD（液晶显示）屏弯曲化实现弧形屏幕，由于 LCD 屏的玻璃和背光源不易实现弯曲，LCD 曲面显示屏的制作难度较大。两种显示屏各具优势与劣势。OLED 屏虽然容易实现弯曲，但由于技术还不成熟，显示屏成品率较低，成本较高。而 LCD 显示屏要实现曲面化，除了玻璃和背光源难于处理外，曲面屏边缘处的图像还会出现失真，由于 LCD 技术较为成熟，弧形屏的成本较低。

相对于传统的平板电视，曲面电视可以使观看者具有影院化的体验，人们在观看曲面电视时可获得在巨型弧形屏幕影院中的视觉效果。在获取这一体验的同时，曲面电视的观看者要在一个特定的距离与角度进行观看，而这一要求同时限制了观看电视的人数，偏离中心位置的观看者不仅无法获得良好的体验，在某些位置甚至无法看到全部的图像。此外，通过对视频图像的优化与加强可大幅度提高曲面电视的视觉效果，但目前还没有专门针对曲面电视制作的电视节目、影视剧与电影出现。

二 产品与市场

2013 年初在美国举办的 CES 上，三星与 LG 最早展示了曲面电视，随后索尼、长虹等国内外企业也纷纷推出了曲面电视产品。目前，已有多款曲面电视在市场上销售，其中以三星与 LG 为代表的 OLED 曲面电视和以索尼与长虹为代表的 LCD 曲面电视为主。产品尺寸主要集中在 55 英寸以上，最大尺寸已超过 100 英寸。

由于 OLED 平板电视本身价格较高，OLED 曲面电视的价格更是大大高于前者。LCD 曲面电视价格稍低，但是相较于同尺寸的平板液晶电视，其价格也是高出数倍。以 LG 的 55 英寸 OLED 曲面电视 55EA9800 为例，虽然经过了两次降价，但售价仍高达 7000 美元，而长虹 65 英寸 LCD 曲面电视 65Q1C 的价格高达 26000 元人民币。

从市场销售来看，由于曲面电视面世不久，消费者对其认知程度不高、产品价格偏高等原因，目前市场仍未打开。随着产品成本逐步降低、价格大幅下降，预计这种新颖的产品将会吸引越来越多的用户，市场销售量将逐步攀升。

三 发展前景

无论是 OLED 型还是 LCD 型曲面电视，其生产制造均是基于原有平板电视并通过屏幕的弯曲化而得以实现的，附加的制造过程必然导致成本的增加，其市场价格也必然高于同类型的平板电视。此外，由于新颖的体验效果仅局限于一个较小的观看区间，使观看人数受限，这类产品不适用于众多观众一起观看节目的场合。

从市场前景看，由于具有新奇独特的观看效果，曲面电视将深受那些追求特殊观看体验人群的喜爱，预计其市场将逐步攀升但不会成为主流。此外，OLED 型曲面电视产品价格昂贵，其近期市场将不及 LCD 型产品，但由于 OLED 显示技术具有极大的发展空间，产品价格将在技术成熟后得以大幅度降低，加之 OLED 易于实现曲面化并可以获得更好的视觉效果，未来 OLED 型曲面电视将是市场的主流。

【点评】从球面/柱面 CRT 走向平面，电视机完成了革命性的跨越，曲面电视的出现则是当前电视机产品形态的一种改良和革新，新颖的显示方式为观众带来了独特新奇的视觉效果，同时也为电视机产业的发展拓宽了空间。OLED 型产品将是未来曲面电视的主要类型，但 LCD 型产品因成本较低仍将在近期与 OLED 型产品共存。曲面电视的市场销售量将会随着成本的降低而逐步攀升，但受制于成本与价格、观看习惯等因素，曲面电视将是电视产品中一个小众产品而非市场主流。

B.30

Kinect 2.0

王慧娴 *

摘 要: Kinect 2.0 是由微软公司开发，应用于 Xbox One 游戏机的外置体感设备，其在延续上一代产品深度感应、人体运动跟踪、语音和物体识别等特性的同时，进一步在精确 3D 模型创建以及基于手势的应用开发方面进行了改进和强化。从长远来看，Kinect 2.0 拥有广阔的发展前景，未来的应用领域将更为广泛，商业价值也将不断提升。

关键词: Kinect 2.0 体感设备 TOF 多阵列 拾音技术

一 概述

Kinect 2.0 是由微软公司开发，应用于 XBOX ONE 游戏机的外置体感设备。2013 年 5 月 21 日，Kinect 2.0 与 XBOX ONE 同时发布，并于 2013 年 11 月与 XBOX ONE 同步上市。Kinect 2.0 的性能相较第一代 Kinect 有着全面的改进，主要包括增加了垂直和水平视角、提升了色彩图像处理和红外图像处理能力，减少了延时等。此外，Kinect 2.0 还新增了内置 USB 3.0 接口。

Kinect2.0 采用全新的红外探测传感器，深度分辨率增加到 512 × 424，视角达到水平 70°、垂直 60°。Kinect 2.0 可以感知玩家手腕和肩部的移动，

* 王慧娴，工业和信息化部电子科学技术情报研究所助理工程师，研究方向：通信技术与产业研究。

并读取玩家的心率。与 Kinect 相比，追踪人数从之前同时追踪 2 人增至可同时追踪 6 人，追踪的人体关节数也从 20 个增加到 25 个。Kinect 2.0 还能够识别拳头和手掌等细微动作的差别，将玩家的拇指和其他手指区分开来，这不仅可以准确的跟踪玩家双手的运动轨迹，还可精准的判断手掌的开合状态。玩家借助 Kinect 2.0 可以完成应用窗口的拖放和打开/关闭以及对地图的放大、缩小甚至是扭转等操作。

Kinect 2.0 的运动摄像头采用 6 位 YUV 通道，分辨率达到 1920 × 1080，数据流达到每秒 30 帧。Kinect 2.0 的景深识别也更为强大，即使在光线较暗的环境中，依然可以很好地保持传感器探测效能。同时，Kinect 2.0 接口支持 USB 3.0，延迟时间仅 60ms。

表 1　Kinect 2.0 产品规格

感应器	彩色和深度感应镜头 + 红外线测距镜头 4 声道阵列式麦克风
视野角度	水平视野:70° 垂直视野:60°
串流处理 (Streaming)	深度感应器:1920 × 1080 × 16bpp 16∶9 YUY2@30fps 色彩摄影机:512 × 424 × 16bpp,13 位深度 红外线串流:512 × 244,11 位动态
骨架追踪系统	同时进行 6 人的动作追踪 每人能追踪 25 个关节 能让虚拟人物与用户动作同步
声音系统	支持游戏语音交谈及 XBOX Live 语音交谈 声音输入具有回音消除功能

与任天堂 Wii U 的 Wii Remote 控制器相比，Kinect 系列产品不需要手持或踩踏控制器，只是通过使用者语音指令或手势就可以完成对 XBOX 系统界面的操作，用户体验更为出色。与索尼 PlayStation 4 Eye 相比，Kinect 2.0 在景深处理、精细操作等方面更具优势，同时追踪用户数量也更多。

图1　Kinect 2.0 体感设备

二　关键技术

与 Kinect 相比，Kinect 2.0 在语音识别、面部识别及人体运动捕捉能力方面有了极大的提升，其性能的改进依赖于 TOF、多阵列拾音等新技术的应用。

TOF 技术：TOF 是飞行时间（Time of Flight）技术的缩写，即红外发射器发出经调制的近红外光，当遇到目标物体后被反射，反射光被传感器接收并将其转换成电信号，通过计算光线发射和反射时间差或相位差，就可以计算出被目标物的距离，从而产生深度信息。此外，再结合传统的相机拍摄，就能将目标物的三维轮廓以不同颜色代表不同距离的方式呈现出来。TOF 技术的测量范围可达数米、精度小于 2cm，更新频率可达 30～60fps。

人体骨骼追踪技术：Kinect 2.0 借助摄像头和软件探测、捕捉用户手势动作，然后将捕捉到的影像与本身内部存有的人体模型相对照。每一个符合内部已存人体模型的物体就会被创造成相关的骨骼模型，系统再将该模型转换成虚拟角色，虚拟角色通过识别该人体骨骼模型的关键部位进行动作触发。在虚拟骨骼模型的帮助下，系统可识别人体的 25 个关键部位，包含躯干、四肢及手指等都在追踪的范围内。

多阵列拾音技术：Kinect 2.0 的音频系统内置了立体声麦克风阵列，并且拥有先进的噪音抑制、回声消除等功能，同时还应用了用于识别当前声源的波束形成技术。Kinect 2.0 音频系统支持更为先进的语音控制，当用户用语言发出开机、观看电视、切换频道等指令后，Kinect 2.0 均可快速识别并实现相应功能。Kinect 2.0 音频系统还拥有一个根据不同国家不同的口音建立的“声效模型”，用来识别不同的口语和语言。此外，用户还可以通过 Kinect 2.0 的语音控制即时呼叫 Skype 功能进行多方视频通话。

三　应用领域拓展

目前 Kinect 先进的语音和体感识别功能促进了多个行业的创新，产生的影响已不再局限于游戏产业。

2012 年，微软正式发布了面向学术研究者和开发人员的 Windows 版 Kinect 体感外设，同时配套 Kinect for Windows SDK 软件开发工具包及驱动，将 Kinect 技术整合到 PC 应用中。此项产品的问世具有划时代意义，微软拟利用 Kinect 技术打破“键盘 + 鼠标”传统的操作方式，使人机交互增加一个新维度。2013 年 5 月，微软宣布基于 Kinect 2.0 的全新一代 Kinect for Windows 体感控制器以及 SDK 开发工具也将在 2014 年登陆 PC 平台。

未来将会有无数的应用模式被创造出来，Kinect 甚至可能引发一场后 PC 时代的人机交互革命。与此同时，Kinect 技术在 PC 中的应用也反映出基于体感技术的应用前景非常巨大。今后 Kinect 不仅可以应用于 PC，而且能够在电视等消费电子领域带给用户全新的体验，颠覆人们固有的思维模式和操作方式。

此外，Kinect 已在医疗保健、零售管理、军事侦察、野外勘探、机器人控制等领域拓展了多项应用。预计未来 Kinect 将拥有更为广泛的应用前景和更加辽阔的市场空间。

【点评】 Kinect 2.0 在延续上一代产品深度感应、人体运动跟踪、语音和物体识别等特性的同时，进一步在精确 3D 模型创建及基于手势的应用开发方面进行了改进和强化，与任天堂及索尼的等同类产品相比，拥有更为出色和人性化的用户体验。从长远来看，Kinect 2.0 拥有广阔的发展前景，未来的应用领域将更为广泛，商业价值也将不断提升。同时，Kinect 在 PC 领域的初步应用具有划时代的意义，其在激发行业创新热情的同时，将改变传统的 PC 操作方式，增加人机交互的新维度，开启一种全新的应用体验。

附　录

Appendix

B.31

附录一　2014年世界电子信息产业发展大事记

1月

1月8日，索尼发布了云游戏服务 PlayStation Now（PS Now），通过该服务，用户可以使用索尼的电视游戏机、掌机、电视盒与移动终端玩同一游戏，打破了游戏软件在游戏机间不兼容的限制。该服务于2014年7月在北美地区公测，可供测试的游戏软件数量已有近200个。

1月16日，微软宣布，自2014年4月8日起，不再为 Windows XP 提供相应支持和更新，使用了12年的操作系统将停止服务。

1月21日，大唐电信公告拟设立全资子公司大唐微电子设计有限公司，并以该公司作为公司集成电路设计产业发展平台对子公司联芯科技有限公司和大唐微电子技术有限公司进行整合。

1月23日，联想宣布以23亿美元收购 IBM 的 x86 架构服务器业务，2014年9月底完成了所有相关监管规定，大部分国家的交接于2014年底完成，少量剩余国家会在2015年初完成。收购完成后，联想将进一步壮大在企业级设备和服务方面的实力，在全球服务器市场的份额也将由第六位跃升到第三位。

1月29日，联想宣布以29亿美元收购谷歌的摩托罗拉移动业务，交接工作于2014年10月30日完成，联想将以全资子公司的形式运营摩托罗拉移动，其在智能手机市场的位置升至全球第三。

2月

2月2日，AMD发布首款ARM八核处理器，代号Seatle。

2月6日，索尼公司宣布，将把笔记本电脑业务连同“VAIO”品牌全盘转让给产业投资基金“日本产业合作伙伴”（JIP），还将常年亏损的电视机业务拆分为独立子公司。

2月10日，戴尔发布ARM64位架构定制化微型服务器。

2月14日，美国国际贸易委员会（USITC）裁定，对从中国大陆和中国台湾进口的晶体硅光伏产品，美国政府将进行“双反”（反倾销、反补贴）调查。

3月

3月9日，英国与德国宣布，将凭借英国在软件、服务和设计方面的长处，以及德国在工程、工业制造方面的优势，加强在第五代移动通信技术（5G）和物联网研究上的合作。与此同时，两国将共同推进欧洲电信市场一体化，推动彻底取消欧盟境内手机漫游费等。

3月28日，韩国未来创造科学部发布了《2014信息通信、放送技术振兴实施规划》，拟投入11.764亿美元促进ICT领域十大技术的发展。

4月

4月25日，微软发出公告，宣布已经完成了对诺基亚设备与服务部门的收购，并购共耗时8个月，费用总额达到72亿美元。

4 月 28 日，IBM 发布 POWER8 处理器技术并推出一系列的 Power Systems 服务器。

5 月

5 月 19 日，IBM 基于其 POWER 处理器架构成立了 OpenPOWER 基金会，目标是以 POWER 处理器为硬件平台，借助开源的 Linux 系统环境，在芯片设计、系统设计与开源软件三个层面推动 POWER 生态环境的发展与壮大。IBM 希望以 OpenPOWER 基金会为基础形成一个可以与 x86 架构服务器相竞争的开放生态系统。

6 月

6 月 2 日，美国芯片制造商博通表示，该公司正在退出手机基带芯片业务。此前激烈的竞争已经迫使多家大公司选择退出手机芯片市场，如德州仪器、意法半导体及爱立信等。

6 月 20 日，国内首条 8 英寸 IGBT（绝缘栅双极型晶体管）芯片生产线在南车株洲电力机车研究所有限公司投产。

6 月 24 日，韩国启动应用处理器核心架构自制计划。

6 月 24 日，《国家集成电路产业发展推进纲要》正式公布。纲要提出，到 2015 年，集成电路产业销售收入超过 3500 亿元；2020 年基本建成技术先进、安全可靠的集成电路产业体系。纲要提出成立国家集成电路产业发展领导小组、设立国家产业投资基金并提出加强安全可靠软硬件的推广应用，政策涵盖广度超过以往，从顶层设计到产业环节全覆盖，强调产业协同发展。

7 月

7 月 1 日，惠普联合 AT&T、香港电讯、英特尔等公司共同推出惠普 Helion 联盟，在云计算、技术与服务、硬件设施等多领域实现一体化的解决方案。

7 月 19 日，清华控股下属企业紫光集团有限公司和锐迪科微电子联合宣布，以9.07亿美元的价格完成对锐迪科微电子的收购，这是本年度国内集成电路产业金额最大的一起收购。2013年7月，清华紫光集团以17.8亿美元的价格收购展讯通信公司。

8月

8月13日，主导USB规范制定与开发的USB开发者论坛USB-IF宣布，C型USB接口设计已最终定型，这种新式USB接口可以取代现有所有尺寸的USB连接器接口，正接、反接均可正常运作。

8月13日，汉能控股集团宣布完成并购美国阿尔塔（Alta Devices），获得了全球转化率最高的薄膜太阳能技术——砷化镓高效柔性薄膜技术。

8月13日，英特尔宣布将以6.5亿美元现金收购半导体设备供应商安华高科技（Avago Technologies）旗下的网络芯片业务，此举将使英特尔在网络设备芯片供货市场更具竞争力。

8月20日，创维集团联合华为海思发布了采用海思Hi3751智能电视SoC芯片的GLED 8200系列超高清智能电视，标志着国内首款智能电视芯片研发成功并实现量产。

8月20日，德国芯片制造商英飞凌（Infineon）宣布以30亿美元现金并购美国国际整流器公司（International Rectifier），这是英飞凌迄今最大规模的并购行动，此项并购交易预计于2014年末或2015年初完成。

8月22日，由北京博雅华录视听技术研究院有限公司和北京大学数字视频编解码技术国家工程实验室合作研制的首款具有自主知识产权的AVS+高清编码芯片“博华芯BH1200”在北京发布。

8月29日，中国建材集团所属蚌埠玻璃工业设计研究院正式并购法国圣戈班所属CIGS薄膜电池制造商Avancis公司。Avancis公司在铜铟镓硒薄膜太阳能电池技术方面居世界前列。

9月

9月1日，LG Display广州8.5代线宣布竣工投产，LG Display中国主要生产55英寸、49英寸及42英寸电视用大中型超高清及全高清液晶面板产品，启动之日起，将以每月投6万片玻璃基板的速度启动生产，在2016年末提升至最大产能每月12万片。

9月11日，惠普宣布收购了一家名为Eucalyptus的云服务公司，惠普借此加快进入企业云服务市场。

9月26日，英特尔和清华控股旗下紫光集团有限公司共同宣布，英特尔将向紫光旗下持有展讯通信和锐迪科微电子的控股公司投资人民币90亿元（约15亿美元），并获得其20%的股权。

9月24日，国家集成电路产业投资基金正式成立。国开金融、中国烟草、亦庄国投、中国移动、上海国盛、中国电科、紫光通信、华芯投资等作为发起人，共同投资设立国家集成电路产业投资基金股份有限公司。工信部指出，设立国家集成电路产业投资基金，是贯彻纲要的重要举措，也是适应集成电路产业投资大风险高的产业特征、破解集成电路产业融资瓶颈、创新产业投资体制机制的积极探索。

10月

10月6日，惠普宣布将拆分成“惠普公司”和“惠普企业公司”两个独立公司，前者从事个人电脑和打印机业务，后者从事计算机服务器、数据存储设备、软件与服务等业务。预计拆分工作将于2015年下半年进行。

10月19日，中国IGBT技术创新与产业联盟在湖南株洲正式成立。

10月22日，IBM公司发表声明，同意支付给格罗方德公司15亿美元，将旗下亏损连连的半导体制造业务转让给格罗方德，格罗方德同时将从IBM取得半导体设计能力及相关的知识产权。

11月

11月18日，国际TOP500组织公布了最新的超级计算机500强排行榜，中国国防科学技术大学研制的“天河二号”以每秒33.86千万亿次的浮点运算速度第四次夺冠。榜单前九名与6月公布的排行榜相比并没有发生变化，前五名则已经连续四届没有变化，高性能计算技术的增速明显放缓。

11月19日，澜起科技集团有限公司宣布Montage Technology Global Holdings，Ltd.，一家由上海浦东科技投资有限公司和中国电子投资控股有限公司共同成立的实体，完成了其对澜起科技的收购。

12月

12月7日，LG电子显示面板子公司LG Display宣布新成立一个OLED部门，致力于OLED技术商业化的推动。

B.32

附录二　2014年中国电子信息百强企业名单

序号	企业名称
1	华为技术有限公司
2	联想控股股份有限公司
3	中国电子信息产业集团有限公司
4	海尔集团
5	海信集团有限公司
6	中兴通讯股份有限公司
7	四川长虹电子集团有限公司
8	TCL 集团股份有限公司
9	北大方正集团有限公司
10	浪潮集团有限公司
11	比亚迪股份有限公司
12	京东方科技集团股份有限公司
13	创维集团有限公司
14	亨通集团有限公司
15	南京南瑞集团公司
16	同方股份有限公司
17	晶龙实业集团有限公司
18	康佳集团股份有限公司
19	武汉邮电科学研究院
20	四川九州电器集团有限责任公司
21	上海贝尔股份有限公司
22	航天信息股份有限公司
23	宇龙计算机通信科技(深圳)有限公司
24	永鼎集团有限公司
25	江苏宏图高科技股份有限公司
26	震雄铜业集团有限公司
27	通鼎集团有限公司
28	中天科技集团有限公司

续表

序号	企业名称
29	许继集团有限公司
30	天津中环电子信息集团有限公司
31	富通集团有限公司
32	英利集团有限公司
33	河南森源集团有限公司
34	中利科技集团股份有限公司
35	中芯国际集成电路制造有限公司
36	陕西电子信息集团有限公司
37	惠州市德赛集团有限公司
38	杭州海康威视数字技术股份有限公司
39	浙江富春江通信集团有限公司
40	骆驼集团股份有限公司
41	深圳华强集团有限公司
42	广州无线电集团有限公司
43	润峰电力有限公司
44	歌尔声学股份有限公司
45	铜陵精达铜材(集团)有限责任公司
46	深圳市欧菲光科技股份有限公司
47	株洲南车时代电气股份有限公司
48	福建省电子信息(集团)有限责任公司
49	深圳市普联技术有限公司
50	浙江昱辉阳光能源江苏有限公司
51	上海仪电电子(集团)有限公司
52	紫光股份有限公司
53	大唐电信科技股份有限公司
54	中国四联仪器仪表集团有限公司
55	东软集团股份有限公司
56	大连辽无二电器有限公司
57	侨兴集团有限公司
58	展讯通信(上海)有限公司

续表

序号	企业名称
59	深圳市兆驰股份有限公司
60	安徽天康(集团)股份有限公司
61	中冶赛迪集团有限公司
62	江苏协鑫硅材料科技发展有限公司
63	大连环宇阳光集团
64	东旭集团有限公司
65	江苏新潮科技集团有限公司
66	普天东方通信集团
67	福州福大自动化科技有限公司
68	深圳市神舟电脑股份有限公司
69	上海华虹(集团)有限公司
70	舜宇集团有限公司
71	双登集团股份有限公司
72	上海斐讯数据通信技术有限公司
73	浙江大华技术股份有限公司
74	哈尔滨光宇集团股份有限公司
75	浙大网新科技股份有限公司
76	风帆股份有限公司
77	昆山龙腾光电有限公司
78	深圳市共进电子股份有限公司
79	横店集团东磁有限公司
80	长飞光纤光缆股份有限公司
81	北京华胜天成科技股份有限公司
82	华润微电子有限公司
83	南通华达微电子集团有限公司
84	中国华录集团有限公司
85	天马微电子股份有限公司
86	红板(江西)有限公司
87	深圳康冠技术有限公司
88	浙江晶科能源有限公司

续表

序号	企业名称
89	山东鲁鑫贵金属有限公司
90	闻泰通讯股份有限公司
91	河南科隆集团有限公司
92	浙江南都电源动力股份有限公司
93	广东汕头超声电子股份有限公司
94	厦门宏发电声股份有限公司
95	益阳科力远电池有限责任公司
96	浙江长城电工科技股份有限公司
97	河南环宇集团有限公司
98	宁波一舟投资集团有限公司
99	江西合力泰科技股份有限公司
100	宜昌劲森光电科技股份有限公司

B.33

附录三　2014年全球IT企业市值TOP 25排行榜

单位：亿美元，%

2014年排名	IT企业	2014年12月31日市值	2013年12月31日市值	同比增长
1	苹果	6473.6	5006.1	29.31
2	微软	3828.8	2248	70.32
3	谷歌	3570.9	2324.4	53.63
4	阿里巴巴	2583.6	—	—
5	Facebook	2175.1	576.7	277.16
6	三星电子	2026.72	2290.7	-11.52
7	甲骨文	1992.8	1577.5	26.33
8	英特尔	1754.6	1026.1	71.00
9	IBM	1587.8	2164.4	-26.64
10	亚马逊	1436.9	1136.3	26.45
11	思科	1422.3	1043.2	36.34
12	腾讯	1358.9	591.7	129.66
13	高通	1235.8	1054.1	17.24
14	台积电	1160.6	889.6	30.46
15	SAP	832.7	958.4	-13.12
16	百度	799.6	350.6	128.07
17	塔塔咨询	795.2	451.1	76.28
18	惠普	747.2	277.6	169.16
19	eBay	697.2	659.9	5.65
20	EMC	605.2	533	13.55
21	Princeline	597	608.62	-1.91
22	德州仪器	564.8	346.2	63.14
23	埃森哲	560.4	428.5	30.78
24	雅虎	478.5	410.19	16.65
25	ASML	470.2	404.54	16.23

参考文献

[1] Net Applications, Market Share Reports, 2014.

[2] *The Yearbook of World Electronics Data 2014.*

[3] 惠普, Annual Report, 2014。

[4] 联想, 年度财务报告, 2014。

[5] TOP500. org, 2014.

[6] Gartner, Newsroom, 2014.

[7] IDC, Published Research, 2014.

[8] 世界银行集团, http://data. worldbank. org. cn/country/japan, 2014。

[9] 日本电子信息技术产业协会, Statistics, 2014。

[10] Net Applications, Market Share Reports, 2014。

[11] 中国社会科学院经济研究所:《IMF 世界经济展望及数据概述》, 2014 年 10 月 8 日。

[12] tech. qq. com 腾讯科技网。

[13] www. cww. net. cn 通信世界网。

[14] www. xinhuanet. com 新华网。

[15] www. cacs. gov. cn 中国贸易救济信息网。

[16] tech. sina. com. cn 新浪科技网。

[17] 赵大伟:《互联网思维独孤九剑》, 机械工业出版社, 2014。

[18] 梁海宏:《连接时代: 未来网络化商业模式解密》, 清华大学出版社, 2014。

[19] 安筱鹏:《2014 美国消费电子展 (CES) 深度分析报告》, 2014。

[20] 查燕:《电子信息产业生态化研究综述》,《绿色科技》2013 年 4 月。

[21] 彭北清:《美国电子信息产业的行业经营布局和发展动态》,《中国科技资源导刊》1997 年 7 月。

[22] 蓝庆新:《论全球价值链下的电子信息产业集群升级》,《山西财经大学学报》2005 年第 5 期。

[23] 许爱萍:《美国提高电子信息产业技术创新能力的经验及借鉴》,《中国科技论坛》2014 年 3 月。

[24] 张厚明:《美国电子信息产业的区域转移历》,《高科技与产业化》2014 年第 1 期。

[25] 美国普查局 http://www.census.gov/。

[26] 美国商业统计局 http://www.bts.gov/。

[27] 美国电子信息产业协会 http://www.eia.org/。

[28] 中国台湾行政院主计处。

[29]《2013 年世界信息技术产业年报》。

[30] 台湾工业技术研究院。

[31] 台湾光电科技工业协进会(PIDA)。

[32] DIGITIMES Research.

[33] LED 在线 www.ledinside.cn。

[34] 华夏经纬网 http://www.huaxia.com/。

[35] LED 在线 www.ledinside.cn。

[36] 中国新闻网。

[37] 东南网。

[38] 工业和信息化部网站。

[39] 新华网。

[40] 工业和信息化部:《2014 年 1~10 月电子信息制造业运行情况》,http://yxj.miit.gov.cn/n11293472/n11295057/n11298508/16260912.html,2014 年 11 月 17 日。

[41] 工业和信息化部:《2014 年 1~10 月电子信息产业固定资产投资情况》,http://yxj.miit.gov.cn/n11293472/n11295057/n11298508/16273400.html,

2014 年 11 月 24 日。

[42] 工业和信息化部:《2014 年 1~10 月电子信息产品进出口情况》, http://yxj.miit.gov.cn/n11293472/n11295057/n11298508/16304997.html, 2014 年 12 月 8 日。

[43] 国务院:《国务院关于进一步优化企业兼并重组市场环境的意见》, 2014。

[44] 工业和信息化部、发展改革委、教育部等:《关于实施"宽带中国" 2014 专项行动的意见》, 2014。

[45] 国务院:《关于创新重点领域投融资机制鼓励社会投资的指导意见》, 2014。

[46] 工业和信息化部:《关于加快我国彩电行业品牌建设的指导意见》, 2014。

[47] 工业和信息化部:《关于加快我国手机行业品牌建设的指导意见》, 2014。

[48] 工业和信息化部、国家新闻出版广电总局:《广播电视先进视频编解码(AVS+)技术应用实施指南》, 2014。

[49] 工业和信息化部:《国家集成电路产业发展推进纲要》, 2014。

[50] 国家能源局:《国家能源局关于进一步落实分布式光伏发电有关政策的通知》, 2014。

[51] 工业和信息化部、公安部、工商总局:《打击治理移动互联网恶意程序专项行动工作方案》, 2014。

[52] 毕亮亮:《印度后金融危机时期发展新兴产业的"势"与"术"》,《全球科技资源瞭望》2014 年第 5 期。

[53] 韩国央行网站。

[54] 韩国知识经济部网站。

[55] 韩国政府网站。

[56] 韩国未来创造科学部网站。

皮书起源

“皮书”起源于十七、十八世纪的英国，主要指官方或社会组织正式发表的重要文件或报告，多以“白皮书”命名。在中国，“皮书”这一概念被社会广泛接受，并被成功运作、发展成为一种全新的出版型态，则源于中国社会科学院社会科学文献出版社。

皮书定义

皮书是对中国与世界发展状况和热点问题进行年度监测，以专业的角度、专家的视野和实证研究方法，针对某一领域或区域现状与发展态势展开分析和预测，具备权威性、前沿性、原创性、实证性、时效性等特点的连续性公开出版物，由一系列权威研究报告组成。皮书系列是社会科学文献出版社编辑出版的蓝皮书、绿皮书、黄皮书等的统称。

皮书作者

皮书系列的作者以中国社会科学院、著名高校、地方社会科学院的研究人员为主，多为国内一流研究机构的权威专家学者，他们的看法和观点代表了学界对中国与世界的现实和未来最高水平的解读与分析。

皮书荣誉

皮书系列已成为社会科学文献出版社的著名图书品牌和中国社会科学院的知名学术品牌。2011 年，皮书系列正式列入“十二五”国家重点图书出版规划项目；2012~2014 年，重点皮书列入中国社会科学院承担的国家哲学社会科学创新工程项目；2015 年，41 种院外皮书使用“中国社会科学院创新工程学术出版项目”标识。

法律声明

“皮书系列”（含蓝皮书、绿皮书、黄皮书）之品牌由社会科学文献出版社最早使用并持续至今，现已被中国图书市场所熟知。“皮书系列”的 LOGO（ ）与“经济蓝皮书”“社会蓝皮书”均已在中华人民共和国国家工商行政管理总局商标局登记注册。“皮书系列”图书的注册商标专用权及封面设计、版式设计的著作权均为社会科学文献出版社所有。未经社会科学文献出版社书面授权许可，任何使用与“皮书系列”图书注册商标、封面设计、版式设计相同或者近似的文字、图形或其组合的行为均系侵权行为。

经作者授权，本书的专有出版权及信息网络传播权为社会科学文献出版社享有。未经社会科学文献出版社书面授权许可，任何就本书内容的复制、发行或以数字形式进行网络传播的行为均系侵权行为。

社会科学文献出版社将通过法律途径追究上述侵权行为的法律责任，维护自身合法权益。

欢迎社会各界人士对侵犯社会科学文献出版社上述权利的侵权行为进行举报。电话：010－59367121，电子邮箱：fawubu@ ssap. cn。

社会科学文献出版社

S 子库介绍
Sub-Database Introduction

中国经济发展数据库

涵盖宏观经济、农业经济、工业经济、产业经济、财政金融、交通旅游、商业贸易、劳动经济、企业经济、房地产经济、城市经济、区域经济等领域，为用户实时了解经济运行态势、把握经济发展规律、洞察经济形势、做出经济决策提供参考和依据。

中国社会发展数据库

全面整合国内外有关中国社会发展的统计数据、深度分析报告、专家解读和热点资讯构建而成的专业学术数据库。涉及宗教、社会、人口、政治、外交、法律、文化、教育、体育、文学艺术、医药卫生、资源环境等多个领域。

中国行业发展数据库

以中国国民经济行业分类为依据，跟踪分析国民经济各行业市场运行状况和政策导向，提供行业发展最前沿的资讯，为用户投资、从业及各种经济决策提供理论基础和实践指导。内容涵盖农业，能源与矿产业，交通运输业，制造业，金融业，房地产业，租赁和商务服务业，科学研究环境和公共设施管理，居民服务业，教育，卫生和社会保障，文化、体育和娱乐业等 100 余个行业。

中国区域发展数据库

以特定区域内的经济、社会、文化、法治、资源环境等领域的现状与发展情况进行分析和预测。涵盖中部、西部、东北、西北等地区，长三角、珠三角、黄三角、京津冀、环渤海、合肥经济圈、长株潭城市群、关中一天水经济区、海峡经济区等区域经济体和城市圈，北京、上海、浙江、河南、陕西等 34 个省份及中国台湾地区。

中国文化传媒数据库

包括文化事业、文化产业、宗教、群众文化、图书馆事业、博物馆事业、档案事业、语言文字、文学、历史地理、新闻传播、广播电视、出版事业、艺术、电影、娱乐等多个子库。

世界经济与国际政治数据库

以皮书系列中涉及世界经济与国际政治的研究成果为基础，全面整合国内外有关世界经济与国际政治的统计数据、深度分析报告、专家解读和热点资讯构建而成的专业学术数据库。包括世界经济、世界政治、世界文化、国际社会、国际关系、国际组织、区域发展、国别发展等多个子库。